刘长明 著

开餐馆的滋味

——我的套路和打法——

2

四川科学技术出版社

图书在版编目(CIP)数据

开餐馆的滋味. 2, 我的套路和打法 / 刘长明著.
--成都：四川科学技术出版社, 2017.5
ISBN 978-7-5364-8628-7

Ⅰ. ①开… Ⅱ. ①刘… Ⅲ. ①餐馆—经营管理
Ⅳ. ①F719.3

中国版本图书馆CIP数据核字(2017)第099404号

漫画插图：季　风

责任编辑 / 程蓉伟
装帧设计 / 程蓉伟
封面设计 / 叶　茂
责任出版 / 欧晓春
电脑制作 / 华林美术设计有限公司

kai canguan de ziwei

开餐馆的滋味2
—— 我的套路和打法 ——

刘长明　著

出 品 人　钱丹凝
出版发行　四川科学技术出版社
地　　址　成都市槐树街2号
邮　　编　610031
成品尺寸　170mm×240mm
印　　张　18
印　　刷　四川华龙印务有限公司
版　　次　2017年6月第1版
印　　次　2017年6月第1次印刷
书　　号　ISBN 978-7-5364-8628-7
定　　价　39.00元

改变自己，改变周围的人

这是我们的核心理念。如果每个人都能改变自己，继而改变周围的人，释放他们的创造性和积极性，过上好日子，这家企业必定能上下一心，从容笑对任何市场风浪。

序一

彭子诚

《中国湘菜大典》主编

一把有思想的盐

2009年《开餐馆的滋味1》出版后，在读者中反响不错，被权威机构评为"2011年行业畅销书"，台湾一家出版社还购买了版权在本地出版。那时，刘长明董事长完全没想到再写第二本书。之所以又一次拿起笔，是基于两个理由：一是读者的要求。很多读者希望作者把一些重要的管理问题再讲详细点，诸如产品研发、职工持股、人才培养、选址、企业文化等等，都是他们感兴趣的话题。第二，近几年来，成都大蓉和发展迅猛，营业额和利润率大幅提升，多品牌战略也已起步，不但带来新的增长点，也增强了企业抗风险的能力。这其中获得的经验，也值得一谈。

　　如果说《开餐馆的滋味1》主要讲的是理念，那么《开餐馆的滋味2》就更多地涉足一些具体做法，有更多的细节，读起来会更有趣。承蒙出版社看重，把两本书统一装帧风格，一并推向市场。这两本书虽有先后之别，但即使没看过《开餐馆的滋味1》的读者，也可以轻松阅读《开餐馆的滋味2》。

　　刘长明先生提出的一些经营理念，得到业界越来越多的认同。诸如"好吃、便宜、有面子"、"单子越小越好，人气越高越好"、"美食在民间"、"大众化不是简单化"、"永远比对手快五分钟"、"与其让别人踩扁，不如自己先踩扁自己"、"有文化才能叫团队，没文化只能叫团伙"等等，都引起不少人的兴趣。这些宝贵的理念，不是关起门来冥思苦想能得到的，而是来自正反两面的亲身经历。例如，在经营"美国西部牛仔烧烤城"时，因胜利冲昏头脑，盲目扩张导致全线溃败，饱尝了惨痛的教训；又例如，大蓉和十余年来面对过多次突发性危机，光是2008年就连续遭遇大冰灾、大地震、世界金融大风暴。只有获得过刻骨铭心的教训，经历了风云莫测的市场风险，才能获得如此多的感悟，严严实实守住自己的底线，不做那些头脑发热、投机取巧的事。所以说，这些理念不但适用于经营管理，也适用于风险管理。中国餐饮业经历二十余年的高速发展，免不了出现与股市、房地产类似的泡沫。挤掉泡沫，回归于真实的市场，是餐饮业不可回避的话题。未雨绸缪，运筹帷幄，以不变应万变，这两本书可以给你有益的参考。

写作如同做菜——真正的好菜都很简朴，讲究原汁原味，写作也一样，实话实说、守住本色即可。一直以来，刘长明都保持平民形象，衣着普通，面容清瘦，满口老百姓的大白话；即使是坐在台上做报告，也总能让人听得懂、记得住、行得通、做得到。他的书平易近人，闪烁着民间的智慧，立足于常识却超越常识，正如读者的评价，"深刻得像教授，幽默得像说书人"。

刘长明多次说："精神力量的穿透力，往往超乎我们的预料。"这大约就是他在从事"舌尖"事业之余，致力于用"笔尖"表达理念的动力吧！我曾多次陪同刘长明去下属门店，征求基层员工对书稿的意见。在座谈会上，我强烈感受到刘长明对写作的非凡热忱和激情投入。他善于倾听，总是全神贯注听取员工的发言，像兄弟伙一样讨论问题。他善于捕捉，抓住话语中的亮点，一问到底。每次会议他都兴致盎然，眸子闪着光，讲话时扯开喉咙不遗余力。在写作中，刘长明同样处于兴奋状态，日思夜想，反复琢磨，不断修改。我想，这种全力以赴的劲头，以及坦荡的胸襟，才是他成功创办企业的法宝。

从平凡的柴米油盐里，刘长明总结出闪光的思想，并把这些思想付之于行动。在企业牢牢占据市场、利润年年高速提升的形势下，大幅度提高员工工资，把百分之九十以上的股份分给骨干，这样的企业家并不多见。在出品已经站稳脚跟、赢得市场时，仍拿出大把资金，年年举办新产品交流会，推动菜品精益求精、价廉物美，这样的坚持也难能可贵。

刘长明身上流淌着川人的血液，在书中融入巴蜀民风民俗，触及社会潮流，表现原生态的井市生活，传递了一般管理学绝不会涉及的做人做事的道理。这样的书，既能学到一些用得着的理念和实务，读起来也很轻松，如同听一位大哥摆龙门阵。可以预料，四川人读了一定会说："巴适哦，有盐有味的！"

盐是五味之首，百味之将，调养我们的躯体，维系我们的生命。中国古人用"国之大宝"来赞美它。耶稣对信徒说："你们是世间的盐。盐若失去了滋味，怎么能让它再咸呢？"称颂的是盐的洁白无瑕、甘于平凡、抗拒腐蚀、调和天下。

所以，你不妨把这些理念看作一把寻常的盐，能体味其中的睿智；也不妨看作一桌盛宴，能品尝生活中的各色滋味。如果你觉得"有盐有味"，有几道菜还算对胃口，我们都会为之欣慰。

谢谢您的光临！

序二 丁大镛

四川科学技术出版社

自在如水
智慧是鱼

一

时下，网络一开，"作家"成灾，天下文章一大抄，真真是到了"人皆可以为尧舜"的时代了。三年前，作为复审者，为稻粱谋，我完全是以一种固守的思维定式和漫不经心的眼光，翻开了刘长明先生《开餐馆的滋味1》这部书稿。

哪知，才粗粗浏览了几页，眼前便顿然一亮——游走在刘长明书稿的字里行间，几乎没见他用到一个"情"字，然而，绝非刻意的穿凿，在自然袒露的文章篇什里，竟串满了缕缕的情丝，亲情、友情、世间真情，浸淫卷册。

这年月，实在是过得有些乏味和沉闷，真能够让我感动起来的人，已经不多了。谁知，这不哼不哈地就来了一个，有血有肉，重情重义的，竟至还就在我的眼前！我忙不迭地一路读了下去，真的是越读越有滋味！

不得不承认，很多的时候，没有钱，爱就会显得干瘪无力。所以，刘长明在《开餐馆的滋味1》的《开场白》里毫无顾忌地说，他喜欢钱，不喜欢开餐馆。原因很直接：没有钱，拿什么给我的员工发工资买保险？如今，刘长明在《开餐馆的滋味2》的《开场白》中写道："没有爱，不可能有事业；没有爱，更不可能成大业。"这是他以情为根基思想的延续和递进。一个人的情感麻木与否，是以他还会不会"爱"为标尺的。

情感是爱的基石，而没有爱，灵魂将无所依附。

当年的大蓉和是一条"小舢板"，如今成了"混成舰队"。而且，"舰队"越来越大，生意越做越火。直到现在刘长明还认为，这里面有"运气"的成分，他说："如果说有一点运气，那一定是老父亲在天之灵的保佑吧。"感恩之情的根，还留在皇城坝，尽管皇城坝早已不是旧时的模样；孝德之心的本，也没有随御河流走，更无论那御河的水是否还在流淌……

人生的珍贵，就在于对这一份恩情的守望。

在两部关于"滋味"的书里，我都能看见作者父亲若隐若现的身影：他们那一代的人，困于环境的严酷，大多数的父亲言语不多，不爱说话。然而，在举手投足之间，他们把什么是情，什么是爱，都"说"得清清楚楚了——在我们人生每一个紧要的当口，父爱总会如暗夜里那一粒如豆的烛光，让我们看得到一丝温热的希望。

作者在《开餐馆的滋味2》这部书里，回忆起少年时期的一件往事：一个家境寒苦、走投无路的人来求助于他的父亲，想求得一份养家糊口的活计，父亲答应了他。作为真心的答谢，他倾其所有，摸出自己身上仅有的一块钱，执意请作者的父亲到王胖鸭店喝酒，然而，此举却被父亲好言谢绝了。客人走后，父亲叹言道，"他家里老人娃娃都等米下锅了，你怎么忍心去吃人家嘛！"出门不远就是王胖鸭店，饥饿的年代，那是一个相当诱人的去处。面对油浸浸、肥噜噜的王胖鸭，父亲想到的却是，求职者家里那口举家悬望空落落的锅！父亲不加任何修饰的同情之心，不求任何回报的恻隐之情，胜过任何的德育教材！这种教育直入作者心底的柔软处——点燃一盏真情的灯，不需要更多的说教。当我们渐次步入晚年的时候，对于"父爱如山"、"父爱如灯"的领悟，更觉深沉与厚重，这让我们受用终生。

星云大师说："放下，就会自在。"作者作为一个大型餐饮企业的董事长，他还有自己的一大"优势"，这，就是他的"穷"。这个穷，不是那种"叮当响"的穷,而是以"舍"为基准,去享受另类"得"的穷——舍掉的是钱财,得到"以舍为得,伸屈自如"的人生境界。达成这种通透达观的认识,就是以"情"为根系和主杆,以"悟"为枝条和叶脉,以"爱"为阳光和雨露,得到真性情的花和果。

"吃得了亏,打得拢堆"是四川人常常挂在嘴上的老话。"吃亏"就是"放下",这个人人都懂的道理,却难以知行合一,知行合一方可谓之善——"亏"不是人人都咽得下。值得庆幸的是,刘长明却做到了"放下"。渐渐地,他便有了自在随和的气场,就有了人人愿与为朋的人格魅力。

这更为他文风和畅、言语恣肆的写作铺平了道路。

二

有真情才会舍得,有舍得才能够自在,没有"无己"、"放下"自在的空间,怎么容得下大谋略、大智慧?如果说自在是一泓浩然的清水,那么智慧就是悠游其间的鱼。

三年前,我读了作者《开餐馆的滋味1》之后,就总是觉得意犹未尽,还没有过足"瘾"。湖南业界颇具影响力的著名文化人彭子诚老师更是说,这个"滋味"还没有尝够,"还是一座可以挖掘的富矿"。在诸多业内同人的期盼与催促,以及无数读者的"逼迫"之下,作者这才又拿起了笔。

从著述的逻辑关系上来分析，作者在《开餐馆的滋味1》那本书里，煨炖的是思路，是理念，是战略；而作者在《开餐馆的滋味2》这本书中，熬煮的则是套路，是打法，是战术。这两本书，是作者为我们奉上的两席丰盛的思想和智谋的饕餮大餐。

作者前后两部书里采用的素材，都是他亲身经历或身边发生的实例，而不是"别人嚼过的馍"。因而，本作品绝非虚构。作者脚踏实地，亦步亦趋，必以"实践中来"和"有话可说"为写作根基，选择鲜活真实的素材为我所用。他绝无闭门造车、纸上谈兵、坐而论道的行事风格，更赋予了本书餐饮业经营管理"思想智库"、餐饮市场"实战兵书"的天然禀赋和特质。这也正是这两部书，与其他餐饮管理类书籍，无论从精神、立意、角度、内容、形式，还是语言风格诸方面的迥异之处。读作者的书，就像吃大蓉和的菜，不着任何的"鸡精鸭精"，却能品得出真味的精妙——有根有本，实实在在。

长期以来，作者长于把书读"活"，善于独立思考，又勤于细心地观察。有这样的功夫做底，就使他有能力在平淡如水，又繁复琐碎的日常庶务当中去捕捉、把控和总结那些——既富含深刻哲理性的思想理念，又简单实用易于操作的具体行事方法。作者更善用口语化、个性化的，甚至是讥诮风趣的性格语言，把复杂晦涩的思想理论问题，一针见血地铺陈出来。这方面，他尤显得心应手。所以，他的书，好看，耐读，掩卷更有所得。他书中的那些看似简简单单的话，却可以让人慢慢地咀嚼和咂摸，个中滋味，意蕴深长。

为什么作者会把他在开餐馆当中那些"过筋过脉"的、别人视为"秘笈""宝典"、藏着掖着"不足与外人道也"的东西，在自己的书中抖落得清清楚楚，挥洒得明明白白呢？窃以为，他率性而为的一吐为快，毫无保留的和盘托出，并使之大白于天下的"弃子"之举，正显示出他思想深处那种"以舍为得"的人生价值观。

情由心生，恬淡自守，"得道书留箧，忘机酒满尊"。有了"融化自我，和味众生"真情融和的人生态度，就不缺悠游畅达、把酒临风、物我两忘、恬然大气的自在与从容——自在人生最是难得。

以老夫一孔之见，刘长明前后两部书，几如湘菜和川菜：湘菜味厚，压得住口舌，吃一次，就忘不了它醇厚绵长的滋味；川菜多变，技法多端，百菜百味，天天吃都不会腻歪。两相融和，互为支撑，再延续它个十年、百年也是生意，更是人生快意。

且不论五行八作，更不道江湖运势，各位看官大人：我真心诚意地推荐大家来读这两部重情重义、有滋有味的书。读别人的书，修自己的行。倘若照着这两部书去想、去做，灌顶开窍，兴家发财了的，记着，别忘了请老夫我喝上一杯。

在下自是先拱手拜谢了。

001 开场白
爱，才能成大业

019 选址

020 / 选好口岸，成功一半

024 / 避开闹市区和主干道

028 / 租房不如买房

031 / 关键时刻要敢于赌一把

034 / 机会是身边游过的鱼

037 / 要经验，也要运气

040 / "看一下"成了潜规则

044 / 风水，让人有所顾忌

049 市场

050 / 相争不相克

053 / 利润看薄，生意看久

057 / 只有大众化一条路是不够的

060 / 小门店有大名堂

064 / 新品牌也要讲血统

067 / 宴席是宣传品牌的有效手段

070 / 把增发的工资挣回来

073 / 品牌是一种软实力

077 / 心头有点虚，脸上要稳起

081 产品

082 / 做餐饮，不玩餐饮

085 / 好菜是卖出来的

088 / 研发的重点是畅销产品的升级

092 / 走出去，请进来

095 / 高端店也要有家常菜谱

098 / 唱戏的腔，厨师的汤

101 / 顾客重口味，专家讲味型

105 / 菜是厨师的儿

109 / 餐饮业也要"道法自然"

114 / 生态原料是至品

117 / 泡菜是菜，也是调味品

121　服务

122 / 没有产品无法活，没有服务活不好
125 / 服务也要"傍大树"
129 / 送客比迎客更重要
133 / 要重视软硬件的结合部
137 / 让服务员拿大学生工资

140 / 既要"管"，也要"理"
143 / 面子第一，道理第二
147 / 中国味、人情味、女人味
151 / 不缺酒，缺喝酒的理由
154 / 漂亮的女人是资源

159　人才

160 / 选对了人就做对了事
163 / 给待遇，让位置
166 / 会用料的木匠无废料
169 / 厨师长是店长的最佳人选

172 / 不能只有一个大厨
176 / 机会比奖金更重要
180 / 不开腔的把开腔的吃了
183 / 老板用你，就比你聪明

187　股份

188 / 把土地分给农民
192 / 股份不是政策和福利

196 / 干股不干，水分难说
200 / 公平有一个过程

205　连锁

206 / 连锁是机会也是陷阱
210 / 挂了帽徽领章还不算正规军

214 / "地方化"要适可而止
218 / 有关系，多联系

223　交流

224 / 饮食是强大的软实力

228 / 零距离接触才能学到真经

233 / 饮食反映了民风和性格

238 / 美食无国界

242 / 有文化融合，就有饮食融合

247　文化

248 / "遵道"就是顺势而为

251 / 有无相生，虚实并举

254 / 有"棋道"，没"麻道"

258 / 千万不要认为自己的牌好

262 / 成功是为了让生命更自由

266 / 有梦就去圆梦

270　后 记

爱，才能成大业

没有爱，一切理念、套路和打法都不过是花拳绣腿，徒有形式而缺乏内力；没有爱，不可能有事业，更不可能成大业。

在《开餐馆的滋味1》里，我用"我不喜欢餐饮，但喜欢钱"作为"开场白"的标题，引起很多人的兴趣。台湾一家出版社购买这本书的版权后，更直接用这句话作为台湾版本的书名。今天的这个"开场白"，又以"爱"来说事，你可能会问：这里说的"爱"，是爱餐饮业，还是爱钱？

先别急，听我慢慢道来。

（一）

小时候，我家住在成都皇城附近，老百姓叫它"皇城坝"。御河环绕，与皇城内的龙池相连；河岸树木成荫，河里有水草、浮萍、鱼虾；河上舟来人往，夏天有人在水里游泳。御河以西，顶端有一个地下出水口，穿过小西巷，流到西御街；下水道的出口就是一条小河，直通金河。小河口上坐落着一栋大木屋，著名的"王胖鸭"在这里出售美味的卤水鸭，也卖一些面条。很多市民来这里喝酒、吃鸭子。

紧靠"王胖鸭"的9号大院，旧时是刘氏公馆，推开两道厚重的木大门，里面很宽很大，紧靠小河边加修了一栋两层楼，住了30多户人家，有4个院落，错落别致，那些雕花木格窗、彩色花玻璃、假山水池、名贵花木，昭示了旧时主人的气派和儒雅。

我家就住在9号大院内。虽然居于闹市，但那条小河使我从小感受到了田园生活的乐趣。碰到下雨天，御河放水，我和小伙伴们会到小河里去抓鱼。小河流向金河的丁字口上有个回水沱，有人在那里搬罾网鱼，手板大小的鲫鱼最多，鲜蹦活跳的逗人喜爱。我们小孩没有渔网，只能用撮箕在小河沟里舀，也能舀上一些小鱼小虾来，偶尔碰到一条稍大的，就兴奋得大喊大叫。我的同学毛娃住在河边一片居民区里，家里有一个搬鱼的网，放水时他哥去搬鱼，我也要跟着，每一次拉罾，眼睛都紧紧盯住渔网，心跳加速，总觉得有鱼要搬起来。有时搬得多，也给我分上一两条。有一次毛娃给我一条大鲫鱼，鱼在罐头瓶里连身都转不过来，我高兴地拿着瓶子直往家跑。

经常都有人赶来鸭子卖给"王胖鸭"，小河沟也就成了得天独厚的鸭子圈养

地。鸭子赶来时一群一群的，每群鸭子都有一个领头的，昂着头，神气活现地
走在最前面，其他鸭子紧随其后，一见到水就"呱……呱……"地扑进去。王
胖鸭卖的卤鸭口味极好，鸭体红沁油亮，香味扑鼻，一排排挂在架子上。宰鸭
的师傅，拿一把厚重的刀在一个巨大的厨墩上轻轻一剁，一只鸭子一两分钟就
宰好了。然后用盘子一份份装好，临上桌时再浇点热卤水，每份二毛五分钱。
那时我没有钱，尽管垂涎欲滴，但从来没有尽兴地吃过王胖鸭的卤鸭。后来走
南闯北多年，回家时想去了这个心愿，鸭店却不知去向了。

　　每天下午卖的卤鸭脚、卤翅膀，才是我们这些娃娃能尝到的美食。鸭脚

一分钱，翅膀两分钱。只要包包头有钱，就忍不住往那里跑。卤水的味道非常好，鸭脚鸭翅也很香，把能嚼碎的脆骨都吃下去，才觉得过瘾。

那时的鸭子都在农村的河道、水塘和稻田里自然饲养，顶多喂一点糠谷，肉质特别鲜美。我在府河边的九孃家就看见她们每天早上把鸭子放到河头去，晚上鸭子自己晓得回来。鸭蛋心很红，说是吃鱼虾长成的。

王胖鸭的生意很自然地形成了"产业链"。店里每天要宰很多鸭子，宰杀后交给河边上的住户去拈鸭毛，大人说可以做鸭绒被，是高档消费品。拈一只鸭子的鸭毛可以赚三分钱，有十多户人家忙着这个活路，一家人一天可以拈二三十只。毛娃的父亲是蹬人力三轮车的，母亲没有正式工作，帮人缝洗衣服或拈鸭毛挣点钱。放学后，毛娃和他姐就要和他母亲一起，坐在一个用清水泡着十多只鸭子的大木盆旁，专心致志地拈鸭毛。拈鸭毛的工具是拈猪毛的夹子，连筒筒乳毛都要一根一根拈出来，做得非常仔细。万一拈得不利落，这个活路就再也接不到了。毛娃妈经常对孩子说："你要少耍点，多拈几只鸭子，挣一分算一分。"

西御街是我每天上学的必经之路，干杂铺、茶铺、白铁铺、糖果铺、打锅盔的，以及"少城小餐"等商号一间接一间。转拐就到人民公园后门的半边桥，桥周围有很多小商小贩，卖一些转糖饼、白麻糖、串串大头菜、煮毛豆，还可以看小电影、玩弹蛋子中奖，专门赚娃娃的钱。

茶铺是我父亲经常去的地方，有时候我也到茶铺去打开水。铺面很大，能摆几十张桌子，清一色的竹椅子，方木桌面已被茶水浸得黢黑，墙上贴着"一茶一座"的纸条，茶牌上写着"一花一角，三花五分，白开水二分"，明码实价。老虎灶上摆着十几把铜壶，烧得咕噜咕噜直冒汽。只要有客人来，堂倌右手提壶，肩膀上搭一条毛巾，左手臂托一大摞瓷茶碗，手上抓一把铜制的茶船，散在桌上当当作响，抹桌、上茶、倒水一连串动作非常麻利。茶铺里面有卖瓜子、香烟的商贩来回游走。顺着木梯到二楼，有讲评书的。有一次放了学，我和同学跑到二楼上去听"欺头"（便宜的意思），站在过道旁听鲁提辖三拳打死镇关西，一直听到散场还不想走，水浒英雄的形象从小就在心里留下了烙印。

（二）

9号大院深处靠金河的地方是机关食堂，是从旧公馆扩建出来的。我父亲是食堂主厨。新中国成立前，"宴宾楼"的冯师傅介绍父亲到春熙路的"竹林小餐"学徒，历尽磨难，学得一手好厨艺。新中国成立后，他先后在省政府外宾招待所和机关小灶食堂工作，在烹饪圈很有口碑。父亲经常和同行师傅一起喝茶摆龙门阵，那时工作不好找，很多人请我父亲帮忙找事做。有一天，一个叫罗几遥的人到我家来。他因家庭成分不好，没有正式工作，一直在外面漂，最近活路耍脱了，急需找一份事做。他说他包包头有一元钱，想请我父亲到王胖鸭喝酒。父亲谢绝了。我在一旁想："你答应嘛，我也好去吃两块。"后来父亲对我说："他家里老婆娃儿都等米下锅了，怎么忍心去吃别人！"他很快帮罗几遥找了一份临时工，让他渡过了难关。

三年自然灾害时期，食物短缺，经常有吃不饱饭的时候。一天晚上，在厨房工作的临时工下师傅从乡下农村回来，带了一点做好的肉给我们，说是"瘟猪儿肉"。听说有肉吃，我从床上翻了起来，煮热后吃得特别香，味道特别好。那时的农村，家里养的猪也不能随便宰杀，可能有人假借瘟病的名义杀了猪。

父亲很爱自己的职业，蚊帐顶上簸箕里存放着烟和一本《川菜烹饪》，是他的心爱之物。天长日久，书页都翻卷发黄了，浸染了烟的味道。父亲烟瘾不算大，但他抽的"大前门"、"大重九"、"黄果树"都是那时的好烟。他特别喜欢研究菜品配方，怎么选料，怎么搭配，形成什么口味，都要反复琢磨，常常为研发了一道好菜品而高兴。他说，做好菜不光要动手，还要动脑筋。1965年他受邀到重庆参加烹饪交流活动，在会上讲"川菜味型"，受到参会者的好评。回来后，他兴奋地向同事和朋友讲起重庆的所见所闻，还对我说："三百六十行，行行出状元。你不要看不起厨师行当，哪个朝代哪个人都离不了。"他还说："我们在重庆住的是高级宾馆，铺盖一天要折两个样式，受到了很高的待

鸡公叫，
鸭公叫，
各人找到
各人要。

遇。"1968年，父亲从西昌米易"五七干校"回家探亲，对我们说，中央首长到渡口（攀枝花市的旧称）视察，有关部门把他请去参与接待工作，圆满完成任务以后，受到了奖励。

"文革"开始后，学校停课，我乐得自由自在四处耍。父亲对我说，你没有事，不如到厨房头学点手艺。但我很不乐意。我心里一直看不起父亲的职业，水浸油泡，烟熏火燎，很辛苦，挣的钱又不多，远不如当干部好，干净轻松，收入也高。父亲说："你将来能当干部当然好，但学点手艺总不是坏事，技多不压身，天干饿不死手艺人。"这句话我倒是记住了。实在耍得无聊时，我就跑到食堂里跟着墩子上的黄师傅学切菜。黄师傅刀工非常好，大头菜丝切得又细又长又匀称，用刀片肉更是他的绝活，把肉放在砧板上，用手压着，刀锋随着手部移动，就片出又薄又大的肉片来。他一个小时可以切出六七十斤肉丝、肉丁、肉片，平均一分钟切一斤。肉丝一排一排顺着，在盘子里码得整整齐齐。

黄师傅告诉我，基本刀法有18种，常用的是切、片、砍、斩、削等，使用片刀时，对有韧性的材料采用推拉的刀法；对嫩脆的原材料，如猪腰、青笋、黄瓜之类要用"直拉"的刀法。使用切刀时，对于平滑肌这类东西，如猪肝，就要"推切"，因为肌肉纤维少。对纯粹植物性的东西就要"直切"，把刀往下按，如萝卜等。切回锅肉要用"锯切"来回拉，这样切出来的肉不会发毛，皮也不会脱落。切香肠也是如此，因为肉有纤维，如果一刀切下去，哪怕刀锋再锋利，切出来的香肠也会发毛，不光整。

我渐渐知道了墩子上的一些技巧，洋芋丝、青笋片还切得像模像样。有一次，一个机关干部溜到厨房来看到我切菜，说："切得不错嘛，还有点灵性，今后接你老汉的班。"我听了非常恼火，恨死了这个人，心想："你娃倒好，从学校混出来坐办公室，喊我来干苦活路。老子今后要做一个比你大的官，气死你！"

先吃完不管，后吃完洗碗！

　　家里有四兄妹，我是老大，最小的妹妹从小长得乖巧可人，院子里老老少少都很喜欢她，哪家煮了好吃的，只要碰到了，都喜欢叫上她。我和其他姊妹在家没事，也学着做饭。母亲的家常菜做得很好，她喜欢用泡青菜煮汤给我们吃。星期天父亲在家里会亲自操刀，手把手教我，慢慢我也学会了一些做家常菜的手艺。1976年我在新兵连做了两个月司务长，在厨房给炊事班表演了一番，做了"鱼香油菜薹"、"蒜苗回锅肉"，几个兵娃娃都看傻眼了。

　　人在一生中可能要从事多种工作，接触不同的行业。如果是自己愿意干的，又能做出成效，那当然最好，然而，很多事是由不得自己的。在计划经济年代，找一个正式工作很不容易，当时流行一句话："出身不能选择，职业不能选择。"20世纪70年代末知青大返城，只要有个工作、有个城市户口就磕头作揖了，哪还顾得上挑肥选瘦！我有个同学被分到砖瓦厂，照样和泥巴打交道，但他说："比在农村强多了。"1977年我复员时，分配到驷马桥木材加工厂，而我同院的一个女娃子也是刚复员回来，却分到了工学院，骑个"凤凰"牌全链盒自行车，有点像现在开奥迪跑车上下班，把我羡慕死了。她有个当军代表的好爸爸，比什么都强。

　　如果说自己能选择工作，不去车间而去食堂倒是很容易。在我们管理公司会所上班的大厨彭师傅，20世纪70年代当过知青，返城时本可以到皮革厂的车间上班，但他自愿选择去食堂。这是很多人不愿意去的地方。他妈对他说："你今后连婆娘都难找哦！"但他在农村学校做过食堂工作，对厨艺有兴趣。后来他被派到"荣乐园"深造，回来后负责小食堂工作，更觉得做厨师不错。他对我说："我当厨师从来没有自卑感，相反我认为做菜是动脑筋的工作，一道成功的菜品就是一件艺术品。而且当厨师有很多好处，不但不会饿肚子，还可以认识很多领导，办事比较方便。当时皮鞋很紧俏，买都买不到，我找车间工人定做，工人也买账。"

　　俗话说："得罪厨子无好汤"，这个道理大家都懂，但那时主动选择当厨师的人却很少见。

（三）

　　2011年，一个叫陈晓惠的女孩在北京听我讲课后，专程到成都来找我咨询。她来自川东农村，在北方开了个叫"小辣椒"的小餐馆，店里的"辣椒炒肉"卖火了十几年。我问她为什么做餐饮，她给我摆了一个故事：十来岁时，父母离开她出去打工，大冬天里她还穿着夏天的凉鞋。有一次她看到村上有人杀猪办坝坝宴，就想去吃这顿饭，于是跑到办席人家的厨房帮忙烧火，一来可以取暖，二来帮别人做事可能会吃到饭。她想，付出一定会有回报的，如果他们给我吃了，就太满足了；如果不给我吃，也闻到肉香了。开饭后，谁也没注意到这个坐在灶前烧火的小女孩。中途，有个人进来端饭看见了她，问："你吃饭没有？"她摇摇头。这个好心人给她打了一碗饭，还舀了一些蒜薹回锅肉盖在上面。这是她一生

　　天老爷，
　　快下雨，
　　保佑娃娃
　　吃白米。
　　白米香，
　　白米甜，
　　今年不得
　　饿饿饭。

中吃得最香的一顿饭，蒜薹回锅肉的味道从此刻进了心里。她想：一个人不缺吃，多好！长大以后，有了一点办法，就和姐姐合伙开了一家小餐馆，生意一直做得不错。她的虚心、诚恳、执着和热爱，很令我感动。我想，现在的她不必为吃一顿饱饭而从事餐饮业了，但这种挚爱，也许是从那次坝坝宴开始的。

黄豆黄豆圈圈，簸箕簸箕圆圆，大钱大豆腐卖，小钱，小豆腐卖，渣渣豆腐卖毛钱！

由于受家庭和社会环境的影响，我从小就产生了"远庖厨，当干部"的想法，直到带十几个人下海办公司时，才尝到了"饭碗别在腰杆上"的味道。干了几路生意，钱没赚到，连工资都发不出来，过去在机关只考虑怎么花钱，下海后才知道赚钱不容易。我不得不面对现实，重新审视自己对饮食行业的态度。凭当时的条件，如果要让公司存活下来，除了做餐饮，似乎已没有任何其他选择。

老话说："变了泥鳅就不要怕泥糊眼"，当我只能做这件事时，尽管是无可奈何的选择，还是下决心全力以赴，把这件事做好。人生往往就是这样，"爱的不能去爱，不爱的必须去爱"，这就是命吧！投身餐饮业后，我很快发现，在我的生命基因里，早已潜伏了父亲的职业爱好；多年前父亲的言传身教，让我获得了专业厨师的家传；率性而为的学习，使我与厨艺零距离接触，给了我一种自己尚未感知的潜能。甚至连只闻到香味却没吃到嘴的"王胖鸭"，也埋下了深深的伏笔，让我对美食充满向往。从小被美食吊着胃口，长大了便与美食结缘。很多事业，其实就起源于儿时的渴望。

"做一行爱一行"，这是当年流行的口号。真正爱一行，却不是口号所能驱动的，你必须了解这个行业，才能无怨无悔地从事这个行业。开餐馆以后，

鸡公鸡公叫咕咕，杀了招待亲家母，亲家母，眼睛鼓，去就拈到鸡屁股！

我每星期都要去书店，凡是涉及酒店管理和烹饪方面的书籍，如《细说川菜》《美食鉴赏》《人间吃话》《川菜杂谈》，以及介绍麦当劳、肯德基和其他同行的近千本书籍，都搜罗在我的书柜中。这些书籍打开了我的眼界。一句"饮食文明是一切文明的根"让我震撼不已，忽然间有了一种使命感，觉得老天爷让我干这个行业，是对我的眷顾。真能把这件事做好，比当官要强得多。

我还发现，川菜悠久的历史沉淀、博大精深的文化底蕴、丰富多彩的烹饪技巧，形成了一门内涵丰富的学科，是名副其实的文化创意产业，而不是过去想象的草根行业。后来我认识了四川旅游学院的杜丽教授，她是学历史的硕士研究生，却在川菜文化研究中硕果累累。她说她当时选择这个行业，是因为对美食的热爱。我认识的英国美食家扶霞女士也一样，从小在家里耳濡目染，对世界美食充满好奇，最终引导她走上了这条路。打开视野以后，我爱上了餐饮业，再让我撒手都做不到了。

我对菜品研发注入了很多精力。羊西店创业前后，我每年至少有200天在外面餐馆吃饭，考察各种菜品的特色。成都周围大大小小的餐馆我去过2000多家，外省也经常去，去得最多的是湖南。在"七总"李自康的引领下，我们先后到邵阳、衡阳、岳阳、常德等十几个地方考察。不管到哪里，只要发现有特色、有卖相的菜品，我就会记下来，有的菜会派厨师去学回来。大蓉和的开门红、青菜钵、小炒肉、干锅鸡、韭菜豆腐、蒸腊味等，都是这么引进来的，改造提升后变成了自己的特色产品。

虽然我没当过厨师，但对菜品有一种特殊的敏感。我从小就挑食，如果我感觉好吃，其他人差不多也会喜欢。如果不会吃，不知味，是不可能指导厨师做菜的。我不喜欢不入味或入味不深的菜，要求厨师把盐放够，认为"把盐放好就有七成"。有一次我布置菜品研发工作，会后厨师长周小勇对陈亚说："咋个董事长连做菜都懂呢？我们这些一天到黑摸到的，有些还没有他明白。"我们新创办的上座店，走的是高端路线，我和王明厨师长不断探讨口味菜的提档升级。"菜心酥肉"源自家常菜"青菜头烩酥肉"，要让它登台高端宴席，必须对材料和烹饪提出更高要求。过去炸酥肉，对肉料的选择不是很讲究，一些大众化餐馆甚至用边角余料来做。我让他们全部换成优质的五花肉，码味时除了传统的鸡蛋、豆粉、料酒，还要放足盐和花椒粉，并要在每片肉上开刀口，以便入味。酥肉在烹制时会转移一部分原味到汤里去，味稍重一点，成菜后就恰恰合适。配菜选用鲜嫩的菜心，再加一些家常用的炝豌豆，使汤汁鲜糯宜口。这道普通的民间菜，经过精心调制，居然成了高端宴席的宠儿。

对菜的感觉，一方面来自家传。父亲和他朋友的交谈，对我有潜移默化的影响。另一方面来自用心琢磨体验。创业之初我决定做"川湘嫁接"的融合菜，既是一种感觉，更源于一种体验。如果1976年我不去湖南双峰县招兵，没有吃到美味的湖南乡土菜，就不会有这种体验，更找不到这个灵感。

从1997年算起，我在餐饮业已经做了15年。十多年的摸爬滚打，媳妇都要熬成婆，即使是外行也可以摸到些门道，这其中的关键是"用心"二字。我仔细观察了餐饮界的同门同道，凡是做得好的，都是用了心的，没有人能要要哒哒（悠闲）把事情干好。以前我做过其他生意都不赚钱，可能是功力不够或缘分太浅，更可能是心力未到。做餐饮则不同，既有缘分，也很用心，一年做两个新品牌，也把"树子"栽活了。有位朋友说："一辈子做火一个品牌都不容易，你做一个火一个，真带餐饮这个运！"我想，更多的是自己的用心和努力。如果说有一点运气，那一定是父亲在天之灵的保佑。

（四）

在《开餐馆的滋味1》里，我提出了自己的一些经营理念。有人问："企业的核心理念是什么？"我的核心理念很简单，就是"改变自己，改变周围的人"。大家辛辛苦苦奔波劳累，无非是想过上好日子。在我看来，先不要谈"做大做强"，不要谈书本上的条条框框，让员工脱贫致富，释放他们的创造性和积极性，才能基业长青。我们让员工的收入高于同行业的平均水平，并力争向大学生的收入看齐，对新员工给予了部队式的福利待遇。

从小生活在厨师家庭，使我对厨师有一种特殊的情感，对大蓉和的厨师也一样。看到这些从农村走出来的年轻人，我就会想，他们也有一家人要养活，他们的孩子也应该和其他城市孩子一样，过着幸福而有质量的生活。我很尊重他们，尽可能照顾他们。生意好起来以后，我首先为功臣们按揭了10套住房，后来又把厨师的住房津贴作为一项长期执行的政策。对他们来说，在城市有一套住房，是安身立命、改变命运的大事。我喜欢和他们聊天、交朋友，也喜欢把发展机遇给他们，使他们改变身份，由厨师变为管理者、股东或企业家。十多年来，公司有400多人走上了职业人岗位，300多人购买了住房，100多人买了汽车，还有100多人成为企业的股东，有一些还送子女到国外留学。

餐饮业是劳动密集型产业，随便一个店都是两三百人，大的有五六百人。这么多人搭伙到一起，必须体现出对他们的关爱，没有"德"的力量，好多坎

生意做得嗨，天天都出差！

是翻不过去的。选拔总经理时，我特别注意候选人是不是爱护自己的员工。这种爱，仅有嘘寒问暖是不够的，而是要从价值观上去体现，特别是从成长空间和经济利益去考虑。公司的制度、政策要有利于所有员工有尊严地工作和生活。我觉得，企业，尤其是企业领导人，对员工的爱，一定会产生辐射作用，因为每一个员工的身后都有一个家庭，以及难以计数的亲朋好友。当然，现在很多餐饮企业都知道爱员工的道理，也在这么做，但爱的程度有差别，结果就体现在企业的凝聚力上。

很多企业家和我一样，最开始都是为了挣钱求生存，企业成功以后就不单是为自己，还要为员工着想。品牌有了影响力以后，更要承担一些社会责任，提升自己的素养，注重企业文化。我这人没有太大的野心，对金钱名利看得比较淡，缺钱时拼命去挣，有了钱又无所谓，不在乎自己能拿多少。过去在国营企业，每月几百元工资也要干，现在我只和自己比，和过去比，不横向和别人比。公司开店投资，我把绝大部分股份分给大家，实际上我这个董事长是给大家打工。有人调侃说："企业很火，董事长很穷"，但我很知足。看到企业员工住上新房、开上新车，特别有成就感。经营上的事，除了开新店以外，我一般不过问，经营班子都知道为谁做，怎么做。在这种状态下，企业迸发出强大的竞争力，而我根本不必去纠缠那些具体事务。

过去，社会把搞餐饮归为"下九流"，是引车卖浆、贩夫走卒之辈干的事。但看看现在的餐饮业，你就会发现这种观点早已过时。餐厅的规模、品位与过去不能相提并论。李玢总经理说，餐厅硬件建设涉及空间艺术、文化审美，是集大成的作品。现在，建一个高端店，动辄需要上亿资金，从设计、装修、设备到装饰艺术，以及电子网络、信息化管理等高科技知识，早已不是以往"开饭铺"、搞整"鸡毛店"的概念。放眼全球，世界500强也有卖吃卖喝的，星巴克、雀巢、可口可乐、麦当劳、金巴斯、索迪斯都是世界饮食行业的巨头。

这些年，餐饮行业的人才结构也发生了极大变化，不少从事其他行业的成功人士转型进入餐饮业，带来了新的管理理念和发展动力。我认识的美女老总李丹梅，是华西医大毕业的大学生，十多年来兢兢业业操持自己的"药膳馆"。连她这样的知识分子都投身餐饮，我还有什么不能做的？在很多餐馆，普通管理人员都是大学生，连营销部也不例外，既要有形象还要有素质。我曾问过身边的大学生："你们现在做餐饮，在朋友面前有没有面子？"她们说："从来不觉

张大哥、李大哥
出门朋友多，
你打架
我来拖，
你拍手
我唱歌，
有饭大家吃，
有酒大家喝。

得没面子，朋友反而觉得做这行很实用。"看得出，当今社会对餐饮行业的看法，已经发生了巨大的转变。

大蓉和的生意一直很好，凡是外地到成都来考察餐饮业的媒体、企业及行业组织，都想来我们店看看。《开餐馆的滋味1》出版后，在行业内外产生了一些影响，上海社科院旅游中心、中穗伟业咨询公司、四川旅游学院、湖南商贸旅游职业学院和一些行业协会、企业请我去演讲、交流，前来成都找我咨询的人也不少。南京书界人士张恒和几位股东是事业有成的文化人，看了我的书以后，引发了他们投身餐饮业的兴趣，把原准备在南京开书店的楼盘改成了现在的"大蓉和南京文化创意餐厅"。2011年以来，瑞士维吉斯酒店总经理刊弗尔先生连续两年邀请我们参加"瑞士—中国年"活动，我们带去的美食和民乐艺术受到了外宾的好评。在密切的交流中，我们看到了烹饪的艺术魅力。不管什么行业，只要你把它做好了，就可以在国际舞台上进行高端对话。

大家都知道，餐饮企业的管理不可能有统一模式，也没有什么武林秘籍和绝杀宝典。正像中国武术，少林武当、南帝北丐、东邪西毒各有其妙，没人谁敢说自己武功盖世包打天下。不过我相信，不管办企业的初衷如何，企业管理有什么差异，有一点应该是共同的。这个共同点，就是"爱"。

十多年来，我逐渐加深对餐饮行业和对企业员工的爱。我认为，是不是真的去爱，主要体现在所付出的时间和精力上。要想开百年老店，光有"十年磨一剑"的功夫是不够的，必须终身不停地拼打。我认识的一些名厨大师，都和我父亲一样终身挚爱自己的职业。中国烹饪大师肖见明先生说："如果不爱，怎么可能兢兢业业干一辈子？怎么可能对工作精益求精？"企业管理也一样，没有爱，一切理念、套路和打法都不过是花拳绣腿，徒有形式而缺乏内力；没有爱，不可能有事业，更不可能成大业。

这就是我在讲述自己的套路和打法之前，希望与读者分享的。

餐馆要盈利，选点布局是头等大事，一旦决策失误，经营上怎么努力也难挽回。所以我们一直强调一个理念：「选好口岸，成功一半。」

选址

开餐馆的滋味 2

- 选好口岸，成功一半
- 避开闹市区和主干道
- 租房不如买房
- 关键时刻要敢于赌一把
- 机会是身边游过的鱼
- 要经验，也要运气
- 「看一下」成了潜规则
- 风水，让人有所顾忌

选好口岸，成功一半

再成功的企业家，对选址也没有百分之百的把握，总得面对一个个的悬念，不断做出选择。这大约就是市场江湖的魅力所在吧！

2010年5月，我们收到一张法院传票，有人状告大蓉和一家店面门口的石狮子。大家很奇怪，石狮子又不咬人，咋个就成被告了？后来才知道，这是一桩与风水有关的官司。

原告是隔壁的一家商铺，起诉缘由是那对石狮子影响了他们的采光权和通行权，导致房屋价值受损，为此要求我方"消除妨碍，赔偿损失，赔礼道歉"。

我方人员和原告的委托律师一起查看现场，发现这对石狮子并没有影响原告的采光权和通行权，这官司有点不着边际。律师在私下交谈时说了真话："本案的委托人在南边的商铺被盗，风水师说西面有个东西把他镇到了。找来找去，就是这对石狮子。这理由不能摆上桌面，但老板就是信这个，希望你们理解。"

说来说去，原告要求我们搬走石狮子，并给予补偿。补偿是为了冲一冲"邪气"。

这桩离奇的官司，就这样进入了法律程序。法院查明，石狮子是开发商在楼盘开发时设置的，物权归开发商所有，原告找错了告状的对象。而开发商的解释也同样振振有辞：石狮子是风水先生建议设置的，目的是镇宅旺财，如果没有这对狮子，这条街不可能这么兴旺，怎么能搬走呢？在法院的调解下，双方达成谅解，原告撤回诉讼，这事才算告一段落。

因风水而打官司，实在很罕见，但因经营中出了问题而看风水，这类事却非常普遍，我们自己也经历过。1999年大蓉和羊西店开业，前三个月生意不好，大家都很着急，店长请风水师来看，究竟是哪根筋没理顺。大师说："店对面的水塔挡了财路，不拆掉水塔，生意好不起来。"我说："拆别人的水塔根本不可能！"我们只能自己救自己，拼命把产品做好，强化特色，放低市场定位，终于把生意做了起来，而水塔仍耸立在对面，直到旧城改造时才拆除。

表面上看，这两件事讲的都是"风水"，实际上涉及到一个更重要的问题，那就是"选址"。

四川人对那些找媳妇特别挑剔，最后找到的媳妇又不如意的人，爱说："看嘛，你娃东选西选，结果选了个'漏灯盏'！"开餐馆、寻口岸，一定要千挑万选，东看西看，绝不能看走眼，万一选了个"漏灯盏"，那可比找了一个不如意的媳妇更麻烦。实际上，开餐馆赚钱，选点布局是头等大事，一旦找错了码头，经营上怎么努力也难以挽回。所以我们一直强调一个理念："选好口岸，成功一半。"

在商铺集中的上等口岸，餐馆的生意一般都比较好。我们做过分析，这些店的口味和服务很一般，经营水平也并不高，之所以做得起来，主要是口岸的效益。我的一个熟人，做几处餐馆都垮了，最后在"一品天下"选了个好口岸，虽然出品和服务同过去差不多，却也时来运转，把生意做起来了。

一些找我们加盟的投资人，从来没做过餐饮，谈到口岸选择时也能说出个子丑寅卯，似乎很内行。但我们过去一看，问题就来了，门头方位、内层空间、烟道排污系统、停车位等都存在严重缺陷。我见过几个人，开餐馆时因选址没有"闹醒豁"（搞清楚）而大伤元气；也有人咋都没有想明白，过几年卷土重来，却没有汲取以往失败的教训，再一次栽在选址上，这以后就很难再创业，只好替别人打工。不是能力差，不是不努力，而是一开始就错了，就像是在沙滩上挖地基建高楼，白白耗费金钱和精力。

那么，选口岸的诀窍在哪里呢？我觉得有两点必须重视：一是符合你的定位，二是经营要算得过账来。

城市里道路纵横、高楼林立，商业口岸充满了不可预知的变数，很多时候连自己都不明白怎么就做火了，怎么就做不火。我想，选址应该实事求是，到什么山唱什么歌，具体问题具体分析，不能一概而论，也不能套公式，更不能把风水先生的话奉为圣旨。要知道，神仙也可能犯错误。前面讲的那位叫我拆水塔的神仙，就是其中之一。

口岸还与经营业态有关系，某个口岸不适合开大餐馆，但可能适合开小餐馆，如面食店、小吃店、特色店。不同业态有不同的选址标准，千万不要把膏药贴反了。我们开的是大型中餐馆，选址方面有自己的独特要求。以我们的经验，选址不但与人流、交通、环境有关，还与企业的知名度、顾客的认可度密切相关。

例如，湖南大蓉和在长沙开的门店，差不多都是别人做不下去转手过来的。这样的门店往往租金很低，如果你转手过来做火了，长沙人会说你"捡了个大漏子"，也就是占了大便宜。但问题是，前面的人当了"先烈"，其他人看到稀饭化成了水，都不敢前仆后继、赴汤蹈火，为何大蓉和就敢接手？这就涉及到胆识，而且和品牌多少有些关系。换个品牌生意就好了，生意跟着品牌走。当然，品牌后面还有产品，包括菜品和服务，以及你的装修、环境。品牌价值，往往在这些地方体现出来。

湖南大蓉和的掌门人李自康，人称"七爷"，他不信风水。可能原来的餐馆老板看过风水，经营不善时更要请神仙指点，但七爷从不看，完全凭自己的感觉。而且，他每次拣到的"漏子"都还不错，装修投入不大，换上新牌子很快就做起来了。他的经验是：选址固然重要，但也要看由谁来做，做什么品牌。

品牌名气做大了，有的好口岸就会来找你，而不需要你去找口岸。大型楼群建起来以后，一般都会提供优惠条件，邀请一些品牌餐饮企业进驻，如麦当劳、肯德基之类。有了几个带动人气的企业，这个地方的商业就会产生集聚效应，成为黄金口岸。十多年来，我们在成都一直严格控制发展规模和发展速度，但也经常遇到送上门的口岸。有些新开发区开出很有诱惑力的条件，房租低廉，水电气有保证，停车位没问题。我们有时也经不住诱惑，不愿放弃到手的机会，于是加快发展，多开几家。

　　据说美国麦当劳、肯德基都设有"选址委员会"，先用卫星地图布局，用卫星来看"风水"后，具体店面再由委员会派人现场察看，最后由委员会说了算。我们没有"选址委员会"，没有卫星图布局，但也有专人，张忠厚就是我们委派的专看口岸的"业余神仙"，他去看过以后我们再去看。一般情况下，看口岸以后要写一份报告，可以写得很简单，但要求很具体，关键数据不能马虎。

　　选口岸是很难的事，也是很容易的事，凡有点市场经验和商业常识的人都有自己的一套经验，并且各有道理。关键问题是：口岸选择得好不好，要翻开底牌以后才知道。那时真金白银已经砸进去了，脚已经踏（跨步）下去了，生意好当然没话说，若生意做不起来，喊天天不应，喊地地不灵，谁也不能帮你。再成功的企业家，对选址也没有百分之百的把握，总得面对一个个的悬念，不断做出选择。这大约就是市场江湖的魅力所在吧！

避开闹市区和主干道

口岸涉及到交通、停车、水电气供应，以及装修改造的难易、业主的关系等，很难有十全十美的时候，也就是说"只有更好，没有最好"。

选口岸有两个基本要点，一定要遵守：

一是基础条件。口岸涉及到交通、停车、水电气供应，以及装修改造的难易、业主的关系等，很难有十全十美的时候，也就是说"只有更好，没有最好"，该妥协时还是要妥协，除非是难以逾越的障碍。

二是价格成本。餐馆是高风险行业，利润率不高，房租占很大成本，弄不好"猫扳甑子帮狗干"，帮房东白打工。所以在发展加盟连锁时，如果投资人拥有自主房产，我们都会优先考虑。如果是租房，而且房租很贵，我们一般不会插手，也不主张加盟商投资。

基于这两点，我们在选址大型餐饮口岸时，坚持"三个避开"，即避开旧城区、闹市区和主干道，把眼光集中于新开发区和相对僻静的场所。

随便举个例子：当年成都市中心的顺城街，繁荣得花枝乱颤，随便摆个凉粉摊摊，几个月下来就是"万元户"。后来市政改造，拓宽的马路变成了通畅大道，车流如织，路边都用铁栏杆围到，根本停不了车。这些店铺反而是"门庭冷落车马稀"，生意很难做了。

而新开发区有"后发优势"，城市规划起点高，绿化带、地下停车、排污管道、水电气容量等配套设施都比旧城好得多。特别是餐饮业已成为"车位经济"，旧城区拥挤不堪，交通阻塞、停车位稀少，倒个车都难，还不如干脆转移阵地另谋山头，不到城市的中心去"打拥堂"。解放战争期间打东北时，中央的指示就是"让开大路，占领两厢"，从一些中心城市撤离出来，让你国民党军队去占领。这中间的战略意图就很明显。

主流餐饮都是打阵地战的正规部队，在战略上起主导作用，不像打麻雀战的"苍蝇馆子"。"苍蝇馆子"可以小到啥子程度？多年前我在成都"苍蝇馆子"吃饭时，是坐在老板的床檐檐上吃的。菜的味道还将就，但就餐环境就不好形容了。

主流餐饮对建筑空间的要求越来越苛刻：包厢要大，要带洗手间；过道要宽，还要敞亮；厨房面积也要宽松，要让厨师透得过气，蹽打得开。这样一来，就餐区的面积就减少了。我们建店的面积一般是五六千平方米，每层2000平方米以上最好使用，小了做不出规模，大了控制不了效益。临街的一楼租金比楼上高得多，我们差不多都选在二三楼营业，一楼只要一个门头，方便客人进出就行。

大蓉和一品店位于城西三环路侧的"一品天下"餐饮娱乐一条街，面积8000平方米,有大型排污处理系统，隔油池将油污和渣滓清除后排入专门的管道；油烟经空气净化处理后排入专门烟道；安装了720千伏安变压器，煤气管道260方/每小时，水管直径100毫米。这样的条件，老街区老建筑很难满足，也很难改造到这个水平。特别是停车，一品店每餐有近1000人就餐，需要500个停车位，而店面紧邻能容纳上千辆汽车的大型地下车库，路面还有一些车位，区间道路可临时停车，完全可以满足需要。

2010年开业的上座店，地处城南高新技术开发区，总面积6500平方米，按五星级酒店标准装修；配套大型地下停车场，周边马路宽阔，基本不堵车；绿化环境也较好；配有500千伏安专门变压器，空气净化、排污处理都按新标准建设；水、气使用量充足，是大型餐饮经营的理想之地。

最后是"避开主干道"的问题。

城市主干道高楼林立，车水马龙，像大河激流。不过，水流虽大，但流速也很高，留不住人，就像大河里的鱼，被水流冲着停不下来。所以我们选口岸时从不选主干道两侧，而是选择离主干道不远的、相对比较静的地方，就像是大江大河的"回水沱"，水流在这打漩，鱼就藏在这里，财气也聚在这里。

成都人民南路是繁华的主干道，路侧的大型餐饮很难有一家做得好，陆续关门迁址，我的朋友刘大旺开的"灶王"酒楼算是坚持得比较久的。那里是交通严管地带，车流量大，停车非常困难；周围很少有区间道路可供临时停车，楼房又没有地下停车场，主要靠门前十来个车位；如果碰到各种城市检查，连店门口都不准停车。客人主要是周围的单位和小区住户，步行来就餐。

我们在成都建了九个店，全部避开主干道，选择在较宽敞的区间道路边，效果都不错。如沙河店，离二环路主干道300米，汽车要拐弯抹角才能抵达，但里面是大型公园，紧邻沙河，环境优美，很有度假村的味道，还有200个地面停车位。刚开店时，有客人说："这个旮旮角角（角落）好难找哦！"但去过以后便会喜欢，"粉丝"越来越多。从餐饮消费者心理来讲，吃饭是聚会、休闲，需要洁净的空气、幽静的环境。大马路日夜喧哗，空气污染严重，显然不是聚餐的好去处。

我经常去长沙。五一大道是长沙很重要的主干道，但这条大道两边很少见到餐馆，特别是大型餐馆。长沙的朋友说，五一大道在建国初期就有了，车流很急，沿路很少停车的场所，历来开餐馆都很难成功。与五一大道相交的芙蓉路和韶山路，两旁的餐馆就比较多，原因是停车比较方便。更多的餐馆选择在与主干道相邻的支道。湖南大蓉和在长沙的六家店，没有一家在主干道，但离主干道都很近，只有几百米距离，顾客开车从主干道拐进来很方便。例如迎宾店，在并不宽敞的迎宾路边，离省级机关、新华社湖南分社、烈士公园都很近，是一个人流聚集之处。贺龙店也一样，位于环境优美的贺龙体育馆，离芙蓉路三四百米，有几条小车道。当初这里开过好几家餐馆，都不成功，虽然内部环境宽敞明亮，很有气派，但房租并不高。大蓉和进驻以后，一年多便收回投资成本，一直稳定经营。

如果遇到主干道，甚至十字路，往哪个方向拐进去为好呢？我们的经验是往右拐最好。左还是右，要以客人来的方向为准。如果客人大多从南往北过来，门店最好设在路的东边，门脸向西，这样客人就可以顺道拐进来，而不必到前面掉头。如果门面设在十字路口，也要看客流的主要方向，力求让客人顺道右拐进来。一般认为十字路口是黄金码头，但如果不方便进入，像山区老乡说的"望山跑死马"，也只能干着急。我们经常可以见到，十字路口4个角的商铺，有的生意火爆，有的却冷冷清清，原因大约也在这里。

租房不如买房

买了房子，经营思路就会发生变化，基础设施、基本建设和经营方式都会有长期考虑，包括降低定位、培育市场，不做"一锤子买卖"。更重要的是，房屋增值，虽然要支付利息，但比起昂贵的房租来，还是很划算。

餐饮行业赚的是辛苦钱，如果租门面经营，不管生意好不好，房东是雷打不动要坐收租金的。长沙一家知名餐饮企业的老板对我说，他在北京和长沙都开了店，经营业绩差不多，但北京房租高，赚的钱比长沙少一半，忙来忙去主要是给房东打工。

我一直倾向于买房经营，哪怕在创业初期还不具备购房能力时，这种愿望也很强烈。1999年做羊西店时，店面只有1000平方米，建店的一百多万都是东拼西凑来的，大部分还是靠朋友关系和小股东"�起"（扶持）。那时羊西店周围还是农田，也没有什么居民小区，门口连路都不通，但好处是门面价格不高，一楼商铺的房价为每平方米六千多元。我决定买下这栋房子。当时的想法是，买了房子就可以不交房租，哪一天餐馆开不走了，把房子租出去，靠租金也能给跟到我的十几个职工发工资，对上对下有个交代。在没钱的时候我就敢做这笔买卖，是因为认定一条死理：把钱投在铺面上，始终不会吃亏，只要能借到钱就要干这个事。

赵延生局长支持我们借到第一笔购房款，但第二笔款怎么也交不出来，只能找有钱人协商。一家公司把合同都拟好了，差一点就把大部分产权买走，但最终还是打了退堂鼓。另有一家，提出要买走全部产权，还要在经营上控股，我们先前付的房款不计算利息，他还要收房租，苛刻得就像《马关条约》。开发商也差钱用，不断催我们付款，光违约利息就罚了几十万。眼看要撑不住时，政府出台了商业房按揭的政策，使我们柳暗花明。在北京谯总的参与下，羊西店办理了50%按揭贷款，总算把这个坎翻了过去，房子也保了下来。

买了房子，经营思路就会发生变化，基础设施、基本建设和经营方式都会有长期考虑，包括降低定位、培育市场，不做"一锤子买卖"。更重要的是，房屋增值，虽然要支付利息，但比起昂贵的房租来，还是很划算。成本降低了，利润增加了，风险减少了，还不必受制于人，更不必担心业主眼红你的利润，强行上涨租金，甚至终止租房合同。这样的事有百利而无一弊，不做白不做。

以后我们开店，只要有可能，就选择买房而不是租房。买来的房子不但可以用来赚得经营利润，本身还会增值。在一段时间里，我们几家商铺的房产增值幅度，甚至比经营利润的增长还高。

买房最好是一次性投入，这样价格低一点，如果没这个能力，也可以按揭。按揭费相当于用租金买了房，何况楼盘本身在升值，升值的盈利甚至都抵得过按揭，怎么都划算。

这些年餐饮业的高速发展，得益于城市化的迅猛进程。今天还是郊区，明天就成了市区；今天商业气氛还不浓，明天就成了闹市；今天行人稀少，没啥子生意好做，明天就成了黄金码头，不知道从哪里冒出那么多消费积极分子，让你措手不及。所以，我们投资买房的重点，也放在新开发区，趁着那里的商业气氛还没有完全形成，价格相对比较温柔时捷足先登。不用多久，甚至门店一开张，人群就聚集过来了。生意做火了，房产的价格自然就水涨船高。而在成熟商业区，大家都抢占码头，价格已经炒得很高，升值潜力反而不大。

十余年来，我们在买房中获益匪浅——

紫荆店，3000平米，2001年以按揭购得，现在该地段的住房平均价翻了两番，商业房更高。也就是说，经营可以挣一些钱，房产增值也会带来效益。虽然楼盘的增值是纸面上的，但要卖出去也很容易，随时可以兑现。所以，紫荆店虽然有些陈旧，但因房产的增值，股份含金量却不低。

上座店，2009年买下，总面积6500平方米，到2012年，这一带的商业房价也翻了一番。上座店开业时，客人并不熟悉，对我们的担心和猜疑比较多，但有两条重要原因，使我们在半年内打开了局面。一是大蓉和的品牌，让客人有信任感；二是房子是自己买的，使客人有安全感。营销为了稳定客源，推出"储值卡"优惠活动，让客人把钱存到我们这里，成为VIP客户，消费时再给他相当的优惠。有一位买了10万元储值卡的客人说："你们虽然是新品牌，但房子都买了，肯定是有实力的，我把钱存到这里也不怕你们跑了。"

对于加盟商，我们也鼓励买房。除了上本书讲到重庆大蓉和南滨路店购房的事，大蓉和泸州店也是典型案例。2009年，吴应全、张忠厚、何建国考察泸州加盟商的选址时，发现该地区的新建商业房价格比较低，于是建议投资人徐莉等买下位于龙透关南阳花园3000多平方米的商业房，总投资1000多万。原来租房子每月要交10多万租金，现在交的按揭费也差不多。三年来，房产大幅增值，经营也比较主动，生意一直不错。加盟商至今还十分感谢我们当初的建议。

有一位买了三处房产的餐饮老板对我说："辛苦了十几年，我还是靠房子赚了钱。现在我不怕加工资，也不怕打价格战，如果有人硬要打的话，你租门面的始终打不赢我自己有房子的。"

关键时刻要敢于赌一把

在我所经历的选址中，紫荆店最具传奇色彩，成了成都餐饮界的经典案例。

我们曾在城南开烧烤城，那一带购买力比较强，所以在西门羊西店走上顺境后，我首先想到的是在城南再开一家店。2001年，公司在城南找点，选了三个口岸，一是大世界，二是双林路，三是紫荆南路。这三个点各有利弊，其中紫荆南路在新开发区，房子正在建，周围都还是农田，连马路都没有，售价自然也最"温和"。

紫荆南路位于"神仙树"一带。1970年我读中学时参加"支农双抢"，就是在神仙树的生产队，那时还完全是郊外农村。我们从学校出发，走了两个多小时才到生产队的仓库院坝。我还记得神仙树的小街上有一家叫"乡村味"的小菜馆，菜很好吃；餐馆后面的河边有个水磨坊，农家在那里打油磨面。我们"支农"实际上帮不了多少忙，反而给生产队添了麻烦，学生插过的水稻秧，不少地方社员还要拔了重新插过。我住进了一家姓钟的社员家，他有个儿子，大我一岁，农活干得很麻利，我们处得很好。我问他："你才17岁，为啥子挑得起一百多斤重的东西？"邻居一位大嫂说："小啥子小，明场都要看婆娘了！"晚上在院子里乘凉，一个叫三叔的老乡见多识广，龙门阵都是围到他摆，他说："昨天我在街上看见一个从乡坝头来的人，提了一篓黄鳝来卖。

有什么条件做什么事，关键时刻还是要敢赌。一栋房子两个面，商气就差一长截，好多事情不是我们这些凡夫俗子可以讲清楚的。

我看黄鳝块头匀净，成色也好，说好五角钱一斤，他没带秤，我说这点东西还秤啥子，各凭眼力，'打瓜'（全部买下）好多钱？最后花两元钱买回来，用秤一称，有五斤多，捡了个大便宜。晚上打了二两老白干，想慢慢'晕'（喝）两口，没想到黄鳝端上来后一拈，苦得没法吃。原来老婆勾芡时，把做馒头的碱当芡粉放了！"

这件事我记忆很深，总觉得和神仙树有缘分。去紫荆南路调研时，我找到隔壁冻库的战友李良利，询问当地的情况。他说："对你我就不说假话了，我在这里十几年，平时人花花都没几个！"我想开店，只好说硬话："我来这里，人就多了！"回去后征求总经理的意见，他说："这个地方太偏，恐怕一天只能做一顿生意。你敢定你就定，反正我们会努力做。"几位打江山的兄弟伙心里头也吃不准，不愿意表态，要说也说半句话："房子还可以，价格也不错，就是偏了点。"

当时手头的钱不多，一边选点一边找人投资，思前掂后拿不定主意。好不容易找了个有钱的老板，希望他能促成这件事。他开着宝马车到了现场，下来转了几圈，摇着头说："这个地方做啥子生意哟，鬼都看不到一个！"一个被称为"半仙"的朋友讲起了风水："这个商铺大门处在十字路口，对面房子的棱角正对到门，冲撞了财神，不是想点办法就能化解的。"

总之没几个人看好，我自己也吃不准，拖了两个月还定不下来。

有一天早上，我5点钟醒来，再也不想睡，又开始琢磨这事，尽可能往好处想，最后像产生幻觉一样，突然就下了决心，"就是它！"

我下决心买这个店，最直接的原因是房价便宜。街对面"中海名城"正在开发一期住房，每平方米售价2000多元，而这个店面的价格比住房高不了多少，即使是生意做亏了，房子还在，最终也亏不到哪里去。至于其他问题，想不清楚就不想了，就像围棋里说的"不好应的地方干脆不应"，听天由命，走一步说一步，想多了反而干不成事。

就这样，我结识了李玢。他当时是这栋楼盘的开发商之一，个人也入股支持我开店。结果是我们不但买下了紫荆店，李玢后来还成了大蓉和的总经理，为大蓉和的发展起了重要作用。我实际上是连房子带人一股脑弄过来了。

门店开张后，我一直提心吊胆，又不好对别人说，按四川袍哥樊哈儿的名言，"心头有点虚，脸上要稳起"。但出乎大家的预料，开张以后生意出奇的好，一周以后晚上就要排队候餐。我这才暗暗松了口气，感谢苍天有眼，我们16个下岗的人没有当叫花子的命。

一年后，红杏酒家也在我们对面开了店，两家店共同造势，把紫荆片区变成了有名的餐饮区。不过，这里40多个商家，除了红杏、大蓉和排班站队、生意火爆外，周围的餐饮大多数亏本，没有几个伸展的。有一家餐馆开完火锅开韩国烧烤，做不起走又开河鲜馆，一年换了三个老板还是没做起来。看来，大店子的财运转不到小店子身上。

紫荆餐饮片区形成后，很多人都在研究，为什么我们斗胆包天，敢在这么偏僻冷清的地方开店。好几个老板问我，选紫荆南路开店的根据是什么。我说："有什么条件做什么事，关键时刻还是要敢赌。"建材公司张总过去是物资系统著名的企业家，他也带着这个疑问咨询我。我说没什么灵丹妙药，无非就是图便宜，并没有高瞻远瞩、洞察商机的特殊本领，那些神乎其神的说法都是别人吹的。其实到现在来看，这里地处小区，街道不宽，停车也有限，算不上绝妙的口岸。

口岸这事很怪，紫荆南路和紫荆东路就倒一个拐，一栋房子两个面，商气就差一长截，真正是"一边阴一边阳"。天府广场的东御街是商业黄金地段，西御街却只能开小铺子，两边只隔一个街口。好多事情不是我们这些凡夫俗子可以讲清楚的。

机会是身边游过的鱼

机会永远都有，就看你抓不抓得住。就像身边游过的鱼，你不抓住便稍纵即逝，抓住了便从此改变人生。很多时候，看准了便不要犹豫。

一天下午六点多，李玢到我办公室来，说在沙河边上找了一个口岸，想约我去看一下。我说："择日不如撞日，现在有空，干脆就去一趟。"

那个口岸地处城东"麻石烟云"景区，三面环水，形成一个小岛，环境十分优美，称得上风水宝地，特别是在现代化大都市，这样的水乡环境实在难得一见。我们当即选定了里面一栋独立建筑，就是现在的沙河店。第二天，经营上的几个人去看了，也很认可。第三天起草合同，第四天打了定金就敲定了。过了几天，一个主管领导介绍熟人来租这个房子，经办人员说，"大蓉和已经签了！"幸亏我们出手快，如果稍有迟疑，这事多半就黄了。

"5.12"汶川大地震以后，成都市的房价普遍下降，虽然绝大多数房屋经受了八级地震的考验，但裂缝裂墙的现象也不鲜见。我们新建的一品店，沉降缝之间裂了个大缝子，把豪华石材地面扯得稀烂，房顶上一个钢筋水泥做的中式飞檐都被震掉了。在这种环境下，谁还有心思去买房子？政府为鼓励震后买房，新出税收补贴政策。当时，城南新区"融城理想"大型商业楼盘有3万多平方米营业房，价格也降了不少，开发商和我们很熟。李总和我认为，虽然我们没有新建项目的投资计划，碰到房产疲软的机会，用单价几千元的价格就能买下豪华商业房，确实是可遇不可求，况且这个楼盘的商业潜质很大，要不是碰到地震，是不可能以这个价格买到的。我们决定买下6000平方米建高端酒楼。

两年后，这一带的房价一路飙升，想买房子还买不到。现在想起来，我们还是保守了一点，当初1万平方米也能买下来，高端酒楼的功能会发挥得更好。要是有胆量把3万平方米都拿下来，经过商业运作，会产生可观的效益。当然这都是后话了。人就是这样，对市场和未来的判断总是有一定的局限性，抓一点是一点，抓到总比没抓好。这样一想，心头又平衡了。

在商业经济中，除了机会，一切都不重要。有些事，下决心很费周章，思来掂去，但一旦看准了就要速战速决，抢占先机。"一品天下"美食一条街开发时，虽然规模很大，但投资人普遍存在观望心理，前期招商比较困难。开发商巫总几次举办招商会请我出席，我都只派人去应付一下。2005年春节前，巫总在一个聚会上碰到我，还把金牛区里的主要领导搬出来给他扎起。他一见面就说："你好难找哦，每次招商会你都叫个高个子来，又做不了主！"我说："我又不是地下党，有那么难找么？"

在我的印象中，凡是政府打造的集中餐饮区，生意都很难做。餐饮是土生土长、沿街成市的行当，有一个自然淘汰、自然生长的过程，不是谁能预先设计好的。通过行政规划把餐馆集中到一起，客源、交通、停车都是问题。琴台路、玉双路就是这样，表面上看起来热闹，其实生意并不好做，餐馆多，客人少，僧多粥少的局面造成经营困难。有一个店有3000多平方米，想挂大蓉和的牌子来扭转局面。我带人去看了一下，这么大一个店，不到10个停车位，生意怎么做？就是把人吸引来了，也没有办法安置，只好婉言谢绝。

为打造"一品天下"餐饮一条街，金牛区委、区政府花了很大的精力。为了引进品牌企业，带动其他商家，区领导动员我们先行一步。我和李玢、李自康、谯长乾到一品天下考察时，区政府领导亲自出面介绍情况。我们选中了一栋房子，即现在的一品店。巫总喊价每平方米5000多元。李玢本身就是搞房地产的，很快便估算出成本，还价到3000多元。巫总连连摆手说："这个价格就是抢人了！"李玢说："我都是修房子来卖的，掏钱买房子还不习惯！"我们对巫总说，"我们进来后，其他的房子可能就好卖了，你要算大账嘛！"

正好这时，战旗歌舞团一位漂亮的女演员来找巫总谈事，我们趁机在女演员面前夸耀巫总开发饮食一条街的战略气魄和捕捉商机的能力。巫总特别高兴，摆起了早年当木匠的创业史，他雕的老虎腿是被人称赞的绝活。在美言和美女面前，巫总打了让手。他确实想打开销售局面，同意协商房价。我们说房价不能太高，这么大的房子，价格高了想买都买不起，但他说，"按你们说的价格卖了，别人要笑我。要么我入点股，也好对外人有个说法。"就这样把事情搞定了。后来巫总开发一品天下二期时，一期的生意都火了，二期的房价自然水涨船高，他的战略目的也达到了。

一品天下现在是成都著名的餐饮一条街，政府引导、市场运作都很成功。假如按我原来的老观念来处理这件事，该出手时不出手，这个重大的商机就从身边溜过去了。有时候就是这样，机会送上门时还拼命躲，人就这么傻。

得到是一种机会，放弃也是一种机会。决定购买一品店后，羊西店的老股东拿不出更多的钱来，公司只好召开股东大会，决定卖掉羊西店，再买一品店，实现"腾笼换鸟"。听说要卖掉创业时的老店，很多人感情上接受不了，有人认为老店是发家的根基，卖啥子都不能卖"老窝子"，一旦卖了就要触动风水，财神就会跑。但情况就是这样摆起，不卖掉老店哪里去找钱？我说："反正是卖了房子买房子，东西还在，至于财运，事在人为，只要努力做好，大家命中是有这个运的。"

最后，股东们还是签了字。现在一品店做火了，老股东挣的钱比过去还多，有人又说："幸好卖了！"

机会永远都有，就看你抓不抓得住。就像身边游过的鱼，你不抓住便稍纵即逝，抓住了便从此改变人生。很多时候，看准了便不要犹豫。

要经验，也要运气

成都城南有一个大型商圈，开发了几万平方米商铺，靠湖边还有独栋别墅商业房。按常理来讲，这里的环境和发展方向都没得说；从经验来看，也是开餐馆的好口岸。2008年，我们在招商人员的劝导下，看了一栋4000平方米的房子，准备摆摊设点。我和几个公司领导人到了现场，都感觉环境很好，有了开店的意向。但谈判时出了点问题，业主喊价每平方米60元月租，我们还价40元，对方最后回价45元。就为了这5元钱的差距，我们拖了半个月，如果对方退一步，说不定就签协议了。

实际上，40元的房租我还是觉得比较高，对以后的营运也不敢打包票。为稳妥起见，趁着还没签约，我安排老张、老何到其他地方继续物色口岸。有一天，他们在红牌楼商圈看到正在建的鹭岛国际二期项目。到现场看了商业房后，老张一拍老何的肩膀，"对了，就这个房子，老板肯定喜欢！"我和李玢看了以后，谈下了租房的条件，事情当即就定下来，以往看的口岸自然就撂倒一边了。

就因为这些偶然的机缘，或许说因为5元钱的价差，阴差阳错地让我们选择了另外的地方。有一天我碰见当初找我的招商负责人，他说："我们再谈一下！"我说在外面已经定点了，现在免一年房租都不敢来。他吃惊地问："为啥子呢？"我说："这里平时人很少，举办大

经验往往比知识、理论更重要。在决定企业生死的决策中，经验和直觉也比资金、技术更要紧。所谓「天时地利人和」，说起来容易做起来难。谁知道哪条蛇咬人？

型活动时虽然人山人海，却又交通管制，进出都不方便。"

那个码头至今都没有租出去。我们暗暗庆幸，差点踩虚这一脚。我想，那里今后可能会好起来，但我们这些等米下锅的企业，是熬不起时间的。

经验往往比知识、理论更重要。在决定企业生死的决策中，经验和直觉也比资金、技术更要紧。当然，我们也不能因此而迷信经验和直觉。选址，一般情况下是可以凭经验解决的，但有些特殊性就预测不到了。一些看似很好的口岸，很容易让人产生错觉，兴奋之余看不到暗藏的陷阱，预料不到潜伏的问题。这时，恐怕就要看你的运气了。

运气是很难讲明白的东西。有时似乎是品牌的作用更大，其他品牌做不好的地方，换一个品牌就起来了；有时似乎是人的因素第一，这个人做得穷途末路，换个人就风生水起；但有时则和地段密切相关，同一个品牌、同一个人，地段不好也白搭。就说一品天下美食街，那里有上百家餐饮企业，做得好的是大部分，还是有不少生意疲软。地段都差不多，是品牌的作用，还是人的作用？我们的新品牌"上座"与周围的一些新开餐厅虽然同处一处，生意差别却很大，这不是口岸问题，而是其他因素在起作用，其中包括运气。

运气确实存在，有些客观因素不是自己能把握的。我们也有运气不好的时候。20世纪90年代末，我们开西部牛仔烧烤城，主要做牛肉烧烤，却做梦也没想会碰到百年不遇的疯牛病，全世界都拒绝牛肉，卖牛肉的餐馆根本招架不住。此后不久，美国轰炸中国驻南斯拉夫大使馆，炸死了使馆人员，全国人民都拒绝美国背景的商品，游行队伍甚至砸坏了我们位于美领馆路的店面，使西部牛仔的生意一落千丈。那个时候，对门的美国领事馆都全靠武警保护，哪个还罩得住你这个烧烤城？这只能归咎于我们触了霉头，怪谁都没用。

在餐饮业，这样的事例还有很多：新餐馆刚开业，便遇到"非典"，客人不敢到公共场所吃饭，老板急得脸上都揪得出水来。某一段时段闹禽流感，鸡鸭鹅卖不出去，做"烧鸡公"、"烤鸭"的企业惨不忍睹。后来又冒出一个"猪流感"，很多人不敢吃猪肉，省领导不得不带头吃，尽力挽救生猪市场。此外还有政策性风险。有些地方政府的扶持力度大，投资环境好，开餐馆自然容易成功；如果遇到相反的情况，那就很难经营，一拨拨检查、罚款的人马让老板防不胜防，不赔才怪。这时，你可以自责，为什么事先不了解这些，但总之也还是有运气的成分。所谓"天时地利人和"，说起来容易做起来难。谁知道哪条蛇咬人？

话又说回来，谁也不能光靠运气把生意做旺，关键还是菜品特色、定位，及装修风格、就餐环境、服务水平、管理能力，甚至社会形象。这一切构成了一个品牌，形成一个气场。气场是无形的，世上往往是无形的事物控制着有形的事物，例如人心、民意、传统、习惯、理念、观点都是无形的东西，但总能指导你的行为。只有当这些无形的因素对路了，运气才会光顾，财路才能顺畅。

『看一下』成了潜规则

说起选址，很多人都有一套自己的方法，绝大多数都看得比较准。国外甚至有选址调查的测算方法和计算公式，准确率也比较高。既然大家都看得准，为什么还要请风水先生来"看一下"？

我问过一些信风水的人，风水先生讲的有道理吗？他们都说，不知道有没有道理，反正自己不懂，看一看心里头比较踏实，看比不看好。我又问，是不是风水没问题就觉得万事大吉了？他们说那不行，风水好就回去睡大觉，怎能把生意做好？说来说去，看风水主要还是满足心理需要，真要赚钱还得靠自己一手一脚去做。

小时候在成都青羊宫外头，那些在"扯谎坝"卖打药的，是我心目中的"大师"。大师说："信者幸，不信者吐血而亡！"逼得你非信不可。有人掏包包去买他的药，把药揣回去找懂得起的一看，人家说，你娃瓜的，又遭"豁"（骗）了哈——这个"鸡血藤"，人民公园、御河边边到处都扯得到。

我不懂风水，又没法子验证风水的"准头"，所以很难相信。选新口岸时，我一般凭自己的感觉和分析，不让风水先生代替自己做决策，但也不阻拦公司其他人请风水先生。在我参与选址的十几个店中，经我们选定后，都有风水师的介入。餐厅的店长为了经营生财，在餐厅开业前也要请风水大师来选择良辰吉日，勘定方

"三分风水七分做"，把事做好是人道，把事做成是天道。寄希望于风水，忽视主观努力，忽视企业管理，忽视市场变化，是不可能有出路的。

位，驱邪避凶，祈福招财。我自己不懂，也不知道下面的人懂不懂，往往是他们做完后才给我说。

实际上，我在选址时并不担心风水先生唱反调。各路神仙来路不一，门派不一，红包厚薄也不一样，万一说不好，换个神仙就是，总有神仙会按我们的意思讲。神仙也有他的难处，也要养家糊口，娃娃也要上学，还想买车买房，都不能脱俗。他们也熟知世事，精于人情世故，听说过我们的品牌，知道我们是努力做事，而且能把事情做好的人，该讲什么心里有数。即使按套路讲一点不利的话，也都是些鸡毛蒜皮的小节，无关大局。

沙河店装修时，风水师说这里是错层建筑，左边缺角，要求把那个角抬高。城市里这样的错层建筑非常多，都要按这个来改造，那会翻了天，但为了让店长刘胖儿安心做事，还是花了几万元在房子左边顶上搭了一个大架子，贴上店的徽记做装饰，算是把那个角角"敷"平了。没料到几天后，刘胖儿又跑来给我说："风水先生又讲了，店门口还要挖一个水池才招得到财哦！"我的脑壳顿时大了，问："这个店有沙河水环绕，大师也说'腰带趋财水'，为什么还要挖水池？"刘胖儿说："神仙讲，这个店离大路有300多米远，拐弯抹角才找得进来，有个水池才能聚住财气。"我问他要花多少钱，他说要40万。当时投资预算早就超标了，但我不想扫他的兴，腻了半天才说："挖个水池也不是不行，但现在资金困难，等生意做起来，赚了钱再挖吧！"刘胖儿没办法，找人用花岗石打了个水碓窝，安放在门前花园里，经常叫人掺水，确保常年不干涸。我去看了也感觉不错，在景观上可以加分。水碓窝里头的这一汪水，在刘胖儿的眼里是沙河店的精神依托，水碓窝也变成"镇店之宝"，慢慢地成了老物件，记录了沙河店发展历史，成为珍贵的"风水文物"。

刘胖儿叫刘永东，头脑清醒、业务娴熟、带人有方，把沙河店的生意做得有声有色。不过到现在为止，神仙说的那个水池还是没挖。当然，水还是要天天掺起。

有一个连锁店老板，在建店时做了一个梦，说后厨的方位有问题。为了印证玄机，他请来风水师，根据风水师的指点，把已做好的隔断和防水全部敲了，另开了一道门，向东斜了30°，整成个"歪门邪道"，弄得"男不男，女不女"，但老板并不觉得花了冤枉钱，反而觉得心里踏实。

2005年，我们购买了一处大型餐饮楼盘，地处成都人气旺盛的饮食区，售房价格、建店条件很好，几位股东看了也很满意，但合同签订后却迟迟不打款来。后来才搞清楚，他们在等一位风水大师。我说："这个程序就免了吧，你们都是有文化有见识的人。"但他们说："还是看一下放心。"等了几天，大师终于来了。他用罗盘判断龙脉来向，测定生旺方位，认为这个店"藏风聚水，五行通畅"，和我们起家时的老店在同一脉路上。又为店长算了一卦，把店长的生辰八字记在一个印有太极图形的黄色小本上，然后拿出三枚锃亮的铜钱向天上抛三次，每一次落入地面后的图形都记录在小本上。最后告诉大家："这个老板的财气也很旺，火爆生意起码要维持13年。"几位股东面露喜色，第二天就把钱摸出来了。

作为企业领导人，我听了大师的话也很高兴，祈愿他讲的都能兑现。但我始终认为，一家企业能不能做好，最好还是多相信自己。"三分风水七分做"，把事做好是人道，把事做成是天道。寄希望于风水，忽视主观努力，忽视企业管理，忽视市场变化，是不可能有出路的。特别是经营情况不好时，一定要在自己身上找原因，改善管理，调查市场，迅速应变。如果确实是决策性失误，例如选址错误，再高明的神仙也解不了你的围。

这样的事，我们不是没有遇见过。西南地区有个加盟店，我们去考察时认为位置离主城区较远，没有形成商业氛围，不主张开店。但老板一心要把这件事做成，还请来风水大师，叫我们派人亲临现场见证。大师认为这家店依山傍水、青龙抬头、以吉避凶，属上乘风水，开张后定能顾客满门、财源广进。老板听了十分开心，给风水师封了个厚厚的红包，还对我们的人说："风水师说好，肯定就好。这下你们该相信了嘛！"几个月以后，这个店终于开了起来，但大师的话并没有应验，生意一直疲软。好在房子是老板自己的，不算房租勉强能维持。为了把生意做红火，老板又请大师调整，更换了店里的一些装饰摆件，把一面黄色墙改成紫色。即使这样，生意还是很"秋"（不景气），3年后最终关门歇业了。

绊倒了不怄气，爬起来才怄气。这个老板为啥会这样？因为他的自信来源于风水，把决策权交给了神仙，甘愿下这步险棋。结果，自信成了自负，险棋成了臭棋。其实在很多时候，凡人比神仙看得更清楚。老百姓说"听人劝，得一半"，是有道理的。

北方有个连锁店，房子、位置、租金条件都不错，我和七总到现场实地考察，认为还可以，于是从成都选派前后厅精英来经营。开业前，老板娘请来当地一位有名望的密宗大师，据说法力高深，观气改运，没啥子机巧逃得出他老人家的法眼。大师进店做法事时要清场，所有的经营人员全部请出店外。他要埋一根红线在店内，这是聚气纳财的宝物，天机不可泄露。法事做完以后，大师又测定了一个供奉财神的方位，口念咒语，焚香做法。店里员工纷纷好奇地猜想：大师的红线究竟埋在哪里？

按照大师的旨意，店内还建了一个巨大的财神神龛，一米多高，好几米宽，占接待大厅一面墙的位置。开业的时辰也是大师测算的，中午11点58分，主持人宣布庆典开始，鞭炮齐鸣，锣鼓喧天，预示兴旺吉祥，一切尽在神仙掌控之中。然而，开张后生意不温不火。老板又把大师请过来调整风水，调一回，店内的物件就要搬一回，还要按他的要求买一些物件来摆起。敬财神的香也要每天烧，也不知管不管用，大家照做就是。

尽管如此折腾，这个店的生意始终是温开水一杯，几年后还是关门歇业了。至于大师埋的那根红线在哪里，成了永久的秘密，也没人再关心了。

有一个连锁店地处城市郊外，生意做得比较艰难，请了几回风水师来号脉也不见起色。有一年春节，老板在店旁边的空房里开挖桑拿水池。有人说，这是"屋内挖坑——埋自己"，厨师长认为犯了大忌，冲了财运，找老板商量请财神过来。于是请人做道场，道士画符念咒，从后厨冲到前厅，又从前厅折到后厨，手拿法剑驱魔辟邪折腾了好久。这以后，生意并没有好转，后来自己加强管理，完善经营，才慢慢有了改观。

一南一北，两个请神仙的例子，都没有灵验。是不是他们请的神仙级别不够高，道法不够深？这很难说。古人说"尽信书，不如无书"，是不是"尽信神，不如无神"？为事之人，首先把自己的"定盘星"调准，这才是最要紧的。

风水，让人有所顾忌

大师，我是不会去请的，但红色茶馆老板娘阿庆嫂的话还是记得，"来的都是客，全凭嘴一张"。大师来了，也把他当成客就是。

很多事一旦约定俗成，就很难用理智去解释。例如数字禁忌，中国人忌讳3、4、18，外国人忌讳5和13。新建的楼盘，13楼、14楼和18楼都要用其他符号代替，这几层楼的售价也要低一点；买车牌、买电话号码也选那些6和8多的，尽可能避开4。你可能认为这些禁忌不科学，但如果你自己买楼盘，恐怕也不会选13楼、14楼和18楼，即使这几层楼用H或G来代替，心里总还是有阴影，觉得不吉利。买车牌也一样，哪怕你是彻底的唯物论者，也不见得敢选4444连号。风水成了一股巨大的潮流，即使你不相信，也不见得会去冒犯，或者没必要去冒犯。"看比不看好"，"不信不如信"，这是很多人的心理。

烧香拜菩萨也是这样，很多人其实是随大流，大家都拜便跟着去拜。无论如何，拜比不拜好，"宁可信其有，不可信其无"。我问过王正金，你每年春节去庙里烧香，拜的是哪路神仙？他说他不认得菩萨，看见有个菩萨的手多，便拜那个。我说你拜的是千手观音，知道千手观音能保佑你什么吗？他说不知道，没学过佛教，但拜过以后心里便觉得安逸。他还说，拜菩萨时他想得更多的是在新的一年里应该做哪些事，怎么做好。我说，菩萨一定会喜欢你这样的人，因为中国有一句老话："天助自助者。"天就是菩萨。

关于风水，我请教过一些学者。一位大学教授对我分析了风水流行的原因，主要是迎合了日常生活的常识。现代风水师与时俱进，学了一些商店选址的套路，用风水的语言来讲述，虽然增加了神秘色彩，但还是脱离不了常识。

例如"左青龙，右白虎，前朱雀，后玄武"，说的是房屋左边要有水流，右边要有道路，前面要有水塘，后面要有山坡。这本来就是中国人选宅地的通常做法，不讲风水也会知道。又例如，风水要求店铺前面视野开阔，没有遮挡物，人流车流方便进出，这也是很浅显的道理，做生意的人都有这方面的经验。至于店铺的朝向，风水认为不宜朝东，因为东边日出，阳光直射门脸，热气太盛，顾客避之不及。但在现代城市里，你真能按这个标准来选择口岸吗？

还有一句风水格言："山管人丁水管财，水可聚气又生财"，以水来比喻财路，确实很有想象力，也很贴切，但这和平常所说的"财源广进"并没有区别，"财源"中的"源"实际上就是指的水。至于餐馆里的通路，如物流、人流通道，也都是经营者很熟悉的，肯定要保证流畅，不一定要与风水扯上关系。

风水也有很多违背常识的东西。比如说，屋前不可有无人居住的破屋，大门不能正对别人的屋角，也不能正对别人的围墙。这些说法就有点莫名其妙。城市里商店门面对着屋角和围墙的事多得很，你敢说城里人都要遭厄运？又例如，按风水的说法，"左青龙右白虎，宁叫青龙高万丈，不让白虎抬了头"，就是说，左边的房子可以高于右边的房子，但右边的房子绝不能高于左边的房子。这种说法无需理由，你听着就是，反正风水师也只是照本宣科。

有一位学者告诉我，看风水实际上是对场地的一种整体把握。首先要看"势"，这个地方的现状及今后的发展；其次是看"形"，找好中心点，如政府的所在地。店铺内部，首先要看各种关系的协调，例如色彩、物件的距离、形状。色彩不协调会影响视觉和气氛，物件太尖锐易发生冲突，物件摆放位置不对会影响财运顺通。物件的大小、颜色都能体现阴阳平衡的关系。例如天花板上的圆形吊顶，正好印证了中国人"天圆地方"的传统自然观，如果上面是方的下面是圆的，肯定不美。

这位专家还说：生意的好坏除了与个人的运程有关外，还和地理风水有关系。但更重要的是"积功累德"，"德"是"道"的能量，需要历练和慈善来聚集，所谓"厚德载物"就是这个道理。

请教了一些专家教授以后，我对风水有了一些粗浅的理解。风水重视山形、水势，重视自然环境，重视人和自然的关系，这都是很好的观念。世界上确实有风水宝地，平常我们说的"物华天宝"、"人杰地灵"就是这个意思。问题在于，风水宝地是不是能保证大吉大利。例如说南京，紧依长江，被称"虎踞龙盘"，有帝王气象，但在那里建都的政权都是短命鬼，太平天国和国民党政权的寿命都不长。西安在古代叫长安，南靠秦岭，北有渭河，枕山面水，山有来脉，水有活源，沃野千里，风水一流，但历史上也遭遇很多次厄运，秦代只活了16年便迅速衰亡，强盛的唐朝也在这里走向衰落。所以说，风水确实有好坏，但不见得与命运有必然关系。命运最终还得由人自己来决定。

我觉得，迷信风水还有一个原因，那就是精神寄托。

市场变幻莫测，今天风明天雨，不可预知因素很多，投资人把握不了自己的命运，希望通过神秘力量来求得依靠，减少心理压力。房地产、餐饮业信风水的人多，是因为这些行业的投入大，市场风险也大。据统计，餐饮业有三分之一倒闭，三分之一勉强维持，三分之一能赚钱。也就是说，一大半餐馆要"垫背"，赚钱的只是小部分。餐饮业竞争激烈，资金投入越来越大，企业很难在亏损中维持半年以上，稍有不慎便鸡飞蛋打，老板眼看着钞票一张张往外头飞，不知何时能飞回来，心慌得像猫儿在抓，"癫疙宝吃豇豆——悬吊吊的"，于是借助虚幻的力量来撑腰壮胆，给自己充点底气。

再说了，餐饮业本来就是一个传统行业，有很多禁忌，更有很多习俗，比如祭灶神、祭财神等。我认识的英国作家扶霞，她在川大读书的时候，就请了三个灶神回伦敦供起，不知道洋人对菩萨是怎么理解的。

对这些现象，视而不见或刻意回避都不是办法，只能理解，顺从大流，尽可能往有利的方向去引导。如果看了风水以后能得到一些心理安慰，增加大家的信心，鼓舞士气，也未尝不是好事。当店长、厨师长的，都很想把门店经营好，但也难免有疏忽的地方，如果借风水师提个醒，给一些压力，心里有所畏惧，工作时更加兢兢业业，那才真正是"看比不看好"。

大师，我是不会去请的，但红色茶馆老板娘阿庆嫂的话还是记得，"来的都是客，全凭嘴一张"。大师来了，也把他当成客就是。

没有挤占完的市场，只有做不好的企业。这么大的市场，不是你一个人能吃下来的，即使是餐饮业的巨无霸，也不可能把市场份额全占了。

只要找准自己的市场定位，营造自己的特色，做好自己的产品，任何企业都可以在市场立足，没有谁可以排斥你。

市场

开餐馆的滋味 **2**

- 相争不相克
- 利润看薄，生意看久
- 只有大众化一条路是不够的
- 小门店有大名堂
- 新品牌也要讲血统
- 宴席是宣传品牌的有效手段
- 把增发的工资挣回来
- 品牌是一种软实力
- 心头有点虚，脸上要稳起

相争不相克

市场需要竞争，以优胜劣汰来促进发展，所以市场绝不会让一家独大，而是要为你树一个势均力敌的对手，相争不相克。哲学上有句话，"竞争最激烈的地方，是进化最快的地方"，这应该符合进化论吧！

老百姓过日子，无非是衣食住行。不管社会怎么发展、历史怎么变迁，吃饭这一行总会千秋万载，所以文坛鬼才魏明伦才喊出了"人类不灭，餐饮不休，川菜万岁，饭店千秋"。但话又说回来，餐馆完全靠市场生存，竞争对手层出不穷，有开张的，也有关门的。为了避免关门，老板都要千方百计在竞争中活下来。对于餐饮业来说，怎么看待同行竞争，怎么与对手和谐相处，是一个很实际的问题。

四川有句老话："卖石灰的见不得卖灰面的。"说的是同行相忌。有些小餐馆离得很近，甚至一家接一家，他们的竞争是短兵相接、寸土不让。我在成都桂王桥街见过小餐馆拉客，一家店主嗓门好，声音大，看见有人路过，扯起喉咙就"美女、帅哥"的喊，动作夸张大套，还甩开双手不停比划，把客人往店里邀。隔壁的女老板很气愤，对他说："看你那个怂眉怂眼的样子，把我的买主都吓飞了！"

有一次，马剑司令回成都探亲，我接到战友会召集人李嘉陵的通知，到城北的"水庭阁"茶楼聚会。那地方我没去过，找了半天没找着，看见一个茶楼就走进去问。接待我的主管很热情，但得知我来打听"水庭阁"，脸马上就垮了下来，冷冷地甩了一句"不晓得"便不再理睬。我赶忙退出来，只走了几步便看见了"水庭阁"

——原来两家茶楼毗邻而开。

我认为，竞争虽然激烈，但中国的饮食市场非常大，至今还在高速发展之中，不会因为多开了几家店就饱和，大可不必精神紧张。在我看来，没有挤占完的市场，只有做不好的企业。这么大的市场，不是你一个人能吃下来的，即使是餐饮业的巨无霸，也不可能把市场份额全占了。只要找准自己的市场定位，营造好自己的特色，做好自己的产品，任何企业都可以在市场立足，没有谁可以排斥你。

另外，餐饮企业之间不是什么"零和游戏"，你赚了钱他必定亏钱。不但不是你死我活的敌人，反而是相辅相成的伙伴。你孤孤单单开一家餐馆，很可能门前冷落；大家挨着一起开，反而热热火火。就像栽树，一棵树很难栽活，一片树林却可以郁郁葱葱。

成都一品天下美食街的上百家大小餐馆，特色各异，各有奇招。大蓉和一品店的营业面积远远超出创业时的羊西老店，消费水平也比较高，婚寿宴每桌都在千元以上。同在一条街的羊西店改为瓦缸酒楼以后，定位较低，婚寿宴每桌六百起价，照样忙不过来。这两家店挨得很近，但各有自己的顾客群，都活得很滋润。

杜三娃长期在外面跑铝合金生意，闯荡了几年，没啥子进展，靠着表亲当厨师的人脉，在府河边上开了一家"酸菜鱼"馆子，面积100多平米，室外绿地还可以摆几张桌子，草青水秀，颇有些田园风光。杜三娃把买来的鱼圈养到河边，说是野生鱼，很多人晓得他是"吃冒诈"，但看到清澈的河水又愿意产生联想，生意还算可以。不久，河边又冒出几家小餐馆，使三娃很紧张。本来生意就紧巴巴，再来几个抢饭吃的，可能更"秋"。没想到几家餐馆开张后，来河边吃饭的人多了起来，三娃的生意反而比以前好了。各家各店就像京剧《三岔口》，你打你的，我打我的，各有特色，反而热闹。河边环境好，是休闲的好去处，在城市里呆久了的人，到河边吃个饭觉得很新鲜。现在府河边已经有点美食街的样子了，每到晚上，连停车都找不到地方。三娃的生意好起来后，又在露天坝增加了四五张桌子。一直没有赚到钱的三娃，这才找到了数钞票的感觉。

中国人自古以来就提倡"和气生财"，但有些商家以为"和气"只是针对顾客。其实，对同行，特别是邻居，同样不必为争抢市场而伤了和气，这对你自己也不利。我们说"远亲不如近邻"，是因为近邻之间更好互相关照，来往多了感情更深。如果把近邻都当作敌人，财神爷晓得了也不会满意的。

红杏酒家黄信陵董事长是我敬佩的餐饮企业家，也是良师益友，和他摆谈总是受益颇多。他有一句话说得好："看到大市场，找好参照物。"我非常赞同。红杏和大蓉和都把对方当作一面镜子，彼此相互学习、追赶，大家都有促进和收益。

向对手学习就是向优秀学习。身边有一个榜样，是幸事，是福分。就像下棋，只有和高手对弈，才知道自己的功夫到底有多深多浅。如果你是专业棋手，面对业余棋手肯定不来劲，甚至有孤独求败的感觉。但身边有一个比你管理得好的企业，就会激发你的上进心，不敢有丝毫懈怠，更不敢自以为"老子天下第一"。世界上同类企业为什么都是两家对弈? 恐怕道理也在这里。肯德基和麦当劳，奔驰和宝马，可口可乐和百事可乐，IBM电脑和苹果电脑，尼康相机和佳能相机，甚至美国的波音飞机和欧洲的空客飞机，都像是足球场上的两军对垒，你来我往精彩得很。我相信，这种双品牌对弈的现象不是事先设计好了的，而是市场选择的结果。市场需要竞争，以优胜劣汰来促进发展，所以市场绝不会让一家独大，而是要为你树一个势均力敌的对手，相争不相克。生物进化论早已证明，竞争最激烈的地方，是进化最快的地方。这也是市场经济的魅力所在吧!

一位店长告诉我，离开成都去外地连锁店的厨师，两三年以后就会落后于成都厨师，特别是在小城市，待得越久技术水平下降得越多，与成都厨师的差距就越大。成都有六万多家餐馆，上千万人消费，烹饪人才多的是，信息也很畅通，奇招迭出，菜品日新月异，厨师不可能原地踏步，而只能尽力快跑。小城市不同，市场有限，生活节奏比较慢，竞争的激烈程度远不如大城市。有一位来成都参加产品交流会的厨师告诉我："成都的很多菜品，在我们那里看都看不到，更不知道如何做出来。"

为了弥补技术落差，我们每三年左右就要把外派厨师轮换回来，在成都的厨房重新上灶，使他们有充电的机会。

利润看薄，生意看久

越是生意好，提价的事越要谨慎。我们提出『人气是第一指标』，实际上就是控制价格定位，力争做长久生意，赚取社会平均利润，绝不肆意消耗品牌资源，拿企业的信誉开玩笑。

餐饮业不是暴利行业，挣的是辛苦钱，虽然菜品价格可以由企业自己定，但也不能凭自己的主观想像。如果你管理有问题，房租高，地段不好，耗能没有节制，采购有漏洞，成本压力必然很大。假若只想着提高价格来弥补成本，那也只是把自己的账算清了，却没把消费者的账算清。消费者不买你的账，营业额上不去，成本比例更高，你算的账只是个空头支票。

价格实际上是经营成本和消费者心理之间的平衡。把握好了这个平衡，才可能在市场立足。从理论的角度看，市场经济是以"看不见的手"来调控价格，餐饮业的市场化程度很高，谁也不能摆脱这只手的控制。

一般说来，餐饮业的综合毛利是50%左右，扣除成本，税后利润有百分之十几就不错了。万一哪里疏忽了，或是遇到不可抗力因素，这点利润就会被吃掉，必定赔本打倒算。近几年，房租、工资、原材料价格直线上升，但菜价却不敢同步上扬，直接导致利润下降，这就更要靠经营者精打细算、悉心统筹。

假若做一个新品牌，风险更大。在人们还不熟悉时，难免不挑剔，如果你拿不出更好的产品、更好的服务、更合理的价格，消费者宁愿去他熟悉的地方。这时你必须下"矮桩"（降低姿态），忍气吞声苦熬一段时间，不要急于"雄起"，否则会欲速则不达。有些店开张时大搞优惠，五折、六折、送优惠券，表面上顾客盈门、生意火爆，实际上只是花钱赚吆喝，关起门来算账时还是亏损。

餐饮行业有个普遍现象：新店开张的头三个月都要亏。这三个月，是市场的"严刑拷打"。看到天天都在烧钱，老板心子把把都在滴血。一些人经不起考验被迫当了逃兵，一些人虽然经受住了考验，但血却流干了，从"壮士"变成了"烈士"，真正能挺过来，把"革命事业"进行到底的人才是英雄。

大蓉和刚开办时，也逃不过这个魔咒，连亏三个月，为发工资差点卖了汽车，一句"糟了，要借钱发工资"，让股东心惊胆战。有人看到大事不妙，赶紧退股，脱离险境，从此再也不敢涉足。我们2011年新开的上座酒楼，也同样亏了三个月，靠股东摸钱发工资。虽然股东们有这个实力，但摸久了也不舒坦。不是承受不起，是心情不对头。我认识一位朋友，有实力也很大气，有人开餐馆邀他入伙，他二话不说便投入资金。到年底说倒亏了，还要再摸钱出来补窟窿，他也叫苦不迭。

一旦做出了品牌，做出了口碑，生意火爆得要排班站队，那就是冰火两重天了。十多年来，我们在成都从一个店开到九个店，就像打麻将手顺了一样，开一个火一个，总营业面积从1000平方米发展到4万平方米，但店子多了，也出现过差错和反复。

一种情况是：新开的店装修档次高了，就想多卖商务餐，于是改变菜品结构，人为拔高定位。紫荆店开业之初，由于面积扩大、档次提高，菜的价格变动较大，一些老客人很不满意。发现这个情况以后，我们恢复了传统价格定位，这才缓过气来。这以后，不管生意怎么好，也没有人敢肆意去改变菜品结构，拔高价格。2011年城北店开业，5000平方米店面花了2000万元装修费，算得上鸟枪换炮。经营班子把关注点放到商务宴上，营销都往这个方向靠。然而，尽管大蓉和在成都的名气大，但城北店却做得非常艰难，收不到包间费，水酒自己带，消费水平低得像二级城市，让经营班子一头雾水。管理人员都是从生意火爆的紫荆店过去的，顺手生意做惯了，现在却要四处拉客户，很久都缓不过气来。

　　事实说明，同一个城市，同一个品牌，如果区域位置不一样，消费水准也有较大的差别，不能用以往的经验来硬套，更不能用惯性思维来定位。公司决定把主攻方向转回到大众消费上来，降低定位。开业半年，菜谱调了两次，最后还是以低价位、亲和力找到了市场。这个教训告诉我们，不要以为你是著名企业，装修档次高了，包间整豪华了，就可以脱离老百姓卖大价钱。普通老百姓哪会去吃商务宴？你脱离他，他也会脱离你，让你"高处不胜寒"。

　　有些商家喜欢讲冷水煮青蛙的故事：将一只青蛙丢进沸水中，青蛙奋力跳出来逃生；把这只青蛙放进冷水里慢慢加温，青蛙悠然自得，到水烫得无法忍受时，已经跳不起来，最终被活活煮死。这个故事有它的道理，但如果用这个道理来做价格游戏，则要三思而后行，因为消费者不是青蛙，他们对价格非常敏感，稍有一点变动便会跳起脚来逃之夭夭。我们有个店生意一直火爆，有人就想，这么好的生意，包间俏得当天都订不到，一份菜涨几块钱不行么？店长耍小聪明，利用换菜谱的机会把价格悄悄动了一点。完全没料到，客人马上发现了价格异动，虽然嘴里不说，一双脚却往其他餐厅跑，弄得店长脑壳发麻。虽然一道菜只贵两三元，但客人很不满，凭什么要多出这几元钱？发现这个问题后，我们严厉批评了店长，责令恢复原价，还明确规定，企业的核心产品，所有店都要统一价格，不准擅自调价。过了好长一段时间，这个店的状态才慢慢恢复过来。

　　餐厅生意几天好、一段时间好很容易，难的是一年到头都要好，讲的是平均一天卖多少，而不是哪几天卖得多。这就要老老实实做生意，脚踏实地稳得起，把着重点放在小单上。偶尔卖一个大单，只能看成意外，不要以为天天都会掉下大馅饼。就像打麻将，多和"小番"才正常，偶尔"杠上花"只是意外。把生存的基点放在"小番"上，心头才踏实。

　　越是生意好，提价的事越要谨慎。我们提出"人气是第一指标"，实际上就是控制价格定位，力争做长久生意，赚取社会平均利润，绝不肆意消耗品牌资源，拿企业的信誉开玩笑。每开一个新店，我们都要打一段时间"亲和牌"，以求市场认可。2011年新开的几家店，我都明确提出"先把树子栽活"，定下了

"把单子做小，把人做多，把分量做足"的经营方针，等生意正常后，再赚取合理利润。这几个月让出去几个点，实际上是向客人伸出的橄榄枝，争取他们的认同，力争尽快走出开门必亏的怪圈。这个打法有明显效果。

在消费疲软的淡季，如每年二三月和十一月前后，我们都要求各店增加发放优惠券，实行酒水超市价格。午餐的客人较少，包间免费，产品实行优惠价，这也是行业里的通常做法，关键是要做得实在、有力度。

只有大众化一条路是不够的

企业要取得突破性发展，多品牌战略是值得选择的方向。

以不同的品牌进军中高端市场，对鼓舞士气、提高管理水平、培养选拔人才都常来很大的激励。

1000平方米的面积，100元一把的椅子，100元一套的工作服，打折餐具，加上廉价装修，总共也不过100多万——这就是我们十几年前创业时的全副家当。虽然不算"苍蝇馆子"，实在也说不上什么档次，只是干净明亮而已。十余年来，企业升级换代，规模不断扩大，装修档次、设施设备水平大大提高，但基本套路和打法仍然没变。老百姓的消费习惯和对大蓉和品牌的认同，在大家心目中留下了深深的市场记忆，不管我们怎么提档升级，总还是跳不出"大众餐饮"的定位。

发展速度和市场状态虽然还不错，但今后是不是一条路走下去，仍必须认真思考。

成都的常住人口达1400万，其中主城区常住人口约530万，加上流动人口，主城区大概不会少于六七百万人。城市虽大，人口虽多，能容纳的餐馆数量毕竟还是有限。多年来，我们一直思考一个问题：大蓉和到底能在成都开多少家店？每家店距离多远才合适？这涉及到餐馆布局的问题。布局太密，服务半径过小，势必会自家人抢饭吃；布局太疏，城市空间没有充分利用，也不是个事儿。

"泡土不可深挖"。虽然成都餐饮环境优越，但因开店太多拖累企业的例子也不少。有一家不错的品牌店，两三年内在成都开了十几家店，有的店与店之间只隔两站路。由于店子太密，原本火爆的生意疲软下来。就像一个鱼缸，容积只有那么大，养5条金鱼很合适，活蹦乱跳，优哉游哉；养20条就不行，金鱼会因为缺氧而死气沉沉，甚至光荣牺牲。

大众化餐饮市场进入门槛低，跟风者多如牛毛，投资几十万、几百万、几千万都可以做，有些老板甚至直接把我们当成"假想敌"，声称要"切割大蓉和的市场"，我们怎么做他们就怎么学，亦步亦趋，像甩不脱的影子。假若总是在大众化市场打拥堂，这种局面很难改观。加上物价、人力等成本不断上升，逼着我们不得不开拓新的市场，走多元化、多品牌的道路。

多年来，百胜餐饮集团能稳坐中国餐饮业销售额的第一把交椅，和他们的多品牌战略密切相关。百胜旗下拥有肯德基、必胜客、塔可钟、宅急送等品牌，为了迎合中国人的饮食习惯，还投入巨资打造"东方既白"中式快餐品牌。保定著名的唐人美食集团，也是走的同体异名多品牌发展的路子，旗下的唐人美食山、大丰收、花神、地球村、山外园五大品牌都做得火爆。小肥羊也计划推进多品牌策略，以不同品牌经营高端火锅、大众市场火锅店和快餐式时尚火锅店，以三种不同业态渗透细分市场，提升市场占有率。

这些例子说明，企业要取得突破性发展，多品牌战略是值得选择的方向。

一直以来，我们严格控制新店的布局，一般情况下，大型餐饮两家门店的距离应在10公里左右，但有时也会遇到两难选择。我们的双楠店地处成都双楠最繁华的商业区，日商在这里开的"伊藤洋华堂"是全亚洲单店销售额最高的店，可见购买力之旺盛。双楠店坐落于鹭岛国际社区二期商业楼盘，营业面积4000多平方米，每天销售10多万，是成都大蓉和几个店中单店销售最旺的。后来，鹭岛四期建成，配置有大型商业步行街。因友好的合作关系，开发商向我们推荐了一个距离双楠店不远的口岸，面积5000多平方米，基建条件和停车条件都非常理想。为了占据有利市场，同时避免和双楠店冲突，我们新创了中高端品牌"卓锦"，拉升了硬件档次，提高了产品和服务标准，尽可能和双楠店错位互补，在同一片区形成了双品牌比翼齐飞的局面。这样的提质升级版本，给了我们信心。

李玢总经理在城南"融城理想"楼盘物色到6000多平方米商业口岸，从买房的性价比和今后的发展前途来看，都非常不错，但这个口岸离大蓉和紫荆店不到2公里，不适合再开大蓉和。购下楼盘后，我们决定乘势进军成都餐饮高端市场，取名为"上座"，完全按五星级宾馆标准装修。2011年1月开张后，经过3个月的磨合，很快得到中高端客户的认可，成为耀眼的亮点，紫荆店的生意也没受到什么影响。

城南新区是高新技术开发区，处于开发建设之中，高楼林立，充满时尚气息，世界五百强企业很多落户于此，许多餐饮企业老板也把目光投向这里，纷纷捷足先登，拉开了高端餐饮市场新一轮竞争的序幕。继上座店以后，我们在高新区孵化园"拉德方斯"又相继拿下了一个条件非常好的大型餐饮口岸，建成了风格定位完全不同的新店。

以不同的品牌进军中高端市场，对鼓舞士气、提高管理水平、培养选拔人才都带来很大的激励。很多厨政人员和管理人员都希望到高端店去就职，提高自己的管理水平和业务素质。一位店长说："大蓉和的那一套我早就熟悉了，自从到了高端店，就开始迎接新的挑战，很刺激、很兴奋，也很充实。平时想减肥都减不下来，到新店后很快就减了10多斤，真是一举两得！"

有一种说法："当大潮退去时，才知道谁没穿衣服。"餐饮业连续20多年高速发展，难免不产生泡沫，一旦市场面临调整，很多企业恐怕会露出原形。我一直认为，多元化定位的发展模式，更能迎合市场的选择，这种进退有据的战略性思维，有点像围棋的"厚"势，开始时可能看不到其作用，但关键时刻却能形成新的生长点。

小门店有大名堂

开大店、挣大钱的经营模式固然要坚守，但小店的总量上去以后，在效益上可能超过大店，这种可能不是没有。

20世纪90年代，台湾商人接管了成都市春熙路的百货商场，取名为"太平洋百货"，成了当时成都少见的大卖场。商场的七楼，开了十几家各具特色的小餐饮门店，这可能是成都城市综合体内餐饮业的雏形。百货商场里还能吃饭，让市民们觉得新鲜得很。今天，全国各地的大卖场，餐饮业的比重越来越高，有些卖场的餐饮门店面积占到了总营业面积的30%以上。这些餐饮门面大多只有几百平方米到1000多平方米，装修简洁而不豪华，看上去不怎么起眼，但它们所代表的，却都是海内外响当当的餐饮业品牌。实际上，世界著名的餐饮品牌，几乎都不以大面积餐馆取胜，而是以小面积、大规模连锁打造成的巨无霸企业。

创业十几年来，我们一直在做社会大型餐饮，门店规模越开越大，一般都在5000平方米以上，还计划做一个1万5千平方米的旗舰店来展示川菜企业的形象。反正是打阵地战，规模越大挣得越多，从不把小门店放在眼里，认为那是小打小闹，搞不到几个钱，没必要大动干戈，但近些年城市综合体的迅猛发展，触动了我们敏感的神经。像万达广场、凯丹广场这样的大型综合体，不但是理想的购物场所，也是休闲的好去处，人气特别的旺。有一个退休老干部经常带起孙儿往商场跑，他说这里比公园还好耍，夏天不热，冬天不冷，有吃有喝有电影，还有儿童游乐设施，大人有逛的，娃娃有耍的，安逸得很。人气就是商机，著名餐饮企业集聚于此，自有它的道理。2012年，我们创建了简餐、快餐品牌"蓉和小厨"、"小豆角"等。第一家"蓉和小厨"开设于城市综合体——九方购物中心，经营面积约1000平米，投资300多万元，人均消费50～60元。

如果说大规模餐馆像豪门闺秀，那么"蓉和小厨"则像小家碧玉，两者气质不同，却都具有自己的魅力。和一般街市小店不同的是，"蓉和小厨"背后有强大的研发团队，有大蓉和的血统，传承了"好吃、便宜、有面子"的经营理念，中式现代装修简洁高雅，面向大众却不失精致美味，即使是一般性的接待、聚餐，来这里也很有面子，一些顾客亲切地称之为"小蓉和"。"蓉和小厨"建店以来，营业额稳步上升，半年以后达到每天近4万元，接待客人约600名，80多个员工整天都忙不过来，即使限制公款消费，对它也没啥影响，因为它本身面对的就是市场。店长孙燕说："店子虽小，却更有亲和力，我经常在门口看到客人拿起电话说'上四楼小蓉和'。客人没有消费压力，一个个进来都理直气壮的。即使是政府的一般性接待，人均也不过百把元，实惠又有面子。我们的石锅豆花、转拐遇到爱、火焰虾、冒菜等，都是客人喜欢的美食。"

美食记者出身的张时是我们的好朋友。2012年，她带了100多个餐饮老板来成都，历时三天探秘大蓉和的经营之道。同行来了，我们一般都请他们去一品店、上座店、卓锦店这些豪华大店参观交流，以显示企业的实力和档次。但这一次，最吸引他们的却是"蓉和小厨"。考察过后，所有团员都情绪高涨、议论纷纷，显示出浓厚的兴趣。大家围着孙燕问个没完。一个浙江富二代还趁机递上名片和美女套近乎，来自哈尔滨的一个年轻女老板当场要求加盟。她说她在哈尔滨的一个商场里租了500多平方米，正准备建店，"蓉和小厨"的装修风格、菜品特色、营销方式都非常适合她。

豪华大店没有引起同行的浓厚兴趣，"蓉和小厨"却引来一阵欢呼，这种情况多少出乎我们的意料。一位团员说："你们那些大店档次太高，投资太多，我们学不了。这种小店更贴近百姓，也更贴近我们的投资需求，更具可操作性，完全可以参照、模仿。"

后来又有参观团来大蓉和，也专门提出要去看"蓉和小厨"。我们连锁企业的老板到成都开会，听说大蓉和搞了一个"小玩意儿"，散会后约起人过去亲身体验，弄得会议举办方准备好的饭菜剩下不少。

小店子的投资小，风险也小，只要模式成功，适应市场，就比较容易复制、扩张，对增强企业效益，贯彻"建立利益共同体"的理念有不可估量的作用。一直以来，我们的很多中层骨干和老员工都希望在建新店时投资入股，但建一个大店很不容易，股份分配额度也有限，落到他们身上的机会不多；而且大店的投资金额比较大，每股至少需要20万元以上，一般员工很难拿出这笔钱。更何况，大店的投资风险比较大，稍微出现一点动荡，员工就很难接受，公司也不易应付，弄不好便焦头烂额。"蓉和小厨"这样的小店，正好可以解决这些难题。每股3万多元，几乎都承受得起。而且小店受地域局限较小，选择口岸比大店容易，在一级城市开一二十家都不是问题，投资机会也比较多。

"蓉和小厨"的发展潜力显现出来以后，企业员工都看到了新的成长点，成都各个店都在积极寻找口岸，希望给员工创造投资机会。员工也很来劲，纷纷帮公司联系口岸。2013年3月，双楠店在凯德广场租下一个门面，员工都踊跃参与。公司出品牌、出管理、出技术，员工平价入股，等于是公司用自身的资源回馈员工，在"建立共同利益体"的路上迈出了一大步。

在同一个大型商业体内，有时可以开两个品牌店，甚至三个品牌店，用做加法的办法扩大市场。由于店小，不同品牌容易形成自己的特色，做差异化经营，不会互相干扰，更不会自己人抢饭吃。我们注册的"小豆角"等品牌，就是为此而准备的。

城市综合体的房租比较高，我们拿到每平方米80元的价格，已是照顾大蓉和品牌的面子了，其他人还要贵些。物管费也高得吓人，一般都要每平方米45元，还有收70元的，听起来都觉得悬，但还是有很多人往里面挤。新建的成都新世纪环球中心，房子还没修好，招商阶段就要托熟人划地方了，稍微晚一点就抢不到好口岸。为什么这么贵还赴后继？显然这些人都不是傻瓜，愿意把钱往水里扔。他们看中的是那里的人气和商机。我们算过账，在这里面开店，不用请保安，不用找停车场，连门头都不要专门做，而且餐桌可以摆到门口，营业场所的使用率极高，不但省了很多烦恼，也省了很多开支。有个小老板说，不怕房租贵，就怕人不多；只要能赚钱，贵了也要上。孙燕也说："今后再开这类店，人气多、商机好应该是第一条件。"不过，我们虽然选大型口岸有一些经验，但和小商户抢小口岸，却处处落下风，不得不重新学习。

我们重视创新，而创新不但是菜品创新、管理创新，也应该包括经营模式的创新。开大店、挣大钱的经营模式固然要坚守，但小门店的模式也值得去探索。船大装得多、船小好调头，各有优势，优势互补总是好事。创建"蓉和小厨"和其他简餐、快餐品牌，符合我们多品牌战略及差异化的经营理念，虽然看似一步漫不经心的"闲棋"，但说不定还会产生"无心插柳"、影响全局的作用。来考察的同行之所以对这个小玩意儿感兴趣，是因为看到了前景。有人断言，小店的总量上去以后，在效益上可能超过大店。我觉得这种可能不是没有。

从全局来看，中式餐饮经过几十年探索，逐渐成熟起来，总有一天可以创造一种便于复制的经营模式，走向更大的市场。

新品牌也要讲血统

品牌是企业的无形资产。能做到口口相传的牌子才称得上品牌。

也就是说，品牌不单是表面的标识，更是深入人心的信誉。

"龙生龙，凤生凤，老鼠生儿打地洞"。"文革"时期流行的这个"血统论"口号，曾受到历史的批判，被时代所唾弃。然而，对于当今的品牌企业来讲，"血统论"却有着不可忽视的作用。

我们的老伙计苏心刚想换一辆新车，但不愿意多花钱。15万左右的汽车多的是，选去选来选花了眼。有人给他介绍了一款斯柯达"明锐"，排量1.8T，15万，车身长大，有点商务车的派头。但这个牌子他从来没有听说过，心头有点疑惑，拿不定主意。后来看了说明书，才知道是大众公司旗下的产品。大众是德国著名的汽车品牌，"明锐"有大众血统，应该不会差到哪里去。就因为这一点，他买下了这款车。

这就是品牌的作用，是血统的威力。是不是出自名门，往往成为消费者购买的重要依据。

商界有一句很流行的话："一流企业做标准，二流企业做品牌，三流企业做产品。"这句话适合工业企业，却不一定适合餐饮业。即使是一流的餐饮企业，也不可能去做权威性的产品标准，只能老老实实把自己的产品做好，以此把品牌做响。餐饮业的品牌立足于产品，但又高于产品，作用越来越大。曾听到这样一件事：一个以炖全鸭出名的老店，头灶师傅被另一家餐馆高薪挖走，在老店对面也卖起鸭子来，而他的徒弟则留在老店做了主厨。结果很令人意外：徒弟娃儿做的鸭子卖得很好，生意火旺，而师傅尽管技术老到，做的鸭子反而卖得不顺当，乏人问津。为什么会这样？因为在消费者的眼中，老品牌做的才正宗，新店做的就靠不住了。顾客不管你是师傅还是徒弟，他只认牌子。

同样的事也在我们这里重演。双楠店有个技术不错的厨师，在产品交流会上做的"鱼香鸡块"得了三等奖。他曾在一个生意冷清的餐馆当厨师，做的也是"鱼香鸡块"。连他自己都奇怪，"我过去也是这样做，怎么都不好卖，在大蓉和就卖起来了。大蓉和这块招牌确实有点值钱！"

品牌是企业的无形资产，能做到口口相传的牌子才称得上品牌。也就是说，品牌不单是表面的标识，更是深入人心的信誉。在市场化程度很高的餐饮市场，创建一个新品牌越来越艰辛，充满了变数和风险。新品牌不要说亏三个月，一年能活下来赚钱就算很幸运，成为名牌的希望更小，大概只有千分之一的概率。顾客到餐馆吃饭，很大程度上是吃感觉，只有响亮的品牌才能满足这种心理需求。

1999年大蓉和刚开张时，顾客还不认识这个牌子。为了引起关注，我们想方设法往自己脸上贴金，吸引公众的眼球。我们经营的西部牛仔烧烤城当时生意还不错，知名度比较高，于是公司在店门旁做了一个2米长的宣传牌，白天放到街沿上显眼的位置，竭力表明自己系出名门，与"西部牛仔"有血缘关系。那时病急乱投医，虽然效果不很明显，但多少起了一点宣传作用，至少在心理上得到了安慰。

上座店的厨师和管理队伍全是从大蓉和派去的。开张时，我们担心宣传大蓉和太多，会让客人觉得大蓉和的菜换个环境就提价，所以尽量不和大蓉和沾边，只说自己是高品质的酒楼。开张以后情况不妙，6000多平米的店，300多员工，每天只卖两三万元。做惯了赚钱生意的经营班子度日如年，连脚趾头都抓紧了，员工没事可做，也有些心灰意冷，辞职的人越来越多。这时我们才发现，回避大蓉和的血统，把上座店说成一家来路不明的餐馆并不明智，还得把大蓉和的品牌价值利用起来。我们改变策略，隆重宣传上座店是大蓉和旗下新创的高端品牌，具有纯正的大蓉和血统，不是餐饮界的"新毛头"。宣传作用立竿见影，不少大蓉和的老客户很快便有了反应，看到熟悉的管理人员也很亲切，再加上我们调整产品结构、放低定位，为满足婚寿宴的需要，还专门增设了500平方米的茶楼，经营状况迅速改善，很快实现了赢利。

店长李琴说，为了留住客人，我们着力推销储值卡。买储值卡的人听说上座是大蓉和搞的，充5万、10万买卡也没得啥子问题。有的客人自己充了卡还介绍朋友来买。有一个家具大卖场的老板，一个月就充了30万的卡，连客户的交流活动都安排在上座店举行。

后来创办卓锦店时，我们学乖了，筹备期间就大肆宣传这是大蓉和的新品牌，有的管理人员干脆说成"大蓉和卓锦店"，报纸上刊登的招聘广告、宣传标语都这样写。虽然这种说法有点张冠李戴，但效果却非常好，装修还没有搞完，就有人来订宴席。一般来说，下半年招聘员工比较困难，但以大蓉和的名义招兵买马，半个月就搞定了。卓锦店开张后，门头是卓锦的商标，下面电动转门的门楣上打上"大蓉和餐饮集团"几个字。客人认为，大蓉和开的餐馆不会差到哪里去，很自觉地登门消费。开张第一天就卖了10万，第二个月过400万，打破了"开张必亏"的魔咒。

很多人明白品牌的作用，开餐馆时宁愿多花钱，也要加盟品牌企业，这比自己创一个牌子风险小得多。大蓉和有了较大的品牌影响力以后，申请加盟的越来越多。以前我们不接受三级城市的加盟申请，原因是担心市场太小做不起来。2010年，彭州一位投资人小徐申请加盟大蓉和，我们认为彭州是县级城市，只同意进行厨政输出。没想到，大蓉和的产品在彭州也很受欢迎，每天销售达到5万多元，比很多二级城市还好。我们对这个案例做了分析，发现小徐不但大力宣传大蓉和的厨政管理，还取了一个和大蓉和沾边的店名，叫"一品蓉和"。彭州离成都只有30多公里，不少当地人熟悉大蓉和，去他那里消费的顾客也就很多。厨政输出合同期满后，小徐坚持和我们长期合作，哪怕一个月多花几万块钱，也不能丢了这个名头。三年多来，小徐不但收回了投资，还赚取了利润，扩大了店面。

宴席是宣传品牌的有效手段

现在的宴席名目繁多，婚宴、寿宴、乔迁宴、谢师宴、升学宴、庆功宴、满月酒、百日酒，还有什么同学会、邻居会、战友会、团拜会等等。经济发展了，生活条件好起来，谁都不差一顿饭吃，找的是一个理由，图个快乐，打麻将也好配搭子。台湾一位餐饮业同行对我说："真羡慕你们大陆开餐馆的，一个人从出生到离世都要摆宴席，一辈子不知道要吃多少宴席，餐馆不愁没生意！"

宴席多，生意也就水涨船高，很多餐馆必须提前多日预订，周末两天的宴席经常爆满。有的黄道吉日，必须提前一年订餐，否则就被别人抢了去，一个餐厅经常每天要办几个小型宴席。宴席在营业总额中已占三分之一以上。

开餐馆的都知道，通过广告宣传把客人拉进来消费，效果很有限，真正起促销作用的，是消费者的口口相传，也就是口碑。我们经常收到报纸夹带的各种餐饮广告，但从来不会冲着广告宣传的优惠去吃饭。比如湖南朋友来了成都想吃火锅，有人就告诉我"九尺鹅肠"不错，我就带湖南的朋友去，味道果然挺好，湖南朋友也很中意。后来想换口味时就经常去那里。这就是口碑效应。

十几年来，大蓉和除了新店开业外，基本不做广告。紫荆店每天有消费者1000人左右，80%都是生客。办宴席时，很多来宾都是第一次来这里吃饭，这些顾客品尝了宴席菜品以后，就会和他熟悉的餐厅做比较。他对你认可了，就会成为你的新客源。所以说，宴席是最好的广告，一传十、十

> 宴席是最好的广告，一传十、十传百的效果比媒体广告好得多，还不用你掏钱，客人都是热情的义务宣传员。

传百的效果比媒体广告好得多，还不用你掏钱，客人都是热情的义务宣传员。

荷花池一个生意人在沙河店参加朋友的婚宴，觉得这个店的菜品、环境、服务、停车都非常好，价格也不贵，又是知名品牌，决定把自己的婚宴也定在这里。虽然早已在另一家酒楼交了2000元订金，不可能退还，但他还是下决心，宁可放弃订金也要把婚宴改在沙河店。类似这样的情况，在其他店也时常碰到。客人拿着钱在选择，当然是他说了算，关键是在比较中要体现你的优势。有一天，一对年轻人来订婚宴，他们说，前不久他们厂的一位领导来沙河店赴宴，印象很好，主张他们在这里办婚宴。领导说，这个店高档、生态，菜好吃，价格合理。他们来看过后感觉名不虚传，当即办理了婚宴订餐手续。

我家人请老同事小杨到城北店聚会。小杨家住西门，正准备给女儿办婚事，看了城北店后，当即就决定把女儿的婚宴定在这里。我们说："你家住在西门，客人来可能有点远，这边的交通也比较挤，西门那边我们也有店，你考不考虑那边？"她说："远就远一点，反正没有出成都，看中意就行了！"

旅游局一位副局长说，他每个月都要收到一两份红色"罚款单"，礼金几百元钱快拿不出手了，都是老交情，娶媳妇、嫁女是肯定要去的，老同学团拜也是跑不脱的。但他认为宴席的菜普遍都不好吃，越是高档越难吃。我们也有同感，把宴席做好是一件很不容易的事。平常做菜是一盘一盘地炒，口味色泽都容易把握，但宴席动辄几十桌，要在同一时段全部上桌，就很难保证口味。曾当过厨师长的李志强告诉我，宴席都是大锅菜，忙都忙不赢，能按时上就不错了。有的婚宴程序繁杂，仪式超过一小时，菜要摆很久，等到吃的时候，口味和颜色都变了，当然不如刚出锅的口味好。所以，保证宴席的菜品质量，成了厨政管理的一个重要课题。

宴席虽然火爆，但并不意味可以舒舒服服等客上门。宴席也要注重营销，多一点促销手段。城北店在老城区，高档住宅和大型企业较少，零餐消费水平比其他地方低，靠正常的散客接待根本不能完成经营任务，而如果接到宴席，当天的营业额马上就能上去。为了把宴席做起来，城北店配置了各种价格的宴席菜单，开出了比零餐更优惠的条件，如优惠自带酒水，减收婚庆公司入场费，停车费也由店方支付。不要小看了每辆车几元钱的停车费，我们碰到过这种情况，就为了这几元钱，弄得客人心头很不舒服，生意都做不成。

为了方便消费者，有时可以同时办几个小型宴席。这时，服务员用屏风或绿色植物做隔断，给客人自成格局的感觉。通过推销宴席，城北店的经营状态得到一定改善，客源逐渐扩大，口碑效应慢慢显现出来，算是站住了脚跟。363医院一位领导在城北店就餐时曾说："北门地区我太熟了，很多餐馆都在这里倒下。你们这么大的餐厅能活下来，简直是奇迹！"

2011年，一品店的营业额比上年增长了2000万，靠正常的零餐经营根本不可能做到。他们大力推销宴席，非休假日的宴席予以优惠，使营业额大幅度增长；中午的宴席更弥补了这个时段的空白，把不挣钱的时段变成了挣钱的黄金时段。同样的空间、同样的人力，创造了更大的价值。

上座店因为定位高档，主要瞄准商务餐市场，宴席最低标准也要1800元一桌。调整产品定价、产品结构以后，每桌降至1200元，甚至1000元也接，摆出大小通吃的架势，让顾客在五星级酒店吃大众餐，周边的顾客都无法拒绝这样的诱惑。厨房为此专门研究出低价格宴席的菜品结构，热菜、凉菜、小吃，20道菜样样不能少，还有鱼有虾，不但分量足，还要保证盈利，对厨师手艺是极大的考验。厨师长王明在达州店干过，那里消费水平不高，低至300元一桌的宴席也要做。他说，低价位有低价位的办法，传统口味菜、大分量菜是必要的重点，调整食材品种也十分关键。价廉物美、老百姓乐于接受的大众菜可以降低成本，这样做下来，顾客照样吃得很满意。

客人一般都把宴席选在节假日，不愿意安排在其他时段。这种现象在全国都大同小异，因为非节假日请客有诸多不便，上班族很难抽空来赴宴。为了改变这种消费习惯，把宴席引向平时，我们调整了营销策略，非节假日的餐费标准比节假日低，优惠也大些；节假日订餐的人多，条件可以稍严一点。这就像坐飞机，夜间"红眼航班"的机票价格就比日间航班的机票便宜。实际上，现在一些生意人或自由职业者，时间很自由，不存在节假日或非节假日的问题，用他们的话说，"只要有钱，天天过年"。主动为这些人提供优惠服务，也是好事。现在，非节假日的宴席已逐渐被市场接受，订餐的数量正逐步增加。

把增发的工资挣回来

过去很多老板是赚了低工资的钱，现在人口红利的时代已经一去不复返，要做好不断给员工涨工资的准备。

以工资为主的人力成本大幅上涨，成为餐饮业继原辅材料和房租涨价后高成本压力的主要推手。我们的工资成本原来占经营成本的15%，现在上升到25%，明显挤压了利润空间，给经营带来巨大压力。

为了招到人、留住人，必须拿出吸引人的工资，这是不以自己的意志为转移的。老板开店挣钱，员工挣钱吃饭，都是天经地义。2010年，成都各店服务员的基本工资是1150元，2011年涨到1900元，意味着一年要给2000多名员工增发1600万元。面对这笔巨额资金，股东们心里都打鼓，意见不统一。形势逼人，不容你犹豫不决。我力主增发工资，公司高层终于达成一致。我的想法是，多增发的工资数额，股东出一半，董事会下任务让经营班子自己挣一半。两头承担，争取把事摆平。

在以往年份，销售任务每年递增5%已是不易，但2011年底我们一算账，本年度大蓉和四个店的营业额都实现了大飞跃，平均上升18%。这意味着什么呢？意味着经营班子通过努力，基本消化了上涨的全部工资。特别是一品店，2012年销售上亿元，消化上涨成本后还有余额。结果是皆大欢喜，员工多拿了工资，股东也没少分钱。

2011年12月，湖南省政府举办"第二届湘菜产业促进周"，组委会请我以"高成本压力下的餐饮业发展之道"为题，在高峰论坛作演讲。我给同行们说：过去很多老板是赚了低工资的钱，现在人口红利的时代已经一去不复返，要做好不断给员工涨工资的准备。我到香港、澳门考察时，发现那里的服务员月薪是8千元，而日本折合人民币是2万元，内地服务员的工资还在2千元左右徘徊。在未来的5到8年里，内地的工资会逐渐向香港、澳门靠拢，但大家不要怕，企业做好了，发8千、发2万也不会垮；企业做不好，发400元照样有人垮。

人工成本加大后，用什么办法才能挣回来？我认为，一是加大技术研发投入；二是改善经营模式。

在产品的研发创新上，我们加大了资金投入，把研发费用从利润的5%上涨到8%，并修订了研发制度和政策，提高了新产品宣传费用和促销奖金。此外，每年的产品交流会要花200多万，请全国各地连锁企业带产品来成都参会，设立了质量、造型、创新、市场等专项奖，加大了奖励的力度，钱由总公司领导直接发到厨师手上。

为了学习先进的烹饪技术，我们常年外聘国内烹饪大厨达20多人。这也是一笔不小的开支，体现了公司引进技术、提升品质的决心。仅上座一个店，每年的引进费用就达50余万。

以往去省外考察，多半安排在春节后，但现在已变成常态，随时可以去，考察团队的规模也逐渐增大。2011年12月我在湖南开会时，上座、城北、紫荆3个店20多人也同时在长沙考察湘菜市场。平时有人出差或探家，只要碰到有价值的菜品，店里都会迅速安排人前去考察。成都有几万家餐厅，去周边考察就更频繁，店里随时随地都可以安排。在考察费用上，总公司财务审计部门大开绿灯，有的店用少了还觉得奇怪。

从2011年开始，我们进行了中西饮食文化交流，受瑞士维吉斯酒店邀请，派出了11个成员组成的精英团队，参加当地的"瑞士—中国年"活动。活动涉及的乐队、茶艺人员的聘请和培训，出国人员的外语培训，以及交流活动所使用的原辅材料等，每次都要开支50多万元。但出访和交流的收获是巨大的，瑞士的烹饪产品和先进的厨房设备，让我们打开了眼界，维吉斯酒店国际一流的服务管理，也使我们受益匪浅。

坚持研发创新投入，是我们既定的战略。随着企业规模不断扩大，营业额不断增长，这一块的投入也相应增加。投入是有风险的，关键是要下决心。我们是靠创新起家的，创业资金那么困难，还敢用20多万请湘厨，还花高薪请粤厨和杭帮厨，原因就在于收获的比付出的更大。

过去我们做大众化中餐，习惯坐等客人上门。因为生意好，营销工作基本上只是把来的客人接待好，很少主动出去推销。上座店开业后出现了问题：晚餐生意虽然还过得去，但中午的上座率非常低。员工工资调高以后，经营班子压力很大，不得不转变观念，从过去等客上门的"坐贾"变为灵活主动的"行商"，设计了中午的商务套餐，甚至卖起了盒饭。营销人员各施招数，上门发传单，进楼宇、电梯做广告，与客户签订协议。厨师围绕商务套餐"吃饱饭"这个主题，推出一系列价廉物美的烧菜，如肥肠烧血旺、笋子烧牛肉、莴笋烧排骨等，有汤有味分量足，吸引了周边大量白领阶层和上班族。此外还推出中午包间费全免，凡是搬家宴、生日宴、师生宴、满月宴等非商务、政务接待的宴席，都尽可能说服客人中午来，提供更多的优惠。这样一来，中午的营业额比过去明显提升。

品牌是一种软实力

企业和人一样，脸面很重要，对中国人来讲尤其如此。如果你是一个不成功的小人物，在社会上就撑不起面子，"讲话没人听，喝酒没人敬"。有了一点名气，面子有光彩，在外面办事就顺畅得多。

我们的不少员工说，只要在外面说起自己在大蓉和工作，都有一种自豪感。由于现金流水比较多，财务人员去银行办事，可以直接到贵宾室，不但享受橙汁、奶茶、咖啡，理财经理还帮忙填写各种表格，逢年过节还送电影票、抽纸、洗衣液之类的小礼品。到税务局交税，一般情况要排队两三个小时，但我们是纳税大户，税务员直接招手让你去办理。我们的有奖发票承兑量非常大，一般每次只能兑500元，每月两三千张就要跑五六趟，但税务局开绿灯，让我们一次兑现。现在就连大蓉和的员工搬新家，小区业主们的QQ群听说是大蓉和的人来做邻居了，都很欢迎，大小宴席的订餐在QQ群就解决了。

这一切，都可以看成品牌效应，是品牌的附加值。企业信誉度高，社会形象好，人家就尊重你，尽可能给你提供方便，主动照顾你。所以我一直说：产品是硬道理，品牌是软实力，硬和软相辅相成，两手都要抓。

企业的名头打响后，便罩上了神秘、权威的光环，受到别人的追捧，甚至被一些人迷信。大蓉和名气在外，于是出现一个奇怪现象：从总经理、厨师、管理人员到办公室的行政人员，几乎都成了餐饮业"专家"，甚至权威人士，开新店要请我们的人做咨询，经营不佳的餐馆也想请我们的人去开方下药。这么一来，大蓉和无形中办起了"咨询公司"，还开起了"门诊医院"，甚至"急诊中心"。有点脸面的人，总会被人请去"问诊"，即使是从未管过公司经营的人，也成了"游医"，到处"把脉"，被捧为上宾，好吃好喝伺候。有人开玩笑说：看风水可以找"神仙"，开餐馆可以找大蓉和的"半仙"。这些"半仙"也很来劲，有求必应，看完内科看外科，看完急诊看门诊，看了"五官科"看"精神科"，几乎成了包治百病的神医。

有一个餐厅老板通过关系请厨师吴大福去咨询，从厨政管理到菜品质量、菜品结构，想问的都问了，还请他指点如何做菜。吴厨说鲜椒系列的菜好卖，老板当即就叫他的厨师不用豆瓣改用鲜椒；吴厨说用盐菜炒回锅肉好，老板立刻决定不用蒜苗用盐菜。这种不打折扣坚决照办的姿态，连吴大福都觉得奇怪。

我们办公室的文员小李也成了专家，朋友开餐厅都想拽着她去当老总。她说："我不行，没搞过经营。"朋友说："你是大蓉和的，怎么会不行呢？就算你不行，总比我们行！"先后有成都、资阳、内江的人请她，有人甚至求她介绍大蓉和的装修施工队。现在施工队到处找活路，有项目的人只要说一声，就有不少装修公司来竞标，但那朋友说："大蓉和看得起的施工队，肯定没问题。"实际上，为了节约投资，我们请的并不是一流的队伍，而是性价比较高的队伍。但其他人不这样看。他们认为，这个队伍能够给大蓉和做装修，让大蓉和挣了钱，一定是吉星高照，能带来财运。

马莉小姐是企划部的小头目，漂亮、聪明、能干，外面的关系很多。一些朋友合伙投资开店，请她做咨询，一些生意不好的餐饮企业也请她"号脉"。她确实在这方面有特长，帮过不少人。羊西线有一家2000多平方米的餐厅，离我们的瓦缸酒楼不远，见我们的生意火爆，非常羡慕，于是请马小姐出场支招。马美女先从店堂看起，提出很多建议，诸如改灯光、换餐具、加文化饰品，先梳妆打扮一番再说。看完"外科"又看"内科"，对菜品特色、服务管理、营销策划、激励政策都发表了高见。这个餐馆的老板原来是做服装生意的，从没开过餐馆，见别人开餐馆赚了钱，也把家底弄出来赌一把。她想请马小姐做长期顾问，许诺给干股和咨询费。马小姐碍于朋友情面，钱不钱就不去讲了，尽份心意而已。

大蓉和工程部有个小头目王小飞，擅长水电和空调维护。有一天他高兴了，说他在乐山成功策划了一家餐厅。那边最先是请他设计餐馆水电，老板发觉他什么都懂一些，就向他咨询如何开餐馆。他在大蓉和工作了12年，对其他部门一直比较关注，算是一位有心人，哪方面的事都瞟学了一点，慢慢成了"万金油"。老板很信任他，干脆请他全面策划这家餐馆，他也麻起胆子"吃玄钱"，店名、菜品特色、经营定位、装修都按他的意见来做。餐馆开业以后，生意还将就，老板赚了一些钱。这位老兄在成都买了住房，我想他除了在大蓉和的收入以外，还有一些外水进账。他利用假日去发挥特长捞点外快，并没有影响本职工作，我们也就睁一只眼闭一只眼，不去深究，也算是企业向外输出了人才。

至于为加盟连锁商做"诊断"，就不再是个人行为，而是公司行为了。加盟商选好口岸后，都要请总公司专职人员去把关，一方面我们的人确实有些经验；另一方面加盟商对我们很信任。泸州大蓉和加盟前，选了两个位置，老张、老何两位钦差大员去看了后都认为不行。加盟商按他们的要求，另外找了三处楼盘，按两位大员的意见确定了其中一处。其实，前面选的有一处是独栋楼盘，应该也行，但既然钦差大员否决了，加盟商也就遵旨行事。还算好，开张后，房屋升值，生意也好，钦差大臣没看走眼。

卢总在都江堰租了一栋楼盘，连订金都交了，想方设法说服我们打破惯例在县级城市做连锁。八哥和老张去看过后，认为房子是20世纪90年代的老建筑，一楼还有十几家卖建材的小铺面，周围乱哄哄的，肯定不适合做中高档酒楼，当即就否定了。他们和小卢一起跑了两三个地方，最后看中了新建的百伦广场商业综合体，这里有专门的餐饮规划。八哥和老张提出，在这个地方建店，能做出高品质、高品位，成为都江堰打得响的餐厅。小卢连原来楼盘的定金都不要了，转身在百伦广场租下了房子。

连锁店选址完成以后，就该另一位大员何工登场唱戏了。这些年他一直参与大蓉和的新店装修，积累了不少经验。昆明世博园店和泸州店都是他做基建监理，南京、武汉、金堂、都江堰开店都请他去现场指导。功能怎么分布，用什么设备，买什么空调，装什么石材，都要听何大人的高见。昆明曹总在宜良开餐厅，专门到成都总公司请他出马。何大人是搞行政出身的，以前也没有搞过餐饮，但实践出真知，在大蓉和七八年，百炼成钢还真成了专家。餐馆酒楼的基建和内外装修，没有什么事情难得倒他。最关键的是，大蓉和的招牌吸引人，有了大蓉和这棵大树，何大人更显"硬肘"（有底气）。有人出钱来请，待若上宾，个人价值得到业界的认可，这当然也是人生幸事。

心头有点虚，脸上要稳起

在形形色色的咨询和诊断中，最伤脑筋的是"急诊"。看"急诊"的病人都是生意遇到困难、投资出现风险、急于走出困境的人。这类餐馆的病情，有的是后天的，改进管理就能恢复健康；但更多的是先天的，例如选址失误，遇到了"假口岸"，有的连车都停不到。即使你能诊断出病因，也拿不出灵丹妙药，很难起死回生。患病的原因，主要是不懂，胆子又大，觉得餐馆很容易做，只要把厨师请好、把服务做好就可以挣钱，一起步就误入歧途，掉进危机的陷阱。有些人甚至把身家性命都赌了进去，投资收不回来不说，还要月月赔钱。

遇到这种"急诊"，即使知道自己做不了再世华佗，也要沉住气。说几句医不好病也整不死人的话，没啥子关系；介绍一点经验、谈一些体会也能对付；胆子大的再吹点悬龙门阵，让人望而兴叹，也算不辜负朋友的期望。总之只要不糊弄人、不忽悠人，就对得住良心。而对于我来说，最好的办法是回避，不是交情特别好的，一般不敢去给别人"看一下"。之所以这样，并不是不关心病人，而是觉得自己能力有限，医术不够高明。这类病人有的是心病，有的是内伤，你不可能走马观花看一看、吃一顿饭、讲几句不痛不痒的话就能药到病除。那些听过我讲课的外地企业老板邀请我去，就更没有时间和精力了。

理念上的差异往往是最难沟通的。条件不一样，文化理念不一样，价值观不一样，你按你的打法去告诫他，一般都行不通。

　　有一年，成都一位美女老板请我到她开的餐厅去看看，我婉言推脱了。但她很执着，"曲线救国"请出了一位当领导的战友出面，我只好去看看。

　　美女老板在文殊院旁开了一家1000多平方米的素菜馆，虽然庙内外人头攒动、香火鼎盛，但吃斋念佛的人大多在庙里的食堂花几元钱吃个素斋，便阿弥陀佛打道回府，很少有人愿意去这个装修豪华的素菜馆。开张半年多来，一直亏损。她说在广州看见素菜馆生意比较好，来文殊院的人又很多，在这里开个素菜馆应该能赚钱。为了开这个店，她前后花了200万，是多年来辛辛苦苦打拼积累的，原本希望开好这家餐厅，找个好的出路，没料到钱都变成了墙纸、地砖，每个月还要倒摸钱出来，实在是熬不住，精神都要崩溃了。

　　这样的餐馆能不能走出困境，我心头也没数。素菜馆在广州流行，但在成都并不好做。烧香念佛的人，没钱的吃不起，有钱的不来吃，两头踏空。虽然人人都说吃绿色、吃健康，都知道素食对健康有益，但那只是理论上的说道，成都绝大多数人都不会去餐馆专吃素食，更不会用素食来办宴席请客，素食只适应一部分人，绝对的素食，更是小众行为。在成都，1000多平方米的豪华素菜馆，目前阶段太过超前。这是我对这家素菜馆的基本判断。我觉得她开店前的市场调查做得不够深入，主观成分比较多，有激情、有梦想，但缺乏实战经验，把广州的行情拿到成都来用了。只好劝她将餐馆能打出去就打出去，收回一分算一分，蚀本打倒算。如果还想做，也要缩小面积，减少人员，降低风险，今后再找其他出路。这番话能不能解决问题，我不知道，反正木已成舟，生米都煮成熟饭了，再提建议也没啥子实际意义。后来我路过文殊院，再没看到这家餐厅了。希望这位美女老板能汲取经验，重整旗鼓，今后好运。

　　有一次，朋友邀我去成都神仙树一家开业不久的餐厅。这家餐厅有3000多平方米，欧式风格，很有异域情调，但开业后生意一直清淡。老板迷惑不解，"这地方那么繁华，人这么多，咋个就不进来吃饭呢？"他还向我介绍了他的厨师长和前厅管理人员，都来自成都五星级宾馆，端上桌来的菜也是流行的宾馆菜，形象大气，确实有一番功底。

　　问题出在哪里？其实很容易看明白：餐厅地处丁字路口，车水马龙，餐馆除了门口能停几辆车，周围没有停车场，而餐馆的定位是中高端消费。做有钱人的生意，没停车位怎么行？更何况那些有钱和有头衔的都喜欢到安静的环境聚餐。遇到这种情况，我也没啥高招，只能建议他调整定位，菜品改走家常路线，把周围小区老百姓请进来。不知道他是不是听得进去，以后我也没去关注。

一般说来，这些人热情隆重地接待你、尊重你，你总要拿点硬货出来才对得住人。但真要找出问题，就需要坐下来仔细研究，把具体情况搞清楚，不是蜻蜓点水就能办到。即使有时间把问题找准，也不一定能解决，比如说菜品质量有问题，或者应该卖哪一类的菜才合适，这涉及到厨师队伍和技术风格，有些菜品还涉及到原材料产地，都不是三言两语就可以办到的。如果涉及到激励机制，就更复杂了，那得大把花钱。就算找准了病根，也有解决的办法，但要根据那个店的实际情况去落实，也需要经过一些时间才能看到成效。这一切，都需要扎扎实实去做，绝不是说几个招数就能迎刃而解的。关键是，理念上的差异往往是最难沟通的。条件不一样，文化理念不一样，价值观不一样，你按你的打法去告诉他，一般都行不通。我曾对一个老板说："我建议你给厨师长和大堂经理分配一些股份，让他们对你这个企业有责任感和归属感。"但老板说："工资和奖金我都给够了。"意思就是不愿意给。我的建议等于白说了。

产品才是营销和品牌的基础。本着这个简单的理念，大蓉和靠产品起家，靠产品打天下，也靠产品坐天下。不管世道如何变幻，始终不放弃「枪杆子里面出政权」这个核心理念。

产品

开餐馆的滋味 **2**

- 做餐饮，不玩餐饮
- 好菜是卖出来的
- 研发的重点是畅销产品的升级
- 走出去，请进来
- 高端店也要有家常菜谱
- 唱戏的腔，厨师的汤
- 顾客重口味，专家讲味型
- 菜是厨师的儿
- 餐饮业也要「道法自然」
- 生态原料是至品
- 泡菜是菜，也是调味品

做餐饮，不玩餐饮

开餐馆就是办企业，而做企业就是做产品，餐厅的背后有一个魂，这个魂就是菜品和服务，菜品是有形的产品，服务是无形产品，菜品首当其冲。只有产品稳得起，企业才熬得起。

这些年餐饮业发展势头看好，越来越多的人乐于往这里砸钱。特别是一些房地产开发商，把自己开发的商业楼盘留下来开餐厅，无论口岸位置、装修、设施设备都堪称一流，真正到了"只有想不到，没有做不到"的地步。然而，餐饮业有它的特点，并不是餐厅豪华、管理人才名声大就能赚钱。不少餐厅虽然富丽堂皇，但生意清淡，问题都出在产品上。一些人认为，现在到餐馆吃饭不再是为了填饱肚子，而是"吃文化"，要的是那份感觉；还有一些人认为，高档餐馆是一个烧钱的场所，有钱人挥金如土，宴请客人时"不要最好，只要最贵"，于是把菜品价格往死里涨，也不管菜品是不是物有所值。这样，一些投资人不知不觉便陷入了误区，以为那是个弯腰就可以捡到钱的地方，反而忽略了本应放在核心位置的产品。

有一次，几位外地餐饮界人士到成都考察，一位老板对我说："和你们接触两天，为什么讲来讲去都离不开产品？我们主要是讲管理、讲文化。"我说，这就是理念上的差别了。我认为，开餐馆就是办企业，而做企业就是做产品，餐厅的背后有一个魂，这个魂就是菜品和服务，菜品是有形的产品，服务是无形产品，菜品首当其冲。只有产品稳得起，企业才熬得起。

这十多年来，川菜企业生意持续火爆的，都是菜品做得好的。开餐馆不是办银行，规模越大、装修越气派就越能显示实力。天底下的企业，都是以盈利能力来决定大小。做不好产品，再大的排场也是小企业。前些年，一个大型国营企业，享有国家给予的巨额资金、大片土地和其他资源，有上万名职工，却连工资都发不出来。这位厂长找到市领导诉苦："我们是副部级单位，但我坐的车连个体老板都不如！"领导说："市场经济、实力决定级别。你的产品卖不出去，连工资都发不出来，谈级别能解决什么问题？"这样的企业，能说是大企业么？

一些餐馆老板特别喜欢讲品牌，对文化包装、营销造势情有独钟，动不动就花大钱请策划公司，道理讲得天花乱坠，活动搞得轰轰烈烈，媒体捧场热热闹闹，专家评价空前绝后，但这些场面和吹捧都是花银子买来的，银子撒得越多，好话就越多，只要你舍得花钱，媒体就舍得腾版面、排时段，你想怎么说就怎么说，反正吹牛皮不犯法。如果你是生产化妆品，那没办法，只能靠铺天盖地的广告来打知名度，而餐饮业需要的，是消费者的交口称誉。如果消费者不认同你的产品，你吹得越凶，他们可能越反感。就像踢足球，你阵营齐整、口号响亮、拼抢凶狠，但临门一脚不行，到头来还是个花架子。

做餐饮有两类人：一类是做餐饮，另一类是玩餐饮。做餐饮的人，一盘一盘把菜炒出来，踏踏实实把菜品做好，把服务做好，注重的是企业的内在质量。玩餐饮的人，迷恋于商业模式，热衷于项目包装、风险投资，不卖产品卖概念，寄希望资本裂变，一夜暴富，反映出投机取巧和短期逐利的心理。这类人到底是投机家还是实业家，可能连自己都搞不清楚。在我看来，玩餐饮的人多少有点头重脚轻、本末倒置。

有一次我参加一个美食论坛，见到一位正准备上市的餐饮老板，随行带了两个策划大员，其中一位留着长发，穿花格衬衣，一副艺术家打头，怀里抱着一台手提电脑，走上讲台后把手提电脑往桌上一摆，用PPT噼里啪啦播放了一整套策划预案，看得人眼花缭乱。在座的餐饮老板都开了眼，大家议论纷纷，不知道这样的排场有没有实际价值。

有一家餐厅，生意一直不错，有一天老板请了一位项目包装专家吃饭，专家大谈他成功运作的品牌"卖了个好价钱",听得老板心头直发痒,辛辛苦苦搞了这么多年还不如别人一个思路来的钱多。在这种诱惑下,他把餐厅交给手下人打理,跟到玩起了品牌包装游戏,和操盘人制订了一个所谓的双赢商业模式,到处卖牌子圈钱。整了几年,本土的母店弄得活摇活甩,连锁店就更不用说,有的店连年亏损,还被供货商告上了法庭。

过去说"酒香不怕巷子深",有人认为这话不对,要改为"酒香也要会吆喝"。但不管是不是吆喝,怎么吆喝,总还是离不开"酒香"。产品才是营销和品牌的基础。做企业需要真实的生长,商业模式必须依托在实体当量之上才有意义。就像运动员,如果舍不得流汗,再科学的训练方法也白搭。

本着"枪杆子里面出政权"这个核心理念,大蓉和靠产品起家,靠产品打天下,也靠产品坐天下,不管世道如何变幻,始终不放弃。吴胖哥对厨师说:"把东西整出来,卖到钱才是硬道理!"这话简单明了,比那些深奥的理论更让人放心。

好菜是卖出来的

大家爱说"文人相轻",其实百行百业都一样,行内人彼此相轻的现象十分普遍,特别是传统手工艺行业,"相轻"的历史可谓源远流长。有两刷子的厨师,都认为自己的活好,对本帮本派的自我肯定多,很难听到甘拜下风、自愧不如的声音。菜系与菜系之间、地方与地方之间也争论不休,是"吃在广州"还是"吃在成都",一直都在较劲,谁都说自己地里瓜甜。2006年成都被定为"国际美食节"主会场,让川菜风光了一把,于是有人写《川菜你敢吃吗?》的文章,让"吃在哪里"再度成为老百姓议论的话题。后来有人说"吃在广州,味在四川",那也只是打圆场,而且还很难自圆其说。其他菜系也不甘落后,"越是地方的越是世界的",口号越喊越响,都找到了"自卖自夸"的理由。

中国烹饪延绵数千年,厨艺普及到每个家庭,全国的"家庭厨艺师"至少有两亿;专业厨师更是门派林立,风格特色各树一帜,再加上食客中的美食家品头论足凑热闹,构成了既融合又矛盾、既包容又冲突、既普及又独立的奇特文化现象。这种丰富多彩的饮食现象,是典型的"多元化",不可能也没有必要去评个高低,一定要弄个"一元化"出来。

令人奇怪的是,很多人一提到烹饪,就要谈"标准

菜好不好,不由评委说了算,是顾客说了算,而顾客是用人民币来投票的。他们自掏腰包来『公投』的信任票,才真正具有含金量。

化"。他们认为自己抓住了发展中式餐饮的命脉，要求中国烹饪走标准化的道路，一些地方的行政机构甚至开始制订"菜品标准"，自认为是一件功德无量的好事。然而，这些人忽视了一些基本事实：第一，所谓标准，分为企业标准、行业标准、地方标准和国家标准，无论是西式烹饪还是中式烹饪，历来都有企业标准，但从来没有地方标准或国家标准；第二，西式烹饪对标准最为重视的是快餐业。快餐业需要快速推进市场、统一产品，必须采取标准化的规范管理，但也只限于内部执行，如麦当劳、肯德基实行严格的标准化管理，但他们的标准都是企业内部标准，对外保密，更不需要政府来插手；第三，没有标准化的原材料，就不可能有标准化的菜品。例如辣椒，全国至少有几百个品种，同样的品种在不同的土壤、不同的季节有不同的口感，你用哪种辣椒、哪个季节的辣椒做标准？更重要的是，中国烹饪是一门艺术，讲究的就是个性、风格，需要随机应变、与时俱进，即使你一定要制定标准，是以李师傅的方法还是用王师傅的方法？是选取昨天的菜式还是今天的菜式？是用甲地的风味还是乙地的风味？

此外还有一个市场问题。即使你不开餐馆，也应该知道"众口难调"的现实。就算你实现了菜品标准化，也不能强制民众的口味也标准化。假如民众的口味都标准化了，大家就不会吃饭品菜了，美食家也不存在了，大家统统返祖归宗，重新学会"进食"。

我实在想不出来，"标准菜"卖给谁吃。那些制定标准的人会吃一辈子吗？

还有人说，我们的传统菜到国外都变味了，所以要制订标准，让大家知道什么才是正宗的菜品。这就更让人哭笑不得。这些餐馆入乡随俗，根据当地人的口味调整传统菜的制作，是顺理成章的事，你管天管地，还管得着远在国外的小餐馆？

烹饪大赛的标准就更难统一。出品的好坏全由专家评委说了算，评判的标准和顾客认可的标准相差甚远。我们经常受邀参加国内的烹饪大赛，经过烹饪大师、美食家、教授组成的评委会评选，每次都能抱一些奖牌回来；到比利时、泰国、新加坡等地参加国际烹饪大赛，也能载誉而归。有些平时卖得不好的菜，由于形象好而获得金奖，还有的菜是专门为参赛而创制的，平时根本没卖过。有一阵子我们把这些奖牌挂在餐厅的醒目处，"清蒸龙虾"、"酱爆鱿鱼须"等和其他奖牌形成一面荣誉墙，连锁店开张时也把这些奖牌复制给加盟商。但令人尴尬的是，国外获奖的菜品几乎都卖不动，你宣传说酱爆鱿鱼须在新加坡获了金奖，但客人就是不点。既然卖不出去，这奖牌又有什么含金量？

过去，一道麻婆豆腐可以卖几百年，但现在再畅销的菜，也不过风光三五年，很快就成为"过气明星"。我们的出品年年在变，当初起家的招牌菜已经寥寥无几，火爆一时的几道名菜，像开门红、抱盐鱼、酱猪手、青菜钵、葱椒鸡，点击率也逐年降低。2006年，石锅三角峰一举创下年卖400万的奇迹，在业界引起关注，中央电视台还做了专题报道，但这位大明星近年来也渐渐年老色衰。不是菜的质量出了问题，也不是价格的因素，相反这些畅销名菜在原材料和烹饪技法上还有提升，销售下滑的主要原因还是消费需求的变化。这种变化是多种因素造成的，不可能回避。

市场是不管什么专家、名师的。菜好不好，不由评委说了算，是顾客说了算，而顾客是用人民币来投票的。他们自掏腰包来"公投"的信任票，才真正具有含金量。基于这点，以前我提出过一个理念："市场是检验菜品的唯一标准。"在2010年的菜品交流会上，我更明确提出"好菜是卖出来的"。这个理念不但得到了企业内部的认同，而且得到了诸多名厨的首肯，成为共识。川菜大师肖见明先生很诚恳地对我说："过去我一直认为，只要菜做得好，就应该能卖钱，我对徒弟也是这样说的。好菜是卖出来的理念，对我触动很大。"

营销大师德鲁克早就讲过：企业存在的唯一目的，是"创造顾客"。也就是说，企业要围绕顾客的需求寻找生存的理由。这种理论看似简单，人人都能理解，但在实际中，一些人很容易偏离这个轨道，他们不是把顾客的需求放在第一位，而是把自己的心理满足放在第一位，特别喜欢搞形式主义的大场面，做一些热闹但不持久的活动，却不能沉下心来扎扎实实把产品做好。这样的例子实在太多。我反反复复强调"产品"，就是要提醒自己，决不能偏离市场需求，去搞自以为是的那一套。

研发的重点是畅销产品的升级

我们更看重的是培养企业赚钱的能力，成长比成功更重要。这样，以产品为核心的理念就不是一个空洞的口号，而是实实在在的行动。

一道好菜要经历潜伏期、成长期、巅峰期、下降期乃至没落期，这是事物发展的客观规律。一个企业能不能多活几年，同样不能只看眼前的营业额，你今年卖2个亿，明年卖3个亿，说不定将来卖到10个亿，但即使这样，该垮的时候还得垮，繁荣只是一种状态而并非价值。没有永不沉没的大船，只有永远存在的不确定性和永不沉没的创新精神。

要做到这点，就必须抓住两个关键环节：一是产品研发的投入；二是人才培养的投入。这两件事情做到位了，底气才足，否则心里不踏实，不知道哪一天就不行了。

围绕这两件大事，我们每年有两次大的活动，即3月份的集中培训和9月份的产品交流会，我们投入大量人力、物力来办这两件事。

举办产品交流会的目的，是促进产品的创新研发，为各门店特别是加盟店提供产品技术支持，促进直营店的管理。产品交流会的参展会场，是成都的九家直营店。

各店都把产品交流会当作大事来抓。一品店的李志强说，每次为了迎展，前几天连觉都睡不好。2011年，紫荆店更换了厨师长，有人担心拿不出好产品参展，但店长岳品志坚决要求参加。他说："交流会对厨政管理和服务都是极大的促进，我们需要这个机会。"双楠店厨师长周小勇说："展会期间，服务员的打扮都上了一个台阶，连我们的洗碗大姐都梳空姐头。"

产品交流期间，从选料、加工工艺到成品、市场价值等，全部公开透明，大家都认为在交流会"看到了东西"。2012年的交流会，成都7个店共展出菜品210道，每家连锁店也送来了一两道，湖南大蓉和6个直营店带来了20多道。经典菜品汇于一堂，交流融和，使产品交流会的含金量越来越高。

到2012年为止，我们一共举办了5届产品交流会，参会的规模从最初的80人到现在的260人，总共拿出了1000多道菜品参展，其中有不少被其他店借鉴，被市场所认可，赚到了真金白银。但我们更看重的是培养企业赚钱的能力，成长比成功更重要。这样，以产品为核心的理念就不是一个空洞的口号，而是实实在在的行动。

我们的产品研发不是搞群众运动，而是成为一种常态，生产与研发同步进行，不过在时间安排上有轻重之分。每年3月公司进行产品研发动员，提出当年的研发目标、任务和要求；3月到5月各店相互学习交流，安排走访路线，分批出去采风，在当地考察和到外地采风交叉进行；6月开始内部检查。研发的产品陆续投入市场，内部评判只是参考，消费者的点击率才是真正的标准。到9月举行全国产品交流会时，一切都准备得差不多了。

参展菜品既有往年的畅销产品，也有当年推出的新品，都必须经过市场的考验，获得消费者认可。我们不会为参赛而制作那些没有卖过的所谓"工艺菜品"。产品在成都几个店轮流展示，由3位专家和7个店的厨师长组成评委团。4天会议结束后，各地还要留下厨师学习菜品烹制。这些菜已经经过了市场检验，把握比较大，拿回去就能卖钱。2011年国庆期间，我到宜宾大蓉和，他们用十几天前新学的菜招待我，宋总对我说："产品交流会是学习新菜的捷径，事半功倍，非常管用。"

创新研发要紧紧把握三点：

一、口味菜、家常菜从传统和民间找出路。这类菜和老百姓关系紧密，适应面宽，一直是我们的基本品种，如有机豆芽、韭菜豆腐、泡青菜煮蚕豆、土豆烧茄子都是由民间家常演变而来。家常菜、民间菜的改造，很多时候是以模仿为主，90%是别人的，10%是自己的。这10%可能改变整个战局，是制胜的关键。上座店为了把豆芽发好，厨师专门从乡下老家请有经验的人来教；沙河店为了保证黄豆质量，店长刘永东让自己的父亲在眉山、夹江一带帮忙收购生态黄豆，真正把工作做到了"家"。

俗话说："好看不过素打扮，好吃不过茶泡饭。"越是朴素的、民间的，越有生命力。我们发起了一个"美味在民间"的征文活动，动员员工都来写，已收到的100多篇文章对开发民间菜提供了借鉴和思路，像《乡味日以滋》、《家乡笔筒肉》等，都是从生活中得来的真切感受。

二、畅销产品是研发的重点。不管什么菜，只要是点击率高的，就要集中兵力打歼灭战，做好这些菜的升级换代。没必要去搞什么"哥德巴赫猜想"，而要把注意力集中在容易操作、容易感知、容易见效的产品上，争取立竿见影。

不少参展的菜，在头一年就获过奖，如2011年的仔姜爆蛙腿、开门红、酱猪手、一掌定乾坤、凤香蓉和、藿香耗儿鱼等，去年得了奖，今年又得奖。这是很正常的事，因为这些畅销产品一直在升级，原材料、口味、装盘都在优化，每年提升一点点，日积月累就看出效果来了，点击率稳中有升。

有人说，"既然是创新，就应该拿出新菜来。"这个观点有些偏颇。全聚德三百多年来从不离开鸭子，只是在工艺上做一些微调，这是不是创新？创新不一定就是发明创造，做一些横空出世的菜品。好卖的菜不断升级，实质上就是守住市场，把市场做透，把菜的潜质发挥到极致。这样的创新菜品才有"底味"，面对市场也才有"底气"。

经常看到一些餐厅打出"每天一款新菜"的招牌。这种做法不一定行得通，因为顾客喜欢吃自己熟悉的菜，他们要求的不过是把菜做得更精致、更好吃。何况，每天推出新菜，真能做到么？能做好么？

三、高端产品是方向，能做到哪里算哪里。随着新建餐厅硬件的升级，菜品从大众化定位走向中高端，这是必然趋势。如果定位于高档商务宴，菜品自然要与之适应，像雪花牛排、鲍汁辽参、蜂巢牛尾、东星斑、象拔蚌煨汤等高端菜品，自己能做的自己做，自己不能做的请外援来做。总之是根据高端需求，能做到哪里就要做到哪里。以往的畅销产品，只要精度够了，也可以升级到高档商务宴的行列。不要小看了这些普通菜，它们在数量上占有优势，有了"二炮"，还是要保留"常规部队"。

菜品创新很艰苦，很多厨师宁愿在灶上炒菜也不愿意搞研发。李志强说："生娃娃，肚子头要有嘛；搞创新，肚子里没货咋办？"现在模仿成风，你辛辛苦苦搞出来的东西，刚刚端上桌，菜都还是热的，就被别人克隆走了。但你还得坚持做，不做就没有出路，不做就是等死。竞争是残酷的，但是必需的。竞争的结果，行业进步、社会进步，自己必然也进步。

走出去，请进来

有时候就是这样，甲地的常规产品到了乙地，就是有特色的畅销产品，空间转换的效果往往出人意料。

畅销产品的升级，主要是内部菜品升级，但并不是说要关起门来搞创新。总结我们十多年产品发展的历程，"走出去，请进来"是必然要走的路子，也是行之有效的办法。归根结底就是搞"拿来主义"，人家的菜做得好，卖得好，我大大方方引进来，提质改良后变为自己的菜，进而升级为我们的畅销产品。

1999年我们创业时，提出"融合菜"的概念，没想到几年后"融合"潮风行全国。《东方美食》曾做过"融合菜"专辑，刊登了20多篇文章，许多餐饮老板都在实践这种思路。既然要融合，就要走出去学习。我说过"先把周围的土刨松"，就是要"兔子先吃窝边草"，了解本土餐饮业，凡是有特色的、生意好的，不管档次高低，都要安排考察学习，哪怕是小餐馆也不放过。在本地考察容易安排，费用也比较节约，不但后厨人员可以去，前厅人员也有机会去。有一次，邓培带着前厅一帮人在一个农家乐考察，吃到一份"农家拌牛肉"，觉得味道很好，餐后打包回来，交给后厨去研究。技术上没有什么难度，但材料组合的理念值得学习。经过改造升级，换上了精美的器皿，这道菜华丽转身，在上座店畅销了几个月。

小餐馆店堂一般不大，档次不高，但有些菜的口味就是好，比宴席菜强多了。上座店做的是高档宴席，但宴请的主人家经常自己买好雪豆蹄花、卤兔头、肥肠粉，拿到我们店里端上桌面，碰到宴请重要的客人，还把做肥肠粉的厨师请到店里来，专门为贵宾做这道菜。这些小菜配在大宴席中并不失色，大人物啃卤兔头照样啃得津津有味。当然，光拿家常味招待贵宾还不够档次，主人脸上挂不住，于是来一个高低配合，档次和口味兼顾，两全其美。这种现象引起了我们的反思。把民间的东西搬到高档宴席上来，成为我们改进菜品结构的重要思路。

走出去，还要远走高飞，到省外甚至到国外去看看。我们每一年都要大规模组织各店的技术骨干到湖南、广东、北京、上海等地走一走，打开眼界和思路。

我们经常请其他菜系的厨师来指导教菜，先后请过湘厨、赣厨、杭帮厨师短期合作，各店更常年聘请粤厨。创业初期，我们在外请人主要还靠私下勾兑，找熟人，托关系，让厨师请假过来帮忙。这样做，帮忙的人比较为难，名不正言不顺。现在我们光明正大地请，公司对公司谈好条件，该交管理费就交，大家心头都敞亮，效果也好得多。每请一批厨师，我们的菜品都会前进一步，企业长期受益。现在卖的酱猪手、抱盐鱼、蜂巢牛尾、香酥牛排、金牌扣肉、钵子菜等，都是外地厨师点拨的成果。靠自己去创制研发，不知道要走多少弯路，还不一定找得对门道。

羊西店开业前，我们在湖南请了三位湘菜厨师，请他们先做我们指定的菜，再表演各自的拿手菜。由此确定了一道当家菜"土豆烧甲鱼"，湖南一家著名餐馆是用野生甲鱼制作的，价格很贵，品质也很高。我们在洞庭湖边的汉寿县采购人工饲养的中华鳖，价格降了不少，效果也不差。湘厨在制作这道菜时与川厨有很大区别，川厨主要用豆瓣烧，湘厨用茶油制作原料，再用"辣妹子"红烧；也有白味做法，汤汁很浓，味道鲜美。羊西店开业后，"喝酒鬼，吃甲鱼"，至今人们还念念不忘。

我们请的赣厨李建群功不可没。他制作的酱猪手受到了成都消费者的欢迎，改造后成为大蓉和标志性产品，圆笼糯香骨、五味鸭等也畅销了好几年。赣厨与湘厨有很多相似点，干锅系列和小炒系列都很有特色，江西的酱油炒饭也成了畅销品种。

2010年，沙河店厨师在长沙看到一款叫"黄焖蟹"的河鲜菜，螃蟹做得红亮大气，色泽鲜艳，口味酸中带甜，又有辣味，有一点四川怪味胡豆的性格，市场反响不错。沙河店与这家餐厅搭上路，提出想学这款菜的意愿。双方谈妥后，对方派出王牌厨师到成都，为我们的厨师现场示范，调味品的配置、操作程序、火候控制都相当娴熟。黄焖蟹在沙河店推出后，有耳目一新的感觉，受到顾客欢迎。有时候就是这样，甲地的常规产品到了乙地，就是有特色的畅销产品，空间转换的效果往往出人意料。

外聘的厨师有很强的敬业精神和娴熟的技术。一位粤厨做的小吃"水晶上树果"，用蘑菇、菜心做馅，晶莹透明的馅皮包裹好，放在加热的瓷盆里面，用盖子盖上。传菜员在送菜时感到好奇，想看看里面究竟是哈东西，刚伸手去揭，哪知这位粤厨一直跟在他身后，赶忙制止说："这道菜对温度的要求相当高，一定要在客人面前揭开，让菜里的香味随着蒸气喷发出来，要的就是这个效果！"

金牌扣肉是杭帮厨传授的长销菜品。这道菜由一块8厘米见方的五花猪肉为原料，用特殊的模具进行切割，成菜后放到盘里，看似一个金字塔，一层一层的，肉皮橙红油亮，下面垫有芽菜，咸鲜可口。整个菜由一块肉做成，用筷子一夹，一圈一圈地起来，既好吃又养眼。这道菜卖了六七年，人气一直很高，顾客的记忆也很深刻。

有时候，客人也是我们的老师，他们在外面吃到好菜也告诉我们，要求我们做给他吃。比如水煮粑粑菜、冰镇绿豆汁，我们学会以后也卖得不错。有位官员请客，带来乡下餐馆做的"卤水鹅"，我们研发了这道菜品，做出来以后效果还真不错，从此掀开了卤水系列菜品的序幕。

高端店也要有家常菜谱

高端市场硬件条件好，品位高，顾客层次高，消费实力强，毛利也比较丰厚，一桌菜卖的钱，大众餐饮要做好几桌。对餐饮业来说，高端市场很诱人，但也考验你的本事。

2005年，一品天下豪包区进行了高端餐饮的尝试，效果不错。这个店虽然"高中低"集中在一起，但实行分区管理，互不干扰。成功的经验为后来的发展打下了基础。

上座店筹建期间，在制订产品结构和定价时，经营班子参照了周边其他高端酒楼，认为我们的硬件比他们新，条件比他们好，应该可以和他们卖同样的价格。从常理来看，这没什么不对，但实际操作起来就不是那么回事了。我们店中年龄最老、只有2000多平方米的紫荆店，每天都能卖10万，而6000平方米的豪华上座每天只能卖3万。事情怎么会变成这样？

坐下来冷静分析，我们发现：新的品牌、新的定位、新的口岸、新的团队进入市场后，首先要克服市场排斥，不问青红皂白地就卖高档菜，是要碰钉子的。新品牌的培育有一个过程，消费者要和其他高端品牌做对比，你做得好是应该的，稍有不慎，缺点就被放大。这是一种无意识排斥，主要原因是顾客还没有和新品牌建立感情。好比你买了一套新房子，房子不是家，家是注入了感情的，有了感情才能称之为家。一个商业口岸要

对餐饮业来说，高端市场很诱人，但也考验你的本事。卖高价的总是先卖低价，挣大钱的也是从赚小钱开始。这是挣钱的辩证法。

变为餐厅，也要注入感情，让顾客熟悉、认可和喜爱。

高端餐饮当然要卖高端菜，但也应当遵循我们一直坚持的"人气是第一指标"的理念，绝不做有价无市的生意。开业之初更要放下架子，搭配一些家常菜，让消费者有更多的选择余地。上座店所在的城南新区是政府机关集中地，必须适应政府机关的消费标准。一位局办公室主任对我们说："我们的接待标准一般都是每桌1500~2000元，你们做得下，我们才敢来。"婚寿宴也喜欢高端场所，一些老顾客说："如果按大蓉和1000元一桌的标准，我就订。"上座当时是以1800元起价，又想拉客，又不能放低身价，这就难办了！

前期生意清淡时，我们要求股东通过关系介绍朋友前来撑台。由于消费高，中午吃个"耍饭"都要上千元，好心好意来捧场的股东都吓跑了，外人当然比股东跑得更快。春节时有单位聚餐，两桌吃了一万二，直呼受不了，对帮他订座的刘宇说："今后还是给我安排在紫荆店算了，上座太咬人！"

有一位股东从国外回来，他说，国外的餐饮品质高、分量足，价格也合理，同样的东西你要多卖几元钱是行不通的。回国后，他在上座请了两次客，感觉消费比国外还高，中国人真的那么有钱啊？

实际上，饮食消费正变得越来越理性，高端消费也一样。理性化消费是一个必然的趋势，不仅日本、韩国，中国台湾都经历过从盲目到理性的过程，国内的一些大城市也正在步入这个过程。那些有消费实力的人群，需求也是随情况而改变的，不是每一餐都高消费，平日朋友打堆不需要绷面子，图个自由自在，家常菜反而受欢迎。许多老板虽然有钱，消费时也不会铺张浪费。一位老总说："连续请了几天客，一顿都没吃饱过，还不如吃份家常菜来得巴适！"

从另一方面来看，现在五星级酒店也开始走大众化路线，夜宵人均百把元。由于生意好，又增加下午茶，从下午到晚上不间断地迎客。档次高，收费不高，营业时间长，生意自然好。

这样看来，我们的经营必须顺应市场的变化。

董事会经过研究，决定从实际出发，调整思路，降低定位，重新制订经营策略。政府机关的接待，完全按他们的要求办；婚宴也以客人的需求为准；

调整菜谱，不和周围高档酒楼同等定位，而以一品店豪包区的价格来定价。为此，中午制订了商务套餐，一个人58元，两人100元，方便高端区域的白领和公务员就餐。还特地制作了一本家常菜谱，让客人感受到我们的亲和力。客人一上桌，递上两本菜谱，高低搭配，丰俭由人，尽可放心大胆来就餐，既敷住了面子，又得到了实惠。一位朋友说，"一看你们门口的梯子，就晓得贵。你们建了高端店，我还是想来感受一下，看到这么豪华心头没有底，但一看到家常菜谱，就不虚了。"

过去我们只印制一本豪华大菜谱，菜谱重得服务员一只手都拿不起，客人一看就有压力，暗想，这把刀磨得够快哈！配备小开本的家常菜谱会不会影响档次呢？从实际效果来看，根本不必担心。相反，消费者认为你更人性化，更体谅人。一位房地产老板说："我是吃家常菜长大的，现在吃鲍鱼、东星斑还没有家常的藿香鲫鱼安逸，只是那些菜名头大、价格贵，打台面少不了。"有一次我们请演艺界的"散打明星"李伯清老师吃饭，拿出几道"硬菜"——刺身、鲍鱼、阿拉斯加蟹等等。吃到后头，李老师问："有没有花生米，豆腐干？还是这些东西'赶口'（对胃口）些！"

卖高价的总是先卖低价，挣大钱的也是从赚小钱开始。这是挣钱的辩证法。再高端的店，起步阶段一定要放下身价，除了豪华菜谱外，再配以家常菜谱，有助于拉近与消费者的距离，尽快站稳脚跟。飞机飞得再高，起飞前还得有滑行、加速、起飞的过程。家常菜谱就是高端餐厅起飞的跑道。

唱戏的腔，厨师的汤

做菜要从基本功抓起，而吊汤是最重要的基本功，不会吊汤的厨师一定不是好厨师。我们在几年前取消了味精、鸡精，凭借的就是对吊汤的信心。

我没有做过厨师，但我父亲干了一辈子。开始办餐厅时，父亲告诉我一句话："唱戏的腔，厨师的汤。"他说，做菜要从基本功抓起，而吊汤是最重要的基本功，不会吊汤的厨师一定不是好厨师。父亲的告诫我一直记着。后来才知道，"厨师的汤，唱戏的腔"这句话，最早是比喻谭家菜的高汤和京剧名家谭鑫培先生的唱腔。把高汤的美味和唱戏的韵味相提并论，可见人们对谭家菜的汤有多高的评价。谭家菜源自广东，是清代北京第一家私房菜馆，和很多粤菜馆一样，煲汤是谭家的独门功夫，特别精于高汤老火烹饪海八珍。

筹备大蓉和期间，我们到江西景德镇考察餐具，有一天去一家江西土菜馆，随意点了几道菜，如奶汤萝卜丸、狗肉烧鸡蛋、秋椒小炒肉、瓦罐排骨冬瓜汤等。可能是川菜吃得太久了，偶尔吃江西土菜，感觉非常爽，特别是奶汤煮的萝卜丸子、瓦罐炖的排骨，突出的鲜美、醇香给我留下了深刻印象。我突发灵感，决定买几个大瓦罐回去如法炮制，让四川人也见识一下鲜美的煨汤。大蓉和最初的店名叫"大蓉和瓦缸酒楼"，打的就是"煨汤"牌，以汤唱主角。门店前摆了六个大瓦缸，显示出钟鸣鼎食的气派，"汤鲜七日，肉香三天"的对联刻写在煨汤房的门前，吸引了食客的眼球。我们能走到今天，瓦罐煨汤功不可没。几年后，六个大瓦缸火燎油浸都开裂起缝了，准备换掉。钟老广说："不要换，肥得流油！"他们用铁丝捆了捆，基座下面用水泥加固，一用又是十来年，成为大蓉和发展史上珍贵的历史文物。

粤菜的老火靓汤名扬天下，江西的瓦罐煨汤特色鲜明，但并不是说川菜就没有好汤。晚清科举上榜人物、川人黄晋临先生在清宫御膳房当御厨时，不少人贬损川菜"只会麻辣，粗俗土气"。他不服气，冥思苦想、反复尝试，创出了"开水白菜"和一系列烧、煨、炖、煮、熘的功夫菜和养生滋补菜，如坛子肉、烧牛头方、鸡豆花、枸杞牛鞭汤等，使川菜上了个大台阶，令人刮目相看。这些菜把汤用到了极致，把极繁和极简归于大雅、至精。

开水白菜看似简单，其实蕴含了高超的制汤功夫。开水，是至清的鸡汤，用老母鸡、老母鸭、火腿、肘子、排骨、干贝等食材分别去杂质入沸锅，加料酒等调味品吊制至少4小时，再将鸡胸脯肉剁烂至蓉，灌以鲜汤搅成浆状，倒入锅中吸附杂质。反复吸附两三次之后，锅中的鸡汤呈现出开水般的透彻清冽，香味浓醇敦厚，不油不腻，沁人心脾。白菜只选用嫩黄的菜心，微焯之后用清水漂冷，再用开水状鸡汤淋浇烫熟。烫过白菜的清汤弃置不用，烫好的菜心垫入钵底，轻轻倒进新鲜的鸡汤，此菜才算告成。由此可见，一道传世名菜，并非出自偶然，而是呕心沥血的结果。

民国时期，黄晋临的"姑姑筵"名声远播，蒋介石、张学良、冯玉祥都慕名而至。他的菜品以精致、醇和、养生，善于用汤驰名。黄晋临说过"无鸡不鲜，无鸭不香，无肘不黏，无肚不白"，"汤可提鲜、增香、上色、保温"。这的确是厨界后生应该细心领会的真经。

陈亚与我聊天时，谈到过一位上海擅长做燕鲍翅的龚师傅。龚师傅做鲍翅汤时不用芡粉，勾的汁水浓香色亮。陈亚觉得奇怪，便请教于他。他说，虽然很多师傅都在熬制鲍翅汤，但他的配料都通过测算，什么原料含多少胶原蛋白，什么原料含多少谷氨酸，多少水配多少原料，熬多长时间才能达到汤浓味净、香味四溢的效果，都心里有数。龚师傅还讲到清汤原料的挑剔，如鸡选几年的、什么品种的老母鸡，猪蹄选用多大的，是前蹄还是后蹄，排骨的肉质与厚薄等等。煲汤的原料要先冲净血水，保证汤的清澈；刀工也很讲究，如果原料切得太小，冲水时谷氨酸钠与胶原蛋白等营养成分就会流失；切得太大又无法将血水与腥味冲净。陈亚领悟到：用心制汤可以给汤带来生命。

厨师不但要会煲汤，还要善于用汤。很多人都说现在的鱼香肉丝、宫保鸡丁、麻婆豆腐没过去的味道好，其中一个重要原因就是没有用好汤。过去老师傅炒菜的炉边总有一个吊汤锅，凉菜的凉拌鸡、心舌肚、拌白肉，热菜需要煮的肉类都从那口吊汤锅里出来。老师傅炒菜勾汁，总要从吊汤锅里顺手烹入一点汤汁，汤汁的肉香、滋润以及鲜美，为菜肴注入了灵魂。过去吃肉是很奢华的事，炒素菜时也勾两瓢汤，达到了没有肉而有肉香的效果。王正金还说了这样一种现象：过去乡镇上很多小餐馆，炒完菜后刷锅的水都要倒进鼎锅里，看起来不雅但味道好极了。我问卫生有没有问题，他说："应该没有啥子。"当然，现代大型餐馆是不会这么做的。

为了煨制好靓汤，我们做过许多努力，有许多成功的尝试。我们的青菜钵、紫砂香酥肉、韭菜豆腐、开门红、竹荪肝膏汤、瓦罐煨汤等名菜，都离不开汤的贡献。我们卖了十年的青菜钵，其他餐馆都在模仿，但很多人没明白，那半勺鸡汤与猪油的结合，才是这道菜背后最给力的无名英雄。

对比川菜和湘菜的汤，湘菜的汤汁一般比较重，如抱盐鱼，我们蒸好后用盘子装，看上去很干；而湘厨用碗装，鱼泡在汤汁里，看上去很润。湘厨做的小炒肉，里面也浸透了汤汁，特别入味，和我们炒的正相反。一个菜做好以后，菜的营养和味道很多都融进了汤里面。我吃饭时特别喜欢用菜汤泡饭，如韭黄肉丝，汤的味道比菜本身更好吃。以前有句话"吃肉不如喝汤"，现在才逐渐明白，汤汁才是味的精髓。

有人评价黄晋临的菜"从来汤是味之魂，不用味精倒帮忙"，说到点子上了。高汤是用各种肉类慢火煨制，肉类中含有谷氨酸，与菜肴中的盐相遇加热后，会生成味精的主要成分——谷氨酸钠，提鲜的效果比味精更好，而且是完全自然状态下的提鲜，没必要画蛇添足再加味精。明白了煲汤中蕴含的这些科学道理，对吊汤的重要性也就很容易理解，"不用味精倒帮忙"的道理也就很明白，做菜就有了底气。我们在几年前取消了味精、鸡精，凭借的就是对吊汤的信心。

顾客重口味，专家讲味型

越是满足口舌之乐的味型，越受市场欢迎。确定味型不等于固定味型，更不等于『套公式』，依瓢画葫芦。

对顾客来说，口味才是最重要的，他不必懂得"味型"这类专业术语。好比开车，一般人知道汽车的驾驶性能就行了，没必要去了解性能后面的技术因素。

然而，这并不意味着专业厨师不需要重视味型。川菜的味型是全国各大菜系中最丰富的，厨师都知道川菜的23种主要味型形成了川菜的基本特色。一位川菜大师说："现有的味型不是不好，而是制作不规范。只有把基本味型做到家，其他味型才有基础。"

例如，川菜回锅肉有很多种制作方法，主要体现在调辅料的使用上，有加干辣椒、红苕粉的，也有加芹菜或莲花白、折耳根的，但回锅肉的经典做法，还是离不开郫县豆瓣、潼川豆豉及四川甜面酱，再配以冬季的小蒜苗。这三种调料都是自然发酵而成，自带盐味，搭配以后使得回锅肉浓香味突出，凸显了主料和调辅料的本味。传统的回锅肉属于家常味型，但如果在调料上做一些变化，也可以调制为其他味型。

越是满足口舌之乐的味型，越受市场欢迎。成都盐市口一家面馆，老板开始只卖红烧排骨面、鸡杂面和三鲜面，但常有顾客出钱加臊子，有的吃一碗面要把三种臊子都加进去。老板于是推出了第四种面，就是三种臊子混在一起，取名为"怪味面"。这个面馆意外地以怪味面出名。

所以说，确定味型不等于固定味型，更不等于"套公式"，依葫芦画瓢。在现代餐饮市场中，新味型不断衍生是一种常态。大蓉和创业之初，避开了满街的传统菜，推出独到的"融合菜"，实际上是突破传统川菜的味型，创造出新的味型。在《开餐馆的滋味1》中我说过，我们曾将大蓉和最卖座的产品归纳为鲜椒、蛋黄、葱椒、青椒、酱香、清汤味型，这些味型与传统的川菜味型很难对上号，是我们的探索。

更重要的是，开拓出新的味型以后，再让每种味型横向发展为系列产品，使菜品研发由点到线、由线到面，形成一个个独特的味型板块。例如，开门红系列中的开门红、奶芋排骨；葱椒系列中的葱椒鸡、葱椒肚；蛋黄系列中的蛋黄蟹、黄金虾、金沙玉米、蛋黄黄瓜；酱卤系列中的酱猪手、酱猪尾、酱猪肘，等等。以后又开发出青椒系列、石锅系列、干锅系列等。这些产品很受客人喜爱，原因就在于和传统川菜在似与不似之间，既有习惯的传统味道，也有独特的新鲜感。

鱼香味的传统做法是炒肉丝或烧茄子，但如果与鹅肝嫁接，鱼香味就升级了。同样一道菜，可以根据不同的季节做不同的味型，上座店开发的蟹黄烩粉皮、乌鱼蛋汤等，主料不变，把调料、烹饪手法变一下，春、夏、秋、冬四季分别有咸鲜、酸辣、姜汁、浓香相适应。

酱烧鸭子是近年出现的新菜。厨师将川、粤、湘、鄂、西餐等菜系调味方法融会贯通，除了保留四川的辣椒丝，还大胆使用了粤菜的柱侯酱，并添加了西餐的咖喱、辣椒仔等，是多种味型的融合。厨师说，这道菜的烹饪手法与川菜怪味如出一辙——反正现在说不清楚的口味都叫它"怪味"。

我们的"石锅三角峰"，就是川菜、粤菜、西餐的综合。粤菜熬豉油，加香菜、芹菜、胡萝卜，再加点姜、藿香、蔬菜汁一起熬，熬完之后再加蚝油等调味，我们借鉴了这种方法。另外通过提取咖喱、芥末和黑胡椒的辣，加上四川的姜蒜、青椒，整个菜出来后绿油油的，与红彤彤的传统辣椒菜形成反差，由此诞生了一个新的青椒味。

上座店畅销的酱排骨，采用了粤菜的酱料与川菜的腌卤结合，先用传统的川式手法，放盐、干海椒、干花椒一起码味，再加入粤菜的柱侯酱、海鲜酱等料，拌料工序完成后放入烤炉，挥发排骨的水分，最后用果木熏干、自然风干，蒸煮后切块，吃起来比传统腊排骨口味丰富多了。

四川人原来不吃鲜椒，多以干红椒、红油调理辣味，用的辣椒几乎全是二荆条。二荆条香而不辣，入味不深。我们借鉴湖南的剁椒蒸鱼头，研发"开门红"时，用了不少鲜椒，包括原产泰国的小米辣。小米辣的辣度比二荆条高得多，不但更具冲击力，鲜香味道也更浓郁。这道菜成了鲜椒味型的代表作。

野山椒不但用于制作泡菜，也对川菜的热菜味型产生重要影响。以往，野山椒主要流行于云南、海南、湖南中部以及广东，但现在已普及到四川。新派川菜中的野山椒蒸鳜鱼、野山椒肝片煲等就用了野山椒。和小米辣一样，野山椒入味更深，而且辣中带酸，口感很独特，不但开胃，还能醒神，让人兴奋。

以前川菜主要用干花椒，青花椒、藤椒使用以后，给客人的感觉更生态、更鲜香。例如青椒鸡，以及一些"漂洋过海"的菜，让人一见钟情。青花椒甚至引起海峡对岸的关注，台湾出版商蔡先生就专程到川南青花椒产地，为台湾饮食界搭桥铺路。

外来菜系的进入，调料的不断丰富，促进了新味型的开发。如酸汤肥牛用的红椒酱，基本原料是四川不多见的黄灯笼椒。调味品厂家推出的麻辣鲜露、辣鲜露、酸辣鲜露等，也都很有个性。凉拌八爪鱼属于清麻辣鲜味，口感比传统麻辣味、红油味轻。椒麻味以前是凉菜经典味型，现在也改做热菜，如椒麻桂鱼改用葱蓉和剁椒调制，增进了菜品色泽，突出了麻味的悠长与清香。

创新味型可以在大众、民间的土壤中获取养分。川菜中著名的毛血旺，就是从日常火锅演化而来，其中的香料甚至可以直接用火锅底料代替，香辣味型也与火锅很相似。新派川菜中的炒老油也是如此，用老豆瓣加泡青菜、香辣酱甚至香水鱼料一起炒，制成半成品调料，用它烹制出来的菜品底味要重一些，入味也深，解决了许多传统川菜入味不深的弊端，外观也更有吸引力。很多石锅菜，如沸腾鱼、石锅牛蛙就是这样产生的。

我们一品店热卖的干拌鸡，也受到四川串串香"干碟子"的影响。过去拌鸡先用清汤煮熟，再配以红油等作料；干拌鸡则是把鸡卤好，直接裹上自制的海椒面、花椒面，配以微量孜然即可成菜。它和传统拌鸡的最大区别是完全没有油。此菜在瑞士、比利时展销也受到热捧。

以前川菜是没有烧椒味的，老百姓把青海椒拿到炭火中烧制后宰或捏碎，用于拌菜，如烧椒茄子就是用食盐、生清油加烧椒，再加一点煮菜的汤汁调制而成。烧椒鲍鱼、烧椒螺片这些流行菜品，就源于这种味型。

菜是厨师的儿

好的菜名不但要引发食欲，还要有文化品位，能提升菜品的附加值。

取菜名的基本准则，第一是要贴切，第二是要雅俗共赏。

为孩子取名，对中国人来说，大多具有特殊的喻义。以前乡下人给孩子取名，无非是桂花、秀芹、秋菊、富贵、满仓、长庚之类；取小名是"铁蛋"、"狗娃"，反正是取得越贱越好养活。这样的名字很有乡土气，别人一看就知道你的出身背景，即使你满身珠光宝气，也改变不了人家的印象。

同样的，任何门类的产品都要名副其实，名称和身份相吻合。例如汽车，宝马、奔驰、劳斯莱斯、奥迪给人的印象是典雅豪华，而大众就给人平民亲和的感觉。古人说"名不正则言不顺"、"望文而生义"，大约就是这个意思。

餐馆业有句老话："菜是厨师的儿。"厨师把菜做出来，必得绞尽脑汁为这道菜取个响当当的好名字，因为名字取得不好，菜做得再好也可能不好卖。为菜取名成了厨师们感兴趣的话题，经常听到他们说："给我的儿取个啥子名字哟？"

厨师都在为菜名动脑筋，但思路却千差万别。有些餐馆不惜取一些搞怪的菜名来吸引顾客。比如烧肥肠叫"红烧大使馆"，菠菜炒黑木耳叫"波黑战争"，煮花生米和炸花生米叫"一国两制"，辣子鸡块叫"红灯区"。有些人喜爱历史典故，把蒸好的全鸡摆上大蒜装饰，取名"神鸡妙算"；把冒菜称为"水淹七军"，把串上竹签的油炸九肚鱼叫做"草船借箭"。还有一些菜名纯粹是恶搞,如"乱棍打死猪八戒",实际上是豆芽炒猪头肉;"走在乡间的小路上"是红烧猪蹄点缀一些香菜。前些年美国总统克林顿爆出桃色丑闻,有一家餐馆灵机一动,借用莱温斯基的名字为一道菜命名,叫"莱温斯鸡"。这类菜名玩的是脑筋急转弯,成为笑谈还可以,吊起顾客的食欲就难。对正规的餐馆来说,这种小聪明反而会降低自己的格调。

好的菜名总是让人难以忘怀。20世纪60年代末,我和同学到青羊宫赶场,中午路过一家小馆子,看见门口挂了一个小菜牌,其中有一道"野鸡红",八分钱一份。我顿时眼睛一亮,虽然兜里只有两毛钱,本不敢下馆子,但八分钱能吃到野鸡,实在太有诱惑力。我和同学麻起胆子进去,点了这个菜,心里充满期待。没想到,端上来的却是一份红萝卜丝炒芹菜。我问店小二:"野鸡呢?"小二说:"这就是野鸡红!"我后悔不迭,这八分钱冤枉花了。后来才弄明白,店家并没有骗我,"野鸡红"是川菜中一道著名的素菜。一道普通的小菜取了这么美妙的名字,难怪能流传至今,成为经典。

大蓉和开张时有"十大品牌菜",菜名都是厨师想出来的,比较朴素,但很形象,而且很管用。比如我们从湖南引进的剁椒鱼头,改进以后显得更红火、喜气。为这道菜取名时,有人提议叫"川式剁椒鱼头",有人提议叫"喜盈门"。年轻的主厨说:"大蓉和刚开张,叫'开门红'更吉祥,顾客心里头也要舒服些嘛!"大家觉得,第一个名字只说到了菜品,没有点到客人的心理;第二个名字虽然点到了心理,但不那么强烈,只有"开门红"最得人心,预示着吉祥如意,顾客一定会喜欢。果然,这个产品让我们时来运转,卖得非常好,到现在还没有退出市场。特别是元旦、春节,很多人都愿意点这个菜,图个开年吉利。

另外,风味黄金蟹、元宝虾、五味鸭这些菜名也显得亮色、大气,抓住了客人心理。那时大蓉和还是个中低档餐厅,厨师们说:"菜名不要取得太豪华、太妖精,不然会把客人吓跑的!"所以那时我们的圆笼糯香骨、香煎抱盐鱼、美味白菜、酱猪手、吉利香菜圆、青菜钵等,名字都取得很直观,让顾客一眼就能看出是什么菜。

作为董事长，我虽然很关注菜品取名，但反过来想，既然菜品是厨师的儿，他们就晓得去爱护，巴不得把名字取好，我管得过来嗦？你一管，他们今后就有依赖思想，放不开手，我就脱不了身，还不如让他们去弄。

但对于菜品取名，我还是有一些思考。我们在办中低档餐厅时，将菜名取得直观朴素一些是对的，现在有了中等偏上的餐馆，像一品天下店、上座店、卓锦店都是中高档餐厅，面对的是小资、金领、商家和政府官员，他们的文化素养、心理需求不同于一般客人，菜名也就不能太大众化，而应该高雅一些。于是我在工作会上不断提醒大家要与时俱进，多看、多想、多琢磨。好的菜名不但要引发食欲，还要有文化品位，能提升菜品的附加值。

为此，我让企划部给厨师长们介绍一些很有诗意的菜名。例如郭沫若在厦门南普陀吃到一道叫"当归面筋"的菜，一半香菇片，一半是面筋；一半在表面，一般在碗底，于是将这道菜改称"半轮明月"，菜肴的品位立刻得到提升，成就了一段佳话，成为历久不衰的卖点。又例如美食家罗亨长设计的"东坡云片鱼"，在火锅店卖不动，到五星级饭店就能引起客人的兴趣。最近热映的电视剧《林师傅在首尔》，林师傅为外宾做的头道川菜取名为"牡丹鱼片"，既富贵又高雅。此外，传统菜里的西湖醋鱼、推纱望月、带子上朝、诗礼银杏、翡翠银芽等，既风雅浪漫，又容易记忆。借名人取菜名也是一个好办法，更利于借菜名而广泛传播。如太白鸡、大千鱼、关公豆腐、东坡肘子、霸王别姬、宫保鸡丁、李鸿章杂烩、西施舌、湘妃糕等，让客人既品尝美味，又品味历史，获得物质和精神的双重享受，必然兴致勃勃，一吃为快，用餐后还回味无穷。

这些年，厨师们源源不断推出新菜品，花样翻新的菜名也更有水准，从客人的反映和专家的评价都能看到这一点。像荷塘月牙（下垫荷叶，上面拼摆澄面水晶饺）、寒玉刺身台（玉石盛具）、金箔沙拉虾，以及福满金山、海龙湘韵、玻璃仔姜，五彩耳丝等，都比较有新意。

我认为，取菜名的基本准则，第一是要贴切；第二是要雅俗共赏。

所谓贴切，就是抓住菜品的突出特点，让人产生联想，并容易记住。比如我们的"开门红"就很贴切，每个人心里都会产生感觉，吃过一次便留下印象。古代有一道名菜叫"红嘴绿鹦哥",实际上就是菠菜。这道菜的名字也非常形象,难怪能流传下来。

雅俗共赏,是要把雅和俗把握得恰到好处。太俗固然不好,故作高深也会脱离群众。有人以为阳春白雪才叫文化,喜欢用一些人们不熟悉的典故、诗词、词汇,对于菜的本质特点,如原辅料、烹饪方式等却有意淡化,把菜谱变成了谜题。顾客本想到餐馆放松一下,没料想又遇到累人的活,还没吃就倒了胃口。所以我觉得,我们可以拒绝粗俗,但不必拒绝通俗。菜名直白一点,让人一看就能望文生义,如同遇见了熟悉的乡亲和朋友,不但更显出亲和力,同样能显示文化品位。

餐饮业也要『道法自然』

中国自古就有很发达的饮食文化，儒、佛、道三教都对饮食极为重视，其中对中国饮食影响最大的，大家都公认是道教。

道教历来讲求养生，把饮食养生看作修身养性的必修课，形成了既有宗教色彩又暗合科学养生的饮食传统。道家始祖彭祖也是厨师的祖师爷，被尊为古代"四大神厨"之首。中国古代饮食理论，一直都强调食物的多样性，以谷类食物为主，多吃蔬菜、水果和薯类，摄入足够的豆类制品，鱼、禽、畜、蛋、奶等动物性食物也要适量。这种传统的饮食主张，是中国饮食文化的根，千百年来已深入人心。民间流传的"萝卜上街，药铺不开"，"常吃萝卜和葱姜，不找医生开药方"，说的就是萝卜的食疗作用。食疗菜品更是家喻户晓，如天麻炖乳鸽、当归煲乌鸡、陈皮鲫鱼汤、枸杞大枣炖猪骨、南瓜绿豆粥等等。

四川与道教缘分很深，"道"是成都的一大特色，到处弥漫着道风仙骨的闲适气氛。2011年中国老年学会评出的"中国十大长寿之乡"，四川就占了两席——都江堰市和彭山县，而这两地也正是道教最兴隆的地方。

青城山镇隶属于都江堰市，在道教祖庭的眼皮底下，自古以来便寿星辈出。苏东坡曾说"蜀青城老人村有五世孙者"；西晋在此修炼的道士范长生高寿130多

过去的滋味找不回来，这不是烹饪技术的问题，而是食材的问题。在餐饮行业中，「知食宜，顺天时」的产品更有生命力。

岁，唐代名医孙思邈长期在这里隐居，寿命也超过了100岁，而现在的蒋道长也已100岁以上。在青城山镇，健在的百岁老人不少。那里流传一句顺口溜："60岁老人比较小，70岁老人不算老，80岁老人满街跑，90岁老人随便找，百岁老人精神好得不得了。"

彭山县更不得了，33万人口的小县，拥有45位百岁老人，百岁老人比例高出全国平均水平近10倍！我曾向当地人探问长寿的秘密，大家都不约而同地说："这里是寿星彭祖的故里啊！"彭山江口镇的彭祖山，是道教"仙真"彭祖晚年的定居地和归葬地，"八百岁"彭祖，根据古代小花甲计岁法推算，折合为130多岁。

四川号称"天府之国"，自然环境条件比都江堰、彭山更优越的地方多的是，为什么唯都江堰、彭山能成为长寿之乡？这与道教饮食文化有什么关系？道家饮食养生理念对川菜究竟有什么影响？这些都引起了我的强烈兴趣。我觉得，道家菜是川菜中很重要的支系，道家的饮食养生理念是川菜的宝贵财富，在生活日益富裕、中西饮食相互渗透、餐饮业急剧变化的今天，道家的饮食文化很值得我们去探究和发掘。我曾多次入山问道，向道家请教，怀着浓厚的兴趣研究道家饮食，目的就是从中吸取营养，在自己的餐馆里形成健康养生的理念，指导我们的菜品开发。

道家关于饮食养生的理念很多，我印象最深的有三点：一是"饮食自然"；二是"大道至简"；三是"荤素平衡"。

"饮食自然"，就是老子说的"辅万物之自然"，是道教饮食养生的核心原则。世上万物都有自己的生长规律，人的心理和生理活动应该与这个规律相吻合，而不是相冲突，也就是要顺其自然。

我拜访过青城山的诚青道人，他主张"生活道教"的理念，认为道家崇尚自然朴实的生活，一切天然之食皆为素食，不论动物和植物，都是自然生长的结果，人类饮食应取之于自然界，这样才有利于健康。

例如说生长素。人为改变作物生长速度，改变植物的基因，打乱了自然界的和谐与有序，造成了物种混乱的局面。鸡鸭鱼猪牛羊使用了人工饲料和化工原料，甚至使用激素来促进生长。过去农家养一头猪至少要一年，现在出栏只要五六个月。经人工饲料喂养的猪肉，与过去生态猪的香味相差甚远。我当娃娃时，家里炒回锅肉"打牙祭"，煮好的肉从锅里捞出来，放到案板上切，厨房里就弥漫着浓郁的肉香。从菜板上偷一片，什么作料也没放也好吃得很。过去一家人炖一只鸡，要香一条街，现在煮一锅鸡都闻不到鸡味儿。以前的蔬菜总是到了季节才有，老人们常说"打了霜的青菜才好吃"、"过三伏的辣椒才能做豆瓣"，就连四川童谣唱的"红萝卜，咪咪甜，看到看到要过年"，讲的都是什么季节出什么菜。现在用大棚培育，一年四季什么菜都买得到，带来方便的同时也带来基因的变异，许多蔬菜已失去了原来的味道。加上食品添加剂的滥用，以及假冒伪劣食品的泛滥，致使很多人抱怨现在的菜不生态。有些农产品滥用农药，人们都不敢吃了。过去的滋味找不回来，这不是烹饪技术的问题，而是食材的问题。我们的厨师和采购员不得不四处寻找最"土"的原材料。

道家讲求"知食宜，顺天时"，按照季节变换来转换食物的五味，例如春天多吃甘甜的东西，少吃酸的；夏天吃些辛辣的，少吃苦的；秋天减辛辣食物，多吃酸味的；冬天吃些苦味的，少吃酸味的。这一点，餐饮业也很注重。每年适时推出季节菜，是所有餐馆的重头戏，也是餐饮业必要的营销手段。

青城派太极掌门人刘绥滨先生认为，春夏秋冬是人必须经历的自然过程，他不赞成夏天关在空调房，冬天去海南岛避寒，不同季节该承受的冷热必须承受，适应自然才会健康长寿。

所以我认为，在餐饮行业中，"知食宜，顺天时"的产品更有生命力。

道家说"大道至简"，大道理都是简单的。菜品也一样，千变万化都比不过返璞归真。我们提出"美味在民间"，因为民间菜肴最符合流行的"原生态"概念，简单、质朴，没有那么多花里胡哨的东西，不像一些餐馆那样大量放油、味精和复合调料，味道却照样好吃，甚至比餐馆里的更可口。仔细研究流传最广的传统名菜，做工其实并不复杂，调味都比较简单，像回锅肉、麻婆豆腐就是例子。一些厨师在做菜时，各种辅料、调料一把把抓，似乎觉得越复杂越有水平、越多越有味道，这是一种误区。现在流行"裸烹"，这是一种新潮流，是对大鱼大肉大油大辣的逆反，开餐馆的人应该重视这个动态。

"荤素平衡"是中国饮食的鲜明特点。中国菜，特别是家常菜，在使用肉类原料时都尽可能荤素搭配。荤素搭配的菜式，在中国至少有几千种，冬瓜炖排骨、辣椒炒肉、辣椒鸡丁、茭瓜牛肉丝、粉蒸肉、盐菜扣肉、竹笋炒肉、酸豆角肉泥、芹菜香干肉丝、香椿煎蛋、豆腐煎肉、雪里蕻炒肉，以及最常见的回锅肉，都体现了荤素搭配的中国式养生理念。即使是大鱼大肉的宴席，也必须搭配一些素菜，如瓜类、青叶菜、豆类菜、菌类菜，以及一些清爽可口的素菜凉菜。

道教的饮食结构，总体来说是以素食为主，慎用荤腥食物，重视食补食疗。道家中的全真派吃素避荤，而正一派则只规定在斋日吃素，平时可以吃荤。所以道家菜肴也有一些荤菜，只不过更强调滋补养生。

青城山的"青城四绝"，其中的白果炖鸡就是经典的食疗菜。据天师洞道家介绍，该鸡沿用道家的煨法，用糠壳做燃料，既不冒火焰，又终年不熄；用雅安荥经县的沙罐，取山涧清水，再加上沾有仙气的滋补佳品——白果、仔鸡入罐掺满水，煨上一夜，保持原汁，煨至中途丢几片涪陵榨菜提味。这道菜不放盐却略有咸味，凡是到青城山旅游的食客都要去品尝。我吃过以后发现，这道菜的生命力，在于保持了食物原料的本色、本味，清淡新鲜，白中透黄，清香扑鼻，体现了"大味必淡"的精髓。当地道人也告诉我，这道菜是道家自然平淡思想的最好体现。

前总理温家宝有个健康饮食十二字诀："清清淡淡，汤汤水水，热热乎乎。""淡"表现在烹饪中，不仅要求菜品形式简约，而且口味单纯，虽"淡"却余味无穷。

做餐饮的都知道，味浓的菜比较好做，但把清淡菜做精彩，在平淡中显出神奇，才是厨师"点石成金"的真本事。

多年来，我们受消费者欢迎的菜品，并不是因为口味重，恰恰是因为口味比较清淡，而且在清淡中能保持食材的原汁原味，绝不乱用调料来破坏本味。在十多年前餐饮业流行重口味的风潮里，我们坚持了自己的风格，至今都没有变。我一直强调"清淡也是冲击力",鼓励厨师致力于研发清淡菜肴,严格控制调料的分量,不盲目追求重口味、强刺激。我们还特别注意菜品口味的层次和风格,把每一种味型都做到极致,辣就是辣,淡就是淡,个性鲜明,印象深刻,这样才能突出产品的特点,产生冲击力。

我们一直都很重视饮食养生。例如,我们从《本草纲目拾遗》中得知,海参具有补虚润燥、活血通络之功,其主要成分海参素和黏多糖有抗凝血、抗衰老、抗辐射、抗肿瘤四大作用,"其性温补,足敌人参",于是开发了以砂锅野菜海参、青椒辽参、香拌海参、米凉粉烧海参、干烧海参等为代表的海参系列产品。以砂锅野菜海参为例,是将海参、面疙瘩、野菜、小米混在一起,放入砂锅中精心煨炖而成。这种粗粮细做、海参新作的创意,突出了绿色与营养健康的生活理念。

生态原料是至品

作为美食的提供者，我们应该特别重视老祖宗留下的这份遗产，在生活富裕了以后，更应该提倡养生饮食。

一个有趣的现象：以前我们周围的胖子非常少，是"珍稀动物"，让人羡慕。现在就不一样了，你走在大街上，短发圆头、两腮多肉、肚大如坛、腹胀如鼓、气喘吁吁的胖子，迎面而来比比皆是，一个个长得无愧于"改革开放"。以前的胖子大多要被人取绰号，现在不取了，胖子太多，绰号用完了。从前的人爱说心宽体胖，现在不这么说了。分析胖子的成因，四川人说是"不忌嘴"，这有几分道理，但以前的人更不忌嘴，见啥吃啥，却还是难得长胖。看来，归根到底还是饮食结构发生了变化。

以前都说中国人是"草食动物"，以素食为主；西方人是"肉食动物"，以肉食为主。而现在局面翻转来了，草食动物喜爱吃肉，追求西方的饮食习惯；而肉食动物却纷纷转而"吃草"，开展了轰轰烈烈的素食运动。肉食动物多吃素食，应该问题不大，但草食动多吃肉食，却有问题。草食动物和肉食动物的消化系统是有区别的，这是一种先天性的区别，不是人为可以改变的。

中国人自称炎黄子孙，炎帝神农是我们的农业始祖，"神农尝百草"以及"药食同源"的饮食理念，创造了"食草"的饮食文化。作为美食的提供者，我们应该特别重视老祖宗留下的这份遗产，在生活富裕了以后，更应该提倡养生饮食。

注重养生之道，是我们创业之初就确立了的方针。被业界誉为"汤的革命"的瓦缸煨汤系列，如紫菜排骨汤、酸萝卜老鸭汤等，到现在还深入人心。以后我们开发的清汤系列，品质感更强，如蓉和全家福，用十多种富含微量元素的菌类，以及多种天然珍贵的原料制作，不仅鲜香味醇，汤鲜味美，且更具延年养生的功效。

在一品店组建初期，我们先后到了山东、上海、广州、湖南等地，以及重庆和涪陵一带的边远城镇山区发掘没有污染的民间食材。为了开发青椒系列，从成都龙潭寺的二荆条，到四川周边的青椒，再到湖南猛烈的大海椒等，不断选取，经过无数次实验比较，最终在边远山区寻找到一种特殊的青椒，辣味浑厚自然、清香怡人，却不苦不涩，而且无污染。我们用天然的植物油，辅以芹菜、香菜、洋葱等多种蔬菜，用传统方法炼油提辣，芳香厚重，辣而不燥，和小米辣、红油辣形成鲜明的对比。

厨房自发的豆芽也深受顾客喜爱。为了保证黄豆的质量，2011年9月黄豆上市季节，刘永东让他父亲在眉山老家收购了1000公斤新鲜黄豆，以便保证全年的豆芽品质一致。以前各店买的黄豆来路比较乱，大小也不同，很难保证豆芽品质。知道这件事以后，我叫另外几个店的厨师长效仿沙河店的做法，发动厨师到农村家乡收购黄豆。大家立即行动，有的厨师还亲自跑回老家安排采购。制作上也力求严格，嫩芽长到2~5厘米即入馔，洗净后直接下锅，鲜嫩无比，香味、口感、营养都处于最佳状态，上市以后颇受欢迎，每天供不应求，成为自然、生态食品的代表作。

隆昌做豆腐的曾师傅，祖传有一百多年历史，王正东厨师长去那里学了三天。每天早上七点开始，从泡黄豆到磨浆、滤渣、点卤，一直忙到晚上。豆子泡几个小时，用什么纱布滤浆，熬浆的温度如何控制？包括点豆腐使用的石膏，每个环节都有讲究。井水、自来水、田水的水性不一样，石膏用量也就不同。曾师傅的豆腐口感扎实，豆香味很浓。现在一品店采用这个传统工艺点豆腐、豆花，天赋的自然之味和烹饪的美味相结合，成为畅销美食。

2011年8月，红辣椒上市，我们在菜市场看到小贩加工豆瓣酱，把红辣椒放在一个大木桶里，手握长木锤不断地捣辣椒，这种现做现卖的方式和超市里的豆瓣酱完全是两回事，让人放心，不少人站队等着加工。我们发现后，立即安排各店采购红辣椒，采取手工制作，口味和质量都在自己的直接掌控下，能确保食品安全。

在郫县安德镇有我们的原材料基地，每年生产大量泡海椒。每逢新椒上市，基地即派人到贵州收购辣椒，还就近在郫县蔬菜产地收购莲花白，自晒盐菜，封坛存放，使用时打开，黄澄澄的，香味扑鼻。每年11月到次年腊月，基地都要请当地村民加工腊肉、香肠、酱肉和板鸭等腌制品，既保持了本乡本土的民间风味，又避免了化学添加剂。

很多消费者把绿色生态食品作为饮食首选，最普通的野菜都成为时尚食物，如马齿苋、灰灰菜、艾蒿、茼蒿等，这类生态菜品一经推出就受到顾客的欢迎。用时令蔬菜做的青菜钵，主料就是青菜，清清爽爽，漂漂亮亮，至今仍是大多数顾客必点的菜。

我们很早就拒绝工业色素，坚持用天然植物提取色素米改善食物的外观。比如用柠檬汁调酸味；橙红透明的酱猪手，这一颜色取自天然红曲米；用菠菜、韭菜取汁制作的面条、叶儿粑和其他小吃也长期受到消费者欢迎。

泡菜是菜，也是调味品

小时候猜过一个谜语："窑场坝的矮子，戴着博士帽子；它拿我银子，我挖他肚子。"谜底是泡菜坛。在四川居家过日子，家家都有几个坛子，或装酱，或装咸菜，更多的则是用来泡菜。缺了泡菜坛子，就缺了家的感觉。泡红辣椒、嫩姜、大蒜多用作做菜的调料，是调料菜；泡青菜、萝卜、葱头一般做下饭菜。有的下饭菜不宜泡久了，像萝卜皮、萝卜颗颗、莴笋条条，只需赶急泡一下，图个生脆赶口，腌一夜即可，叫"滚水泡菜"或"洗澡泡菜"。

泡菜制作简单，取食方便，不限时令，开胃提神，醒酒去腻，甜鲜麻辣，口味丰富。很多省都有泡菜，但四川泡菜的名气最大。据统计，四川一年之中有200多种蔬菜上市，可以做泡菜的有四五十种。春天的藠头、大蒜、生姜、青菜、蒜薹；夏季的豇豆、四季豆、刀豆、南瓜、冬瓜；秋天的芋头、萝卜、莴笋、辣椒；冬季的羊角菜、儿菜、菜头、白菜等，都是泡菜的"基本队伍"。现在，四川泡菜也"与时俱进"，植物的果实、根茎，甚至山珍、肉类也成为泡菜原料，还出现了花生、核桃、竹笋、木耳、山药、猪耳、猪蹄、鸡爪等泡菜新星。

四川人对泡菜的感情非常深厚。以往的川南、川北民间，每有女儿出嫁，父母总要置办新坛大瓮，披红挂绿，作为陪嫁之物，寓意一对新人安居乐业、衣食无忧。抗战时，逃难的人们可以丢下其他家什，但那坛老泡菜水是万万不可扔掉的。张大千先生无论定居台湾还是移居海外，泡菜坛子都是居家之宝。在北京饭店工作

有人称泡菜是「川菜之骨」，这是有道理的。实际上，川菜的很多重要味型都离不开泡菜，由于与川菜血脉相连，我们在追求川味时几乎到了苛刻的地步，而泡菜大大拓展了我们研发菜品的思路。

多年的一位厨师说,有位川籍中央首长每次到饭店来,都要点一份"泡青菜炒肉丝",他对这道菜的偏爱,超过了国宴上任何一道佳肴。困难年代,用泡菜水拌凉粉、渍胡豆、煮锅摊、煮面条,美滋滋的味道比今天的臊子面还好。

泡菜还是治病的偏方。民间有一个治"寒包火"的方法,把泡了一年的老萝卜火烤后热敷痛处,肿痛就会减轻。夏天,农民打谷子容易中暑,用泡菜水兑井水喝,特别解暑。

在四川,不管什么档次的餐厅,不论何种级别的宴席,不管哪个阶层的嘉宾,餐桌上必定少不了泡菜,或做开胃菜,或做下饭菜。很多小饭馆,即使客人只点两三道菜,也必得送一小碟泡菜。泡仔姜更是四川一绝,如果你去峨眉山,会看到路边有很多小餐馆,主打菜几乎都是当地的清水鱼,随桌上来的必然有一小碟泡仔姜,脆嫩鲜香,辣中带甜,一吃难忘。到面馆吃面,殷勤的小老板也会端出一碟泡菜作为见面礼。如果一家餐厅没有泡菜,那就不像餐厅了,客人会说:"咋的,连个泡菜都舍不得拿出来哟?"

四川的餐馆,泡菜都是免费供应。近几年,有点档次的川菜馆把泡菜印在菜谱上,明码实价出售,让我们有点不习惯。但回过头一想,也对,外省朋友都觉得四川泡菜是正儿八经的菜,我们何必淡看了它?

泡菜菌属于厌氧菌,坛口一定要密封,原料要吹干,不能带入生水,更不能沾油腥。泡菜在发酵过程中产生乳酸菌,发酵后产生酸味。过去住平房小屋,家家户户的泡菜坛都要沾地气,讲究一点的还要把坛子埋半截在土里,或干脆放在洞穴里。这样做更利于坛内厌气菌的生长,遏制有害物质亚硝酸盐的形成,使泡菜色泽鲜亮,特别酸甜香脆。

很多外省人都说四川"养女不养男",意思是气候潮湿,太阳晒得少,男人个子长不高,但女人却天天使用免费护肤品,皮肤特别白净。我想,泡菜也具有这个特性。老辈人说泡菜是很柔和很灵性的东西,得天地之精华。所以说,泡菜不仅仅扮演"开胃菜、下饭菜"的小角色,它还有更多其他功能。

实际上,泡菜早就广泛作为烹饪菜肴的辅料、调料。川厨喜欢用泡姜、泡辣椒去腥,更用泡菜制作菜肴,如泡豇豆炒肉、泡青菜渍胡豆等。酸菜鱼更是四川的一道名菜，汤汁酸辣，鱼肉鲜嫩，人见人爱。川菜在全国攻城略地，这道菜总要充当打头阵的角色，几乎是所向披靡，每战必胜，连最挑剔的美食家也口服心服。盛夏，用坛里的老泡酸萝卜炖鸭子，味鲜汤美，提神消暑，舒坦之极，无不叫好。

有人称泡菜是"川菜之骨"，这是有道理的。实际上，川菜的很多重要味型都离不开泡菜，如鱼香味型、酸辣味型、家常味型、豆瓣味型、咸鲜味型等。同为咸鲜型的木耳肉片或莴笋肉片，加不加泡椒就很讲究。不加泡椒便是纯粹的清淡咸鲜，适合口味偏淡的人；如加泡椒（有时候还加几片泡姜），味道就厚，泡菜味渗透到里面去了，口味重的人觉得巴适。熬汤也是如此，丢几片老泡菜进去，汤的浓郁程度与口感层次立马发生变化，可以说立竿见影。

川菜的最大优势是具备丰富的复合味，而复合味与泡菜密不可分。不同的蔬菜泡在一个坛子里，口味彼此相融，自成体系，那可不是工业化生产所能做到的。用于烹调时，多种复合味彼此渗透，形成一种非常微妙、难以言说的新口味，有些口味甚至达到不可复制的地步。所以说，川菜的很多口味只可意会，不可言传。

制卤方式的不同也能说明问题。过去，川菜的卤水主要采用茴香、山奈、八角、桂皮等，我们改用泡红辣椒、泡野山椒、泡生姜，更突出酸辣开胃的特色，与传统咸鲜五香截然不同，也有别于常见的粤式制卤。大蓉和各店热卖的鹅头、凤爪、木耳等凉菜，或酸汤肥牛、酸汤鱼片这类汤汁菜，都是"泡菜制卤"工艺推广后的结果。

由于与川菜血脉相连，我们在追求川味时几乎到了苛刻的地步，而泡菜大大拓展了我们研发菜品的思路。王明曾在达州店工作，任上座店厨师长后，绞尽脑汁寻求突破。他回忆起在达州时，有一次到老乡家吃饭，发现他们的泡菜水历经几十年，香醇浓厚。他派人去达州找到那家人，如愿以偿讨回10多公斤泡菜水。这坛来自500公里外的泡菜水果然身手不凡，在店里屡建奇功。他们推向市场的老坛卤品、生态竹笋、中华胭脂鱼等泡菜系列菜，都是用这些泡菜水做出来的，使见惯不惊的客人们惊喜不已。城北店厨师长范小华在青城山道家餐厅干过一段时间，熟悉"青城四绝"之一青城泡菜的制作工艺。2011年，他用仿制青城泡菜烹调藿香耗儿鱼，成为新的热卖点。做藿香耗儿鱼的泡菜讲究吸天地灵气，所以他们将这道菜取名为"长寿耗儿鱼"。

餐饮业卖的是两种产品：菜品和服务。服务也是产品，也是生产力，这个概念很重要。

服 务

开餐馆的滋味 **2**

- 没有产品无法活，没有服务活不好
- 服务也要「傍大树」
- 送客比迎客更重要
- 要重视软硬件的结合部
- 让服务员拿大学生工资
- 既要「管」，也要「理」
- 面子第一，道理第二
- 中国味、人情味、女人味
- 不缺酒，缺喝酒的理由
- 漂亮的女人是资源

没有产品无法活，没有服务活不好

在产品同质化的大趋势下，谁的服务好、亲和力强，谁就多卖钱。开餐厅要产品好、服务好才能赚钱，大家也这么做，但要做出自己的特点就不容易了。

产品和服务，就像一双筷子，缺一不可。对餐饮业来讲，这两者都要抓，两手都要硬。

长期以来，我们经营大众化餐饮，靠菜品打天下，也靠菜品坐天下，虽然也重视服务，但精力和资金主要还是放在菜品上。那时，菜品一旦出了问题，企业就要遭灭顶之灾，而服务不到位还不至于动摇根基。过去客人来餐厅主要是吃饭，对服务的要求并不苛刻，容忍度也要高一些，而且生意越好投诉还越少，不是工作做好了，而是客人看到繁忙的状态，理解我们的难处。1999年从羊西店开始，以口味菜、特色菜、低价位赢得了顾客和市场，1000平方米的店堂，每天要接待七八百人，排班站队，喊号就餐。在这种状态下，服务工作只能做到"有人喊有人到"，上菜快一点、买单快一点就阿弥陀佛。特别在翻台高峰，客人能找到位置就很满意，哪有心思去计较其他。

产品摆在第一位，厨师也就理所当然摆在第一位。创业时一个月的工资分三次发，优先发给厨师。2002年生意起来后，股东还没分到钱，公司先给一些大厨按揭购买住房。粤菜师傅月薪一万八，我们眼睛都不眨就同意了。大蓉和前10年，厨师都有住房津贴，而前厅的管理人员却没有。虽然我们提出了"后厨做产品，前厅做营销"的理念，但对服务的重视还停留在表面上。在创业初期，这样做是说得过去的，但长期下去就有问题。一条腿走路，就成了跛子，必须两只脚触地，才甩得开步子，走得快，走得稳。

事实也给了我们教训。成都有一家著名酒楼，市场定位、菜品质量、企业规模、硬件设施都和我们差不多，生意也不相上下，但有一年他们的营业额升幅超过我们很多。去学习经验，才知道他们的服务做得比我们好。熟客也坦诚相告，"别人的亲和力比你们强"。在产品同质化的大趋势下，谁的服务好、亲和力强，谁就多卖钱。这样，我们提出"没有产品无法活，没有服务活不好"的新理念。

服务也是产品，也是生产力，这个概念很重要。有很多生意，是服务工作创造的，而不是产品好就能代替的。餐饮业是一边倒的买方市场，客人的选择很多，忠诚度却很低，这就决定了我们必须用细微的服务来争取人心。大众化餐馆的服务虽然不决定企业的死活，但做不好服务，毕竟影响经营业绩；如果服务工作出现大的质量问题，也会危及企业的声誉。

沙河店大堂经理李艳，有一次见到两位来订宴席的女士在摆谈，说她们要订的时间已被别人先订了，想到其他餐厅看看。李艳一听她们是雅安口音，忙上去套近乎，人家话一多，人也亲近了。李艳陪她们到营销部，耐心向她们推荐其他时间，这两位客人本来就对沙河店印象不错，加上李艳的热情和细心安排，当即交了订金，还把40桌宴席的菜都点了。

有一次，有人到紫荆店预订寿宴，规模不大，但有20多个老人腿脚不利索，当知道我们这里没有电梯时，就准备离开，被我们的迎宾挽留下来。管理人员告诉他们，我们可以安排保安用扶椅把行动不便的客人抬上二楼。客人见我们很有诚意，就把宴席定了下来。

城北店有一个客人坚持要点洋葱回锅肉，不吃服务员介绍的盐菜回锅肉。前厅给厨房打电话，范师同意做，但说洋葱要现找，请客人稍等一下。客人十分高兴，说："你们这里不像其他的店，可以吃到客人想吃但餐厅没有卖的菜。"餐后，他买了一张万元消费卡，成了VIP客户。

一位老爷子在城北店举办寿宴时，服务员专门为他做了周密安排，老爷子非常高兴，说："我就喜欢你们这里，明年的生日宴还定在这儿。"当即留下1000元订金，整整提前一年预订了第二年的寿宴。

谁都知道，开餐厅要产品好、服务好才能赚钱，大家也这么做，但要做出自己的特点就不容易了。人不仅有物质需要，也有精神需求，具体内容因人而异。这就要求服务更加人性化，满足不同客人的要求。一品店王正金总经理说，餐饮市场越往后走，菜品好、环境好、服务好，基本都能做到，但餐厅的内涵和细节却不是都能做好的。要满足客人的特殊需求，必须要有内涵，要有细节上的差别。为此，一品店提出了餐厅"定制服务"的理念。定制服务不光针对高端，也针对大众。

过去的做法是，你要定1500元的餐标，最多给你介绍婚庆公司和酒水，而大部分客人会觉得太贵，不会要。现在的做法是，客人只要把婚纱礼服准备好，直接过来就行，其余的事都由我们准备，瓜果、糖、酒水全按你的要求制订方案，你觉得行，我们就照办；不行，再做调整，直到你满意为止。

一品店还专门制作了《顾客消费记录卡》，把就餐主人和主要来宾的名字都登记好，服务员一看就能进去直接打招呼。有个客人长期在这里消费，以前是来了才点菜，现在我们告诉他，菜和服务员都安排好了。他每次来发现都是同一个人为他服务，熟悉他的消费习惯和喜好。他喜欢吃蛇，我们为他准备了一份，告诉他是特意为他留着的。他不相信，吃完后让我们加一份，我们说确实没有了。他说："其实我是在考验你们，如果你们说还有，那就是哄我。"

还有一次，一个客人给我们订餐部打电话，指定服务员为他服务，但这个服务员恰巧休息，店上马上通知这个服务员赶回来。当她如期赶到时，客人特别高兴。

服务也要『傍大树』

不同企业有不同的文化、不同的基因，文化融合相当于基因组合，有时彼此相容，有时却相互排斥。所以从『名门望族』请能人的办法，是一把双刃剑，可能干得更好，也可能干得更差。

要做好服务，就要学会"傍大树"。"傍大树"就是借力，从成熟的大公司那里借用力量和经验，进而建立某种合作关系。国外很多企业巨头，在发展之初都是利用"傍大树"脱颖而出，最终使自己也成为巨无霸。例如微软，当初是一家名不见经传的小公司，偶尔抓住了和世界巨头IBM的合作机会，使自己迅速崛起。麦当劳、肯德基也一样，在美国千百家快餐公司中，他们走了一条捷径，和沃尔玛、迪斯尼建立战略合作关系，伴随这些巨头一起发展成长。单打独斗、稳打稳扎固然可以取得发展，但真要上台阶，还得有四两拨千斤的太极功夫。

社会餐饮与大型星级酒店是两个体系，但在餐饮这一块有交叉，各有各的优势。星级酒店一直都是正规部队，有很多还是王牌军，装备精良，管理严谨，人员素质高，高端接待多，有一套成熟的服务经验，五星级酒店提供的就是五星级服务；而社会餐馆在十多年前都还是散兵游勇，至多也就是游击队、县大队，总之是杂牌军，装备、素质和实力都不能和大酒店比。20世纪80年代初，一位粤菜专家考察社会餐饮后说"川菜没有前厅"，道出了当时的服务水平。但社会餐饮也有自己的优势，比大型酒店更灵活，适应能力更强，管理成本更低；近十多年来成长非常快，规模越来越大，品质越来越高，有点正规部队的"打头"了。从未来趋势来讲，大型酒店和社会餐饮业完全可以取长补短，共谋发展。

《开餐馆的滋味1》出版以后，四川科学技术出版社的责任编辑程蓉伟告诉我，四川锦江宾馆的武总很喜欢这本书，希望能认识一下。我也很钦慕锦江宾馆的服务水平，就和武总联系上了。当时我们正在筹备上座店，缺的正是高端餐饮的经验。我把武总请到上座店，他的工作经验和管理理念让大家受益匪浅。这一次偶然的交流，使我发现了"借力"的好处。这以后，我们又请了一位香港的服务大师做咨询，学习服务细节，还请职业技术学校的老师做培训，提高服务技能。

目前，社会餐饮"傍大树"还没有发展到战略合作的层面，通常做法是利用大型企业的人力资源优势，迅速充实自己的力量，提高服务水平。这种借力的方式，最直接的手段就是"挖人"。"挖人"算不上不正当竞争，社会餐饮之间也经常互相挖人。有些公司不择手段，不太光明正大，但整体来说还是愿打愿挨、自由恋爱，不搞"捆绑夫妻"。优秀人才的流动，使人力资源成为一湾活水，把合适的人筛选到合适的地方，促进了酒店、餐饮业的交流，对提高社会餐饮的服务水平有立竿见影的效果。

现在餐饮业服务员难招，有经验的熟手紧缺，从名店出来的领班或部长之类的管理干部，更是餐馆争夺的对象，哪怕工资高一点，也很抢手。大型社会餐饮看重的是出身名门、血统高贵、整套经验拿出来就能用。如部长、主任、大堂经理等管理干部都是职业人，社会餐饮都非常在乎她们以前的工作经历，出自名店就像身揣名牌大学的毕业证书，一路开绿灯。为了尽快走上正轨，一些社会餐馆甚至不考虑你在名店干了多长时间，能力如何。即使是过来当服务员，工资也比一般人多几百，稍微灵光一点的立即受到重用，升官晋级。成都的银杏酒楼、锦江宾馆以及一些五星级宾馆，服务水平确实高一截，一说到服务就拿他们做标准，从这些名店出来的管理干部，都是物以稀为贵，比博士、硕士都抢手。

有一次，我和一个开酒店的朋友到一家大宾馆吃饭，朋友看见服务员长得比较"伸展"（漂亮），就把名片递过去开始勾兑。过了几天，这名服务员跳槽当了他的大堂经理，一去就连升三级。不管手下的人服不服气，反正她是"清华"毕业的，你只能服她管。

为了提高服务水平，我们也会"傍大树"。成都几家店的大堂经理绝大多数出自名门，有的过去还是师姐妹。她们到企业以后，也不会让她一步到位，一般都要经过三五年的磨炼，逐渐变成了自己培养的人，才走上领导岗位。

我们企业称不上名门，只能说小有名气，但也被一些企业视为"大树"。树大招风，总有一些企业和猎头围着我们打转，千方百计挖人。我们的菜品研发做得比较有特点，被请出去的厨师就比较多。2010年11月，我到长沙参加"天下湘菜回娘家"活动，在签名售书时遇到来自包头、康定、山东的几位厨师长，他们都说自己原来是大蓉和的人。企业人才辈出，厨师受到同行器重，自然是好事，我觉得很欣慰，并不因为其他企业挖人而有什么不快。实际上，他们把大蓉和的作风、理念带给同行，还增加了我们企业的影响力。

我们的服务谈不上高水平，但由于生意好，服务人员也经常被其他企业挖走。有一次我在一家大型餐厅吃饭，发现大堂经理原来是我们羊西店的服务员。我们在青城山豪生宾馆开培训会，营销部经理是双楠店白雪的老部下。紫荆店一位迎宾小姐被别家企业看中，一转身就当上了大堂经理。墙内开花墙外香，这种事我们也习以为常了。

像这样"傍大树"，算不算唯"出身论"？是不是"只看学历不看能力"？不能这样看。经过大型企业训练的人，工作经验很丰富，敬业精神也很强，很珍惜这份工作，和学校里培养的从书本到书本的学生是不一样的。但也不能否认，移花接木确实会带来水土不服。外聘的能人到一个新企业以后，面对的第一个问题是能不能和新企业的文化相融合。不同企业有不同的文化、不同的基因，文化融合相当于基因组合，有时彼此相容，有时却相互排斥。所以从"名门望族"请能人的办法，是一把双刃剑，可能干得更好，也可能干得更差。这都不是依靠技术、技巧和思想沟通能解决的。我们曾外聘过一个管理干部，出自名门，业绩赫赫有名，到我们企业后还完全按过去她熟悉的那一套打法做，效果很不好。原因就在于我们是大众化社会餐饮，提倡"把人气做高，把单子做小"，和她原来所在的高档酒楼完全不同。遇到这种情况，双方都进退两难，有些尴尬。好在，这种副作用是次要的。

借力是一种途径，但不是根本，人才是要请的，但请来以后，企业要从实际出发完成再造过程。这才是使用人才的关键。

送客比迎客更重要

李树人先生是四川美食家协会会长，他给我摆过一个龙门阵：以前有位开餐馆的老板，迎客时很会说话，看见客人坐轿来，就说："气派、气派！"看见客人骑马来，就说："威风、威风！"看见客人走路来，就说："潇洒、潇洒！"有人觉得这老板太会说了，想为难他，于是说："我是爬着来的。"没想到老板接话便说："稳当！稳当！"

做服务，天天迎来送往，脑瓜子要灵，嘴巴子要甜，整天高高兴兴送温暖，就像阿庆嫂唱的："来的都是客，全凭嘴一张，相逢开口笑，过后不思量。"但在实际中，我们在"迎来"和"送往"时，多少都有一些缺失。

我问过上座店的管理干部："你们从大众餐饮转过来做高档餐馆，带的是原来的团队，是不是觉得差距很大？"邓经理说："从技术层面讲差距不大，摆台、叠花、点菜、斟酒、买单这些技能，领班就能培训，但服务意识的培训还是有差距。比如，过去我们迎宾接客，五六个人在门口一起喊'欢迎光临'，现在不一样，一个人喊，其余的人微笑点头，最多说个'您好'。为什么要改？因为高端消费的客人都比较有素质，你问他好，他会回应你，这么多人向他问好，他一个个都要回应，这不是添烦么？"

都说"礼多人不怪，油多不坏菜"，其实礼数太多也让人难受，油多了也会坏菜。以前我们陪客人去KTV唱

迎来送往是一种日常礼仪。虽然作为商业行为，送客不会产生"桃花池水深千尺，不及汪伦送我情"那样的诗意情怀，但总能让客人感受到尊严和亲情。这种感受，可能比一道美味的菜肴更值得回味。

歌，二十多个迎宾夹道欢迎，扯起嗓子喊"欢迎光临！"，让人很不自在，浑身鸡皮疙瘩，恨不得赶紧从人巷中跑过去。这种热闹气氛，很像是"文革"中欢迎外国贵宾，从机场一直到长安街，满街都敲锣打鼓、载歌载舞，机械地摇着花束，喊着"欢迎欢迎，热烈欢迎"。其实大多数贵宾根本听不懂你喊的是啥子。这种劳民伤财的形式主义早就被历史淘汰，现在再看那时的电影都觉得滑稽，何必再去重演呢？热情过了头会显得虚假，廉价的热情像挥之不去的苍蝇，围着人嗡嗡飞，几乎成了"纠缠"，让客人手足无措，无所适从，这叫做物极必反。

成都卧龙桥一带有一个繁华的农贸市场，周围几条街小餐馆一家挨一家，从川菜到各地名小吃都有，店招五花八门，像"家常小炒"、"军军烧菜馆"、"马哥羊肉汤"、"白家肥肠"，非常醒目。不少餐馆把桌椅摆到街沿上，折叠桌、塑料板凳架起就卖钱。每到饭点，各家各店都在门口拉客，看见有人路过，就喊："美女，来根优秀的前蹄哇！""美女，来碗肥肠粉加节子！""里面有位置！"笑容满面，话说得巴适，让一些犹豫不决的客人半推半就进去了。流动人口多，小餐馆拉一个算一个，是不是熟客不重要，喊亲热点就熟了。早些年间，成都人爱说："赚钱不赚钱，摊摊儿要扯圆。"这样的市井风情图，透露出浓厚的巴蜀气息和亲和力，倒也不让人反感。

但大型餐厅不同，讲究的是品位、格调和尊贵，迎客、送客这些细节都要包含在营销策略当中，不可能站到大街上去吆喝、拉客。

作为高档酒楼，上座店不使用"苍蝇馆子"的办法，也区别于一般消费场所的"热情过剩"，秉持的是"热情而不过分，周到而不繁琐"的原则。

和其他酒楼一样，我们的迎宾、营销部都选派相貌靓丽、身材高挑的女孩担任，连怎么说话都要培训，对贵客更不能怠慢。休息区还免费提供瓜子、糖果、饮料。客人一上桌，营销员、服务员、领班都来招呼，上茶倒水，递上热毛巾，拿起本本点菜，弄得热热闹闹，拿捏得很到位，客人感到很巴适。

然而，客人就餐后起身离开时，来时的热闹烟消云散，场面迅速降温，走到大门口也只有迎宾员说一声"慢走"或"欢迎下次光临"，多少有点"人一走茶就凉"的味道。

　　这种现象在超市经常见到。一家大型超市有六层楼，上下都有电梯，但只有上去的电梯开着，下去的电梯却停了。上去的客人是要买东西的，商店欢迎你；下去的客人是买完了东西的，让你辛苦点，走着离开。其实买了东西的顾客，大包小包拎着，更需要电梯。这种只迎不送的做法，让客人心里很不痛快。

　　我们和四川锦江宾馆的武总座谈时，他把"送客比迎客更重要"的道理讲得非常透彻。很多餐馆在迎客时把客人当财神看待，服务热情周到；客人买完单走人时，买卖关系已经结束，客人自己也觉得该从上帝变为凡人了。但这种做法功利性太强，客人会觉得，你当初对我热情，其实是对我的荷包热情，笑脸下面隐藏着虚情假意；如果你做得太过分，迎客和送客，冰火两重天，客人甚至会有一种受愚弄的感觉，以后可能再不光临。我们体会到，一个客人愿不愿意再来酒店消费，有时也决定于送客时的感受。

　　认识到这一点以后，上座店重视了送客服务。服务员帮客人买单后，协助客人清理随身所带物件，一直送到门厅前，还要征询客人的意见，和客人唠家常。门厅的迎宾小姐接着把客人送下长阶梯，如果下雨或出大太阳，还要为客人撑伞，送客人上车。整个服务程序富有延续性，极大地满足了他们的尊贵感，回头率大大提高。

　　有一次，一位客人宴请一位重要的人物，十几个人喝了不少酒。买单之后，请客的主人家喝高了，居然忘记了贵客的名字，而第二天又要去找他办事。正当苦恼之际，送客的服务员说出了贵宾的名字，让他大感意外。其实这就是服务员的本事，她们能随时随地了解顾客，在察言观色中记住客人的身份、性格、喜好，当然还有他的姓名。贵客下次再来时，服务员都能叫出他的尊称，他会不高兴吗？

　　有客人反映，上座酒楼虽然高档，但大厅在二楼，豪包在三楼，门口还有31级台阶，却没有电梯，实在不很方便。我们也知道这是先天不足，但这种气派的豪华长梯，在成都并不多见，也算一道靓丽的景观。为了将不利变为有利，营销人员利用这一段路程陪送客人，尽可能让客人感到轻松、愉快，不知不觉就走了下来，抱怨也少了。有位客人说，以前走这一段路程总觉得乏味，现在觉得梯子越来越短，"饭后百步走"，还愿意多走几步，有利身体健康；假若和美女摆投机了，梯子再长也没意见。

客人很喜欢吃我们放在包间里的花生糖，有人临走还要带上几颗。其实这只是普通的糖果，老板们平时吃高档的东西多，对这种小零食不在意，偶尔吃到了便觉得很可口。后来我们专门准备了一些打好包的糖放在收银台，客人可以随意拿走。这也算是我们一种独特的送客礼仪。虽然简单，但无言胜有言，让客人在轻松随意中感受到诚意。

送客之道，应该"在商而不言商"，拿出真情实意，不但让客人高高兴兴走，更重要的是不让客人留下任何遗憾。如果因为偶发原因留下了遗憾，即使你客客气气把客人都送上了车，挥着手目送客人离开，也不算完成任务，更不能像阿庆嫂说的那样"过后不思量"。

有一次客人就餐时，空调突然跳闸，不能制冷，让客人非常不爽，事后我们专门打电话向客人道歉，实实在在地"服务到家"，消除了客人的怒气和暑气。

有一家大公司的办事人员来预订一号豪包，不巧这个豪包已经被别人预订了。他们请的客人级别较高，我们另外给他调了一个大包间，重新做了布置，但用完餐后，老板还是对没能在一号包间接待客人感到遗憾。为此，我们专门派一位部长到客户的公司向老板解释办事员是尽了心的，问题出在我们酒楼。这位办事员非常感动，以后把很多招待都安排到我们这里。

迎来送往是一种日常礼仪。虽然作为商业行为，送客不会产生"桃花池水深千尺，不及汪伦送我情"那样的诗意情怀，但总能让客人感受到尊严和亲情。这种感受，可能比一道美味的菜肴更值得回味。

日本人特别讲究礼貌，他们一直认为送客和迎客都是必要的礼仪，尽心尽意的送客，是为客人服务的完美终结。如何将客人送出店门和电梯口，如何将客人送到车前，都有很具体的规则。在职场礼仪培训中，送客也是必不可缺的一环。这很值得我们借鉴。

要重视软硬件的结合部

餐饮盈利靠的是"三分硬件，七分软件"。所谓硬件，主要是指环境和设备。餐饮业的硬件在近10年提高非常快，大型酒楼一家比一家奢华，像军备竞赛一样，谁也不想被动挨打。每平米装修造价6000元也不是新鲜事，有的人还从国外请来设计师，采用国际流行的理念，精美豪华的程度已不亚于国外豪华酒店。旅美画家李自健先生到上座店用餐后，也说中国的高端餐厅比国外的还好。2011年，我们受瑞士维吉斯超五星级酒店的邀请，去瑞士进行中西饮食文化交流。这家国际上颇有名气的花园酒店，硬件不比国内五星级酒店强多少，餐厅的豪华程度也比不过我们的上座店。

我们建高端店时提高了装修标准，硬件虽然上去了，但软件不是花钱就能马上解决的。如果大众化是吃口味、吃价格，那么高端酒楼首先是吃服务、吃品位。高档的就餐环境，服务员都晓得把自己打扮得漂亮点。一般餐厅服务员穿平底鞋，上座店的服务员都穿高跟鞋，上工前自觉到镜子前去照一照。在大蓉和其他店经常有客人大声武气地说话，啃过的酱猪手骨头丢在桌面或掉在地上，而上座店不会看到这种情况。

企业的发展依赖于员工素质的提高和能力的增长，换句话说，餐饮主要还是靠软件挣钱，软实力里有硬道理。素质这东西是深入骨髓的，不是一朝一夕可以提升

硬件和软件固然是竞争的主要武器，但现在聪明人很多，你能做到的他也能做到。如果硬件和软件都差不多，那么最能凸显高低的是什么呢？我认为是在软硬件的结合点上。

起来的，也不是仅凭资金的投入就可以立马改变的。素质和好酒一样，要慢慢"窖"出来。

在瑞士维吉斯酒店交流期间，我们就深深体会到这一点。有一次早上吃自助餐，一个同事在咖啡机前倒了一杯咖啡，左右望了望就回到餐位了。没想到，一位服务员随即给他送来一个杯垫。一个不经意的眼神，服务员马上会意，知道你需要什么，这才是硬本事。他们的服务充满人性关爱，软硬件浑然一体，自然流畅，该想的都想到了，你正在想的她们也会替你想到，让人感到温馨，不着痕迹而恰到好处。

硬件和软件固然是竞争的主要武器，但现在聪明人很多，你能做到的他也能做到。如果硬件和软件都差不多，那么最能凸显高低的是什么呢？我认为是在软硬件的结合点上。例如说，我们住宾馆时，往往会发现一些莫名其妙的现象：有机顶盒的电视机，两个遥控器反而麻烦，电视节目都找不到；睡觉时找不到开关关灯，只好叫总台来人。更常见的是，衣服洗了却找不到地方挂，水龙头不知道往哪边拧才出热水。

管理中，简单的明确比繁杂的准确更重要。过去我们都认为，酒店的档次主要看卫生间。卫生间豪华清洁，档次一定高。餐饮业还流行一句话："餐馆的菜品好不好，看它的泡菜就知道。"连这些小事都能做好，其他的事情应该不在话下。不过，这里讲的软硬件的结合点，比卫生间、泡菜重要得多。

硬件与软件的结合点，相当于两个战区之间的结合部，往往是最薄弱的环节，很容易成为"三不管"地带。二战时有一句名言：战争总是从地图的接缝处爆发的。对企业来说，接缝处往往最容易忽视，经常成为盲区，潜伏的问题也最多。

举例来说，我们经常看到，餐厅的空调出风口安装不合理，风口正好对着客人的头，吹久了谁也遭不住，关了不是太冷就是太热；卫生间的洗手盆，洗完手了热水还没来；毛巾夏天冬天的温度一个样；果盘里的西瓜切得又薄又长，叉子叉起来马上要断，必须赶紧用嘴去接，弄得顾客很狼狈。这些细节往往成为服务的短板，不知不觉便形成缺陷。

餐厅装修好后，交给经营班子去管理，其中包括很多设备，如空调、电器、网络、电梯等。如果硬件有问题，特别是设计时就潜伏了缺陷，那属于先天不足，服务员是无力解决的。经营上的努力，只能暂时延缓矛盾，而不能解决根本矛盾。比如空调对着头吹，服务人员把风量开到最小也不行，只能去调整风口的扇页，如果扇页调整到死角还吹到人，那就再没办法了。有的客人受不了直吹的冷风，只好把口布搭在肩上挡风，体质较差的客人甚至头疼、肩酸。客人调侃说："到这里来吃饭，身体不好还顶不住！"餐厅装修完后，再动硬件是很麻烦的事，如果改造空调出口，要把整个吊顶拆了重来，有时受层高的限制，重新安装也没地方。有的餐厅就在空调风口下面吊一块挡板，让空调风横向分散，这种做法虽然解决问题，却像在新衣服上补了块巴，影响了装饰效果和餐厅的档次，也是没有办法的办法了。

有的硬件虽没有毛病，但操作使用保养不当也会出问题。比如，遇到临时停电，发电机很长时间整不燃，一问原因才知道，已经一年多没有停过电了，发电机也几个月没开过。按规定，发电机每周都要启动一次，专管人员没有执行规定，自然不能保证不出问题。有时遇到停电，连消防应急灯都不亮，客人怨声载道，管理人员也弄不清毛病出在哪里。有的包间，灯光一会亮一会熄，原来是服务员弄不清楚哪个开关管哪盏灯，临时胡乱按。这些看似都是小事，但这些细节的失误，往往使服务陷入被动、慌乱。

磨刀不误砍柴工。平时功课没有做好，刀都生锈了、钝了，关键时刻自然不会给你"来气"，盲区成了"忙区"，焦头烂额，不知所措。

瑞士维吉斯酒店硬件和软件齐头并进、浑然一体，值得我们学习。这家百年老店的硬件，有的已是古董了，但经过改造，把历史和现代有机结合起来，更体现出深厚的文化积淀。考虑到我们来自中国，他们特地把欢迎宴安排在由酒窖改造的包间里，原生态的石壁、圆形的拱顶、木质的酒桶展现了岁月痕迹，但灯光、空调、重金属、石材、彩色夹胶玻璃却又凸显出鲜明的时代感；空调风口用木质材料装饰，浑厚朴实，质感很强；服务员根据用餐时间和人数调节温度和通风，按气氛来转换灯光和背景音乐，让你充分感受到浓浓的氛围和人性的关怀。

　　瑞士维吉斯酒店有130多年历史，年龄是我们的10倍。历经一个多世纪的风风雨雨，仍能焕发生机，靠的是一代代员工沉淀下来的文化传统。我想，100年以后，我们还存在吗？如果还存在，能积淀些什么？能不能形成自己的文化？在未来的发展中，我们不但要注重硬件的升级换代，还是要更注重文化传统的形成。如果有了好的积累，我们能不能薪火相传？

　　这些问题似乎想得太远，但想远一点不是坏事。想得远一点，企业才有延续百年的希望。

让服务员拿大学生工资

1999年大蓉和开办时，共招了40来名服务员，月薪400元，除了3人有过餐厅从业经历，其余的一天都没做过。3个老服务员做领班，负责员工培训。试菜那天是第一次实战，她们示范铺桌布、安玻璃转盘、折口布、摆台，其他人只能围观。

这就是大蓉和最早的服务班底。

怎么做好服务，我现在才算入门。我想，提高服务水平的前提，就是要加大对服务的资金投入，同时提高对服务的要求，简单说就是"待遇给够，要求提够"。

一些老板只知道提要求，指挥别人这么做那么做，而不关心员工的收入，"既要马儿跑，又要马儿不吃草"，服务是不可能做好的。我们最实际的行动，是增加基层员工的收入。2010年初，服务员底薪是1150元，经过两次调整，2011年达到1800元，人均每月提薪650元，共2000多名员工，光人工成本一年就要增加1000多万。服务员说："以前工资不够用，现在还可以存点了。"以往我们招聘，没有挑选余地，招服务员的标准不高，只要写得起字，样子说得过去，脑壳没问题，身体健康就行；招传菜员就像抓壮丁，有人顶到就算数。提高工资待遇后，招人难的问题得到缓解，有时还可以挑选一下了。过去，班组长、厨师长、店长都不敢管得太严，一句重话都不能讲，甚至于委曲求全，怕的是员工冲气走

一个企业的竞争力是逐年形成的，优良的传统也要靠时间来积累，形成了一种模式，就形成了一种传统。人员可以流动，传统却能保持。这就是文化传承的价值。

人，陷入"炮红苔掉到灰堆里，拍也不是，吹也不是"的尴尬境地。紫荆店后厨有个小工，烟瘾特别大，抽烟休息的时间特别多，厨师长说了他几句，他满不在乎地说："这还要管？挣了几个钱嘛？"厨师长没法，只好随他。工资增加后，这名小工害怕把工作耍飞了，不用厨师长管，抽烟休息的时间明显减少。

要想提高服务质量，没有老服务员不行。近几年餐饮业的员工流失率高得惊人，走马灯一般，几个月就换一批新人，能干上一年的就是老人了。在这种现状下，餐厅每天都在招人和培训之间游走，怎么能提高服务质量？

我认为，如果服务员不拿大学生的工资，根本就别指望留住人。先要用高薪把老服务员留住，让基层员工队伍相对稳定。过去我们对服务经常提要求，但效果不明显，提高待遇后，确实发生了变化。每年的产品交流会，也要对服务进行评比检查，还要请专家点评。各地来参会的代表看到我们的服务水平有提高，问我们怎么抓的，我先问他舍不舍得出钱，出了钱就有办法。这个钱不是出到几个人身上，全员都要给，基数很大。你把钱都揣到自己包包头，捏得梆紧，让员工天天学雷锋，毫不利己专门利人，那就只有你自己亲自上阵了。多劳多得，多得多劳，这个道理大家都能接受，多做一点也没怨言。买装修、买设备不如买人心。人心即天道，天道的最高境界是人道。把钱花到员工身上，企业才会有回报。

如果大众餐饮是"口味"在先，高端餐饮就是以"服务"为主。上座店对就业人员的要求更高更严，反过来看，员工对企业的要求也水涨船高。服务员底薪是2000元，这样的工资，对一些刚毕业的大学生也有诱惑力。一位来自川大的学生说："读了十几年书，没有社会生活经验，想提高与人相处的能力。上座的档次环境都不错，客人素质也很高，虽然工作辛苦，但收获也不少，成了自食其力的劳动者，这个经历也是一种财富。"据我们了解，在美国，到肯德基、麦当劳打工的服务员，主要是中学生和大学生，虽然流动性很大，但餐饮业是年轻人走向社会的重要起点。

迎宾员小翟作为"瑞士—中国年"活动的成员到瑞士交流。她是乐山职业技术学校的毕业生。当我们再到这个学校招员工时，学校要去了小翟在瑞士的相关资料。院方表示，能在2000多员工中选中他们的学生当使者，今后招生时可做宣传。

我们还进行星级服务员的评比，每增加一颗星，月薪就加50元，评到5颗星就加250元。十几年来都这样做，无非是要树立榜样，起个带头作用。但要提高服务水平，不能光靠几个服务明星，而要靠全体员工整体素质的提高，再差的餐厅也能找出几个好的服务员来。从公司的战略出发，统筹兼顾，加大对服务的投入，招人、培训、使用等环节紧密结合，综合优势就发挥出来了，企业的效益也自然体现出来。

一个企业的竞争力是逐年形成的，优良的传统也要靠时间来积累，形成了一种模式，就形成了一种传统。人员可以流动，传统却能保持，这就是文化传承的价值。

既要「管」，也要「理」

让服务员心情愉快地工作，是管理的基本要求。要让她们把事做好，先得把她们的事做好。大家都知道「待遇留人，亲情留人」，但更重要的是站到员工的角度理解她们，「管」是一个方面，「理」才更重要。

上世纪90年代，找工作比较困难，我们开羊西店时只用一两天就把员工招齐了，有些还托关系开后门安工作，工资虽然给的不高，但尽可以挑选符合条件的。一位楼面经理说，1996年她从农村到成都某酒店应聘服务员，报名后又参加了面试，回去后在家里忐忑不安地等了几天，在田里干活都惦记着，好多次对母亲说："酒店要是把我录取就好了！"过几天酒店门口贴了红榜，她看见了自己的名字，兴奋了一夜。

从农村来到城市，当服务员是比较好的选择。一进餐厅工作，当天便解决了落脚的问题，不愁吃不愁住，甚至还发服装。地皮子踩热了，摸到火门以后，很多人更愿意往商场、服装店、美容美发店跑；有的人甚至愿意去洗脚房，图个自由自在、计件挣钱，闲暇时可以看电视、打扑克、睡觉休息，不像餐厅一天站到晚，休息时间要培训，回去晚了还有寝室长管着。

现在的服务员拿1000多元月薪，加上奖金和提成大约2000元左右，比在农田里干活划算得多。大堂经理们说，很多服务员对收入很计较，有时为多拿50元钱就可能跳槽。我们的工资每年都涨，为了留住人，还尽可能比别人多涨点。

现在的服务员大多是90后，绝大多数来自农村，虽然有些人家里条件艰苦，但父母都想方设法让子女多读点书，愿意做服务员的人越来越少。90后服务员的家庭负担比较轻，以养活自己为主，花钱没什么计划，差不多都是"月光族"。拿到工资以后，好几天里员工餐都没几个人吃，她们宁愿自己掏腰包买牛奶、面包；有的人下班后还要约到一起"打平伙"（AA制聚餐）、K歌、上网，玩得有滋有味。到月底没得几个钱了，吃员工餐的人就多起来，厨房师傅都摸到规律了。

员工餐的标准我们也逐年调高，以前比较随意，豆芽、魔芋、血旺、豆腐这类普通菜吃得多，员工的投诉也多。现在每周的菜单要事先理出来公之于众，而且全部用整料，每个店配5个专职师傅，公司还召开员工餐现场会，督促改善。

年轻人充满活力，不但要挣钱，也要身心愉快。很多人不愿意工作太累、规矩太多。一品店的工资虽然比周围的小餐馆高两三百元，光底薪就1800元，但要求较严，工作量也大，有些人还是待不下去，宁愿往小馆子跑，少挣点钱无所谓，就图个轻松自在。唐经理说，凡新招的服务员，都不敢叫他们星期六、星期天来上班，因为这两天婚寿宴多，特别忙特别累，怕把她们吓跑了。一般是安排星期一来上班，相对松活些，可以慢慢适应。每到发工资的那天，管理干部都提心吊胆，因为总有人拿到钱就辞职。最多的一次，一个店有40人辞职，多数人找到了更轻松的工作。

管理方法不当或有些事没处理好，让员工不高兴，也是走人的重要原因。白雪说："这些年轻娃娃爱耍，工作以后还怀念学生时代的生活。我们10周年大庆前排练文艺节目，那两个月员工就很稳定，想走的都没走。节目在专业舞台演出，有电视台摄制节目，摇臂摄像机像为明星服务一样，围到他们转，还刻制光碟。大家都很珍惜这些，上了镜头的都把光碟邮回家了，没上舞台的还后悔。"员工下班后，喜欢到网吧上网聊天，有的喜欢去唱歌，对工会组织的春游、篮球、乒乓球比赛很感兴趣，再忙再累也不落下。

服务工作本来就是吃青春饭，对大部分人来说是一个过渡性的工作。要想留住他们，就得想方设法满足他们的需求，实行人性化管理。开新店招员工，我们要求先把宿舍装好，把工作餐整好，洗澡要加水龙头。到一个新单位，第一感觉很重要，吃不好、睡不好就待不住。那些第一次参加工作的小年轻，心头还有点怯，人生地不熟，不要刚来就把他们吓到了。培训也要合适，不要死板硬套，把砖头练托盘、走队列整得太复杂，学一些基本知识和基本技能就可以了，以后到工作中培训更管用。培训时要做一些他们感兴趣的活动，让他们放松。

厨师长张松说，80后、90后员工比较自我，他们想把事情做好，只是不知道怎么做。所以，我们不仅要教他们技术，还要让他们理解怎样在社会上发展、怎样去尽孝道。每年春节前，都让他们把工资寄一半给家里，父母很高兴，说娃娃工作后懂事了。

让服务员心情愉快地工作，是管理的基本要求。要让她们把事做好，先得把她们的事做好。所以，我们不但经营顾客市场，还要用心经营员工市场。大家都知道"待遇留人，亲情留人"，但更重要的是站到员工的角度理解她们，"管"是一个方面，"理"才更重要。

一个吧员，工作表现不错，辞职后转了一圈又回来上班。他有个坏习惯，爱借钱，经常发了工资还债都不够。后来因为透支信用卡，银行把他告到法院。逼急了，他向店长陈亚发了个手机短信，想借4000元。陈亚想，要是借了，他又跑了咋办？于是同意借给他1000元，并说，"你把银行的人喊来，再从这个月的工资中拿1000元，凑成2000先还了，剩下2000我作保，你在这里上班还完。"银行同意了这种做法，他现在也安心工作了，做得还很好。很多事情要懂得变通，不会变通就不懂管理。

有个19岁的女服务员，上班才两个月便查出了白血病。公司让她住院，把她父母从资中接来，管理干部和同事轮流去看她。她对店长说："我还没有坐过飞机，等我病好了，要坐飞机去旅游。"店长说："肯定让你去，你就是想到国外去旅游，我们也会安排。"这些话让她很开心。尽管每天的治疗费达到2000多元，公司总共花了十几万，但由于病情非常严重，最终她还是遗憾地离开了人世。她父母对公司没有半句抱怨，反而非常感谢。公司给了几万元给她父母，希望他们回去以后战胜困难，好好生活。员工们在公司大会上听到这个消息时，全体起立长时间鼓掌。

面子第一，道理第二

"人活一张脸，树活一张皮"。中国人最爱面子，视面子为生命。四川人性格随和，但涉及到面子问题时照样不含糊，"头可断，头发不能乱；血可流，皮鞋不能不打油"，面子大于天。有人说面子是尊严和人权，神圣不可侵犯；有人把面子看作招牌，丢面子就是砸牌子；很多人把面子看作自己的权威，"不看僧面看佛面"，你不留情面我也可以翻脸。虽然很多人是"死要面子活受罪"，但这是一种普遍存在的心理，我们自己也不例外。

不管你怎么看待面子问题，对服务行业来讲，需要念的第一本经就是"面子经"。如果讲管理在于细节，那么从细节来照顾客人的面子，是餐馆从业者的基本功，要融化在血液里，融入到细胞中，让客人随时随地感觉到有尊严、被重视，每一句话都是"最高指示"，每一个嘱托都是政治任务，每一个眼神都是信号，每一个动作都是号角。这些细节做好了，服务也就做好了一大半。

如果在餐馆吃饭时受到冷遇，你一定特别不爽，再好吃的东西也倒胃口。相反，如果餐馆对你非常尊重，让你在朋友面前很露脸，即使菜做得不那么地道，你也不会太计较。所以，"千情万情，最重要的是心情；千菜万菜，最要紧的是面子菜。"

一位漂亮的单身女士是我们的常客，每次餐后总要把剩下的饭菜打包拿走。这本来是节约资源的好习惯，发达国家的人都这么做，并不觉得没面子，但这位女士爱

餐馆是『面子社会』的缩影，而面子的维护大多是在细节上体现出来的。一旦在细节上没做好，往往要花很大的气力才能挽回。

面子，对服务员说是拿回去喂小狗。服务员都知道她拿回去是自己吃，但从不说穿，每次都主动给她打包，既顾及了"面子"，也照顾了"里子"，皆大欢喜。

我也遇到过类似的事。有些客人喜欢在餐桌上给这家餐厅的老板打电话，场合上都时兴这个。有一次，郑大哥请的一位客人说是我的战友，郑大哥给我打通电话后，请他和我讲几句。一问才知道过去同属沈阳军区，没见过面，但我照样把他当战友来问候，表现得很热情，让郑大哥和这位战友赚足了面子。

沙河店开了六年，有一个客人在这里吃了六年，几乎每天来，自称是沙河店的"名誉董事长"，我们专门为他预留了一个包间。他对朋友说："这个包间墙纸、装饰都要我说了算。"服务员也很附和他，使他很有颜面。

有些客人可能不是大老板，但也要绷面子，在朋友面前要绷起，在场合上要绷起，在女人面前更要绷起，按老四川的说法，"在外头绷面子，回屋头舔糍子，才遭憋得慌哦！"不过这是人的天性，是男人的弱点，也是商人撑场面的需要。

方有木是干乡镇企业起家的，为人豪爽大方，虽然地方口音很浓，但也喜欢在外地人面前操一口四川普通话。他个子不高，长得胖乎乎，人缘极好，在领导面前特别会装愣，憨呼呼的样子很容易让人产生信任感，比那些长得精灵的人更让领导放心。我们的服务员都认识他，从进大厅到包间都有人招呼，他很是得意。每次来，往包间沙发上一坐，服务员问他今天怎么安排，他说："叫你们经理给我配，今天这些客人的标准还要我说哦？"厨房知道他大驾光临，照例要专门给他煮一盆白水"老虎菜"（土豆、茄子、四季豆等），附上他喜欢的豆瓣蘸碟。每当这道菜上桌，方哥都要兴高采烈地对客人吹一盘："这是专门为我定做的，从小吃惯了，绿色、健康又开胃，味道不摆了，有一回请大人物也端上桌，效果还非常好！"买单时，方哥总要问："打折没有？"服务员忙说："你是股东折扣，已经办好了。"其实很多客人都只是问一声而已，打没打折、打了多少折并不在乎，要的就是心里那份舒坦。

有一回方有木在豪包请几位主管项目的关键人物，他大声武气地对楼面经理说："只管整高兴，不要说钱！"他们喝了6瓶五粮液，埋单时服务员把账单递给他，他大声喊："签单！"以前他每次都是现金结账，今天怎么喊起签单来了？服务员赶快跑去找经理，经理知道他是在显摆，得满足他，回答说："让他签！"其实方老板心里也有数，把客人送走以后，赶紧跑回店里把单买了。经理清楚，没有签单这个环节，方老板的面子就数不住，就没有"绷"够。

在美女面前，男人的钱包最容易打开。陈老板是浙江人，做首饰珠宝生意，思维精细缜密，心算能力极强，每次来餐厅吃饭都亲自点菜，对菜品结构和性价比算得很精准，买单时还要叫服务员唱单打折。由于是做珠宝生意，身边少不了美女相随，有文艺圈人，也有电视节目主持人。只要有美女在场，陈老板就一反常态，自己不点菜，对服务员说："问她们要啥子，随便上就是了。"把面子全都送给美女，摆出一副千金买一笑的架势。只要美女高兴，燕窝鲍鱼随便整，一人吃千把元不在话下，面不改色心不跳。久而久之，服务员都明白了，只要有美女在，怎么也得拿出"为国争光"的劲头，把他的脸面绷够。

现在吃饭，倒不一定是最昂贵的宴席最有面子，而是你能请动什么人物。有位李老板在新开发区投资了一个项目，费了九牛二虎之力才把主管领导请来赴宴。他提前订了豪包，做了周密安排，还交代我们的经理小邓说："我今天请的这个人，你们千万要给我办好！"小邓顺势称赞他："你真有本事，能请到这位实权人物！"李老板满脸得意："那当然！"客人到后，小邓觉得很面熟，旋即想起来，他是以前接待过的区领导，现在高升了。小邓走进包间，热情地问候领导："X长你好！"领导吃惊地问："你怎么知道我？"小邓说，"你在区里工作时，对服务业非常关心，大家都记得到你。"领导面露喜色，心情大悦。由于了解他的喜好，酒店特地为他餐前准备了一杯苏打水和一片面包，配了一桌他喜欢的特色菜。领导非常满意，请客的李老板更是眉开眼笑。送走客人后，李老板专门到营业部表扬服务人员，拿出一摞钞票给大家做奖金，被邓经理婉言谢绝。第二天，李老板叫司机送来一筐水蜜桃，并承诺找个时间请服务员去唱歌。

餐馆是"面子社会"的缩影，而面子的维护大多是在细节上体现出来的。一旦在细节上没做好，往往要花很大的气力才能挽回。

我们有一位客人，不管请客还是自己消费都喜欢自带一份"雪豆炖蹄花"，请我们的厨房帮他加热。有一次他请客，照样把猪蹄交给了店里，但催促了几次还没上桌，直到用餐快结束才上来。此后，这位客人几个月没有露面。

那份炖猪蹄上得太迟，不但让客人失去了品尝美味的最佳时机，还让他在宾客面前丢面子，心里肯定不舒服，再也不愿来这里就餐。厨师呢？他可以讲出一大番道理，太忙了，顾不过来。但世界上很多事不是谁对谁错的问题，只要你忽视他的要求，让他在客人面前丢脸面，你就有责任，就得承认自己失误。从服务的角度来看，有些事情是没有道理可以讲的，"不讲理"就是大道理，否则有道理也会变成没道理。这就是商场的哲学。

有一次我们承接一台婚宴，宴席的主人是某街办领导的儿子，以前经常来我们店吃饭，算是熟客。赴宴的客人带的几名小孩在玩耍时打烂了餐具，服务员要求赔偿。在喜庆的日子里说"赔"，让人心头添堵。更让人不爽的是，一位男服务员说了一句很难听的话："吃不起就不要来！"婚宴主人非常生气，留下一句"等你们处理好再说"，单也不买就走了。

这是一起严重的服务事故，影响了企业形象，伤害了客人感情，把一件喜事办得败兴。为此，公司专门开会检讨管理中存在的问题，对当事人进行了处理，并多次向客人道歉，但没有得到谅解，账也没法结。店总说："如果钱收不回来，就从有关人员的工资中扣。"负责收款的出纳员小李对这件麻烦事很头痛。她想，服务员挣钱不容易，事情是我们不对，客人也不是不讲道理，关键是要让他消这口气。她打听到客人的住址，但又想到空起手去不好，就自己花10元钱买了一袋橘子登门拜访。客人很意外，一个打工妹送的橘子虽然轻微，但包含了一片诚意。小李一再向客人道歉，把公司处理的结果和今后的措施告诉了他，气氛很快就缓和过来，两人一起唠家常，谈得很融洽。客人说："你们歉也道了，折也打了，还亲自上门来，我也不好意思再为难你们。都是打工的人，挣点钱不容易，这事就算了，现在就去给你取钱。"那时银行卡限额每张只能取5000元，客人找了几张银行卡，和小李一起跑了好几个银行才把钱取够。这以后客人和小李成了好朋友，经常请小李帮她订餐。

这10元钱的橘子，当然不可能化解矛盾。真正能化解矛盾的，是诚恳和真心，正如四川人说的，"刀头不在大小，只要热烙"。

中国味、人情味、女人味

位于成都武侯祠旁的"钦善斋"养生餐馆，是美女老总李丹梅创建的名店，也是一个旅游涉外窗口，十多年来一直深受国内外消费者的喜爱。我曾问一位老板："钦善斋的装修档次、规模面积、菜品质量都不见得比我强，为啥子那么吸引你？"老板说："钦善斋有中国味、人情味、女人味。"我仔细琢磨这句话，觉得很有道理。传统的中式装修，简约、朴实而亲切，十年前铺的地砖虽已露出釉面，但擦得洁净光亮；楼梯的青石板经过长时间踩踏，仍保持了本色；楼梯木质扶手有很多小花格，但任何角落都一尘不染；有的地方油漆剥落了，仍干净顺眼，包间称不上豪华，摆放了一些品位不俗的中国字画，温馨而有情趣。

"中国味、人情味、女人味"不是表面功夫，不是靠灯红酒绿的豪华来显现，而是靠简朴深厚的内涵来展示。亲和力、人情味让人轻松自然，而女人味更体现在洁净、雅致、温馨的环境里。餐饮业有很多女强人，很多老板和店长都是女士，似乎女人更能在这个行业里展示才干。其原因，我想可能是女人更善于持家，把餐馆当作家来操持，使客人有宾至如归的感觉。何况，在餐馆请客和被请的绝大多数是男性，阴阳互补更符合大自然的规律。

高端客人多半有个习惯，喜欢固定的包间，更乐意

『中国味、人情味、女人味』不是表面功夫，不是靠灯红酒绿的豪华来显现，而是靠简朴深厚的内涵来展示。亲和力、人情味让人轻松自然，而女人味更体现在洁净、雅致、温馨的环境里。

让熟悉的服务员服务。有一位贵宾每次在上座店接待重要客人，都爱叫服务员陈丽为他们服务。陈丽不算漂亮，略显丰满，领导说她长得很"喜庆"，做事老练得体，在餐中临机处理一些细节，总能让人满意。很可能稍胖一点、健康一点的女性更具亲和力和安全感，而骨感美女在这些场合就不如她们吃香。有一次，一个常来307豪包就餐的客人没有订到这个包间，管理人员给他换了一间相同大小和档次的，但他觉得不自在，好像到了另外的酒楼。我想，在熟悉的环境、熟悉的人中就餐，有省心、放心的感觉，就有"家"的味道。

一般人出差，都要给家人买点东西，但上座店的管理人员到北京出差时，专门为客人带礼物。麻花、蜜饯虽不贵，却能体现情谊，让客人获得意外惊喜，觉得你真的很在乎他。有人接到礼物后，连续几天都来消费，有一个客人还把公司在外面定的六桌饭往这边拉，餐后还不好意思地说："1200元的餐标在你们这里低了点。"

有的客人喜欢我们代表他的公司向贵宾敬酒，餐后还请营业部帮他送客人礼物，把客人送到机场，完全把我们当自家人。

紫荆店是一个十多年的老店，装修有点过时，但熟客很多。上座店开业，有些人去过以后还是回到这里，就因为熟悉，不愿意换地方吃饭。一位客人说："到这里，大家都认得到我，晓得我的习惯，不开腔就把面子给我了。"一位法官在紫荆店吃饭，偶然知道包房的服务员是他的巴中老乡，显得格外亲切，每次来都要点这个服务员，还对大堂经理张思水说："你们要给他机会。"逢年过节还给这位小老乡带点礼物来。

5.12汶川地震后几天，有一位参加抗震救灾的将军从震区回到成都，来一品店就餐。看来他很累，在包间里候餐时竟不知不觉睡着了。一位服务员见状，拿了一床毯子轻轻为他盖上。他睁开眼，记住了这名服务员。两年后他再来成都，在成都军区的帮助下找到了我们。饭桌上，他高兴地和服务员喝酒，走的时候还要给每人送个小礼品，我们坚持不要，第二天还是托人送了过来。这样的深情厚谊，远远超出了单纯的商业关系。

有个服务员叫朱碧群，来自四川梓潼县。有一天她为客人服务时，斟酒动作稍慢，更换餐碟也不及时，客人不满，找经理投诉。经理告诉客人，小朱今天在人民南路向灾区义务献了血，身体有些不适，如果对她的服务不满意，我们马上换人。这位客人很感动，坚持把小朱叫来，请她坐下，说："今天你随便点菜，我来招待！"还专门叫"老广"给她煲了汤。像这样的人情味，更能体现人与人的真挚情感。

白雪参加过2011年瑞士中国年的开幕式，认识了在上海学习中文的瑞士女朋友，中文名叫葛莉。2011年夏天，葛莉专程到成都大蓉和拜访，白雪热情接待了她，还安排她到宽窄巷子领略成都民俗文化。8月，葛莉陪同一个瑞士旅游团队再次来到成都，把瑞士人带到白雪负责的店。正好店门口有一幅"瑞士－中国文化节"的宣传图片，里面有一张她和白雪的合影照片。她看到后很激动，滔滔不绝地向她的瑞士朋友讲"中国年"的故事。知道我们再次受邀去瑞士，这些客人表示，到时候一定为中国朋友捧场。

人情味不光是对外，对内也很需要。双楠店民主选举领班，经过候选人自荐、推荐、演讲，全体员工无记名投票，6名服务员当选。上任前，前厅经理钟辉为他们举行了换装仪式，6位迎宾小姐托着崭新的领班工装，请她们到后台换装。在全体员工的注目下，6位新领班穿着黑色领班服，容光焕发地重返舞台，顿时全场沸腾，欢呼声、尖叫声和掌声久久不停。一位管理人员说："这几个人一换衣服，立刻变漂亮了，气质也不同了。"大家眼里含着激动的泪花，连端托盘的迎宾小姐也热泪盈眶。在发自内心的欢呼声里，除了衷心的祝贺外，更有对这种民主选举的认同。选举前有些员工私下议论，说选举只是走过场，当官的早就定好了，但当选者确实是表现优秀、得票最多的人。一个新领班发表感言的时候说："只要坚持，就有机会。"一位老领班说："这个仪式就像将军授勋、博士戴帽一样，场面太激动人了，希望公司能给我补一个换装仪式。"

说到企业的人情味，就不能不提湖南大蓉和董事长"七爷"李自康做过的一件好事。

湖南大蓉和一名叫张两佰的保安，他的儿子小杰出生8个月被查出患了地中海贫血症，每个月的治疗费达3000元。为了维持儿子的生命，夫妻俩把刚刚建起来的房子以5万元卖掉，勉强维持了2年多。到儿子3岁时，所有的积蓄都用光了。更让他们为难的是，小杰的病要根治必须进行骨髓移植，手术费大约要30万元。小两口省吃俭用，虽然艰难但不想放弃。每天下班后一起去街头，跪在地上请求过路人捐钱。一位叫赵继云的阿姨对张两佰夫妇的处境非常同情，发动朋友为小杰捐款，但缺口仍然很大。

无奈之际，赵阿姨问张两佰："你在什么地方工作？"张说在大蓉和酒店。赵阿姨一听"大蓉和"三个字，立即觉得有希望了，因为她知道，大蓉和的老总多次在红十字会捐款，汶川地震、玉树地震、捐助失学孩子，都少不了他的身影。抱着试一试的心情，赵阿姨陪着张两佰找到了湖南大蓉和董事长李自康。

七爷李自康性格豪爽，急公好义。因为公司的员工太多，他并不认识张两佰，更不知道张两佰面临的困境。听到自己的员工遇到这么大的困难，他当即表态说："你们放心，不要说自己的员工需要帮助，就算是没有任何关系的人，能帮的我都要尽可能帮！"他随即决定，公司拿一部分钱，他个人捐一些，再发动长沙市餐饮业同仁捐款，无论如何要把小杰的手术费凑齐。第二天，李自康和湖南省湘菜产业促进会秘书长陈敬一道去看望张两佰、张丽文和孩子，对他们说："你们放心，这件事有大家帮忙，一定给你们凑够医药费！"

2010年六一儿童节，由湖南省湘菜产业促进和湖南红十字会志愿者团队共同举办的"拯救小杰，我们正在行动"捐赠活动在大蓉和贺龙店举行，长沙10多家餐饮企业代表和员工自发为小杰捐款。李自康和他哥哥李自健先生捐款10万元。李自康向我通报这件事，还说帮我垫捐了1万元。一些路过的市民看到这感人的一幕，也自愿前来捐款。小杰的手术费用终于凑够了。

这件事被媒体宣传后，引起社会上很多爱心人士的关注。长沙市万婴幼儿园免费接收小杰兄妹入园，中央电视台十频道专程派记者采访，在"讲述"栏目做了专题报道，题目叫"永不放弃"。

不缺酒，缺喝酒的理由

饭局成了当今社会最大的『局』，一年年演绎着酒楼精彩纷呈的『春晚』。

20世纪60年代以前出生的人经历过自然灾害、社会动荡、物资紧缺的岁月。那时，口粮、猪肉、鱼、油、盐、糖、酒，以及豆腐、粉丝等等都实行定额供应，每人都发"号号票"。60年代末上中学时，我的口粮定额是每月30斤，有一半是粗粮，根本不够吃。不少同学和我一样，经常有饿肚子的时候。那时，请客吃饭是非常稀罕的事。在我的记忆里，父母从来没有带我们到正式的大餐厅吃过什么宴席，在家里请客的事也很少，因为客人吃掉的是全家紧巴巴的口粮，等于是从自己嘴里掏食吃。农村也很穷，遇到青黄不接的日子，从资阳老家来的亲戚总要到城里住上几天，临走时，母亲还要送几斤省下来的粮票。

现在当然不同了，下馆子吃饭喝酒是平常事，可说是全民下馆子。家里来了客人，自己懒得做饭，往餐馆里一坐，吃完饭嘴巴一抹就回家，连洗碗都省了；邀麻友玩几局，怕屋里搞脏了，跑到茶坊边打麻将边喝茶，再去饭馆撮一顿。逢年过节，越来越多的人不在家里做饭，而是到餐馆订个包房。春节吃团年饭，餐馆里忙得人仰马翻，从中午到晚上开流水席，翻台率都无法计算。为了让更多的客人就餐，服务人员只得通知客人一桌饭用餐两小时。为此，政府有关部门还专门下发了一个通知，不准限时消费。其实，限时消费并不是餐馆的意思，而是客人出的主意。到大年二十几，有的人订不了餐，就提出："你们叫前面的客人早来一个小时，我晚来一小时，不就都解决了？"两下一商量，都同意，事情就定了。这个方法广泛流行，其实是有群众基础的。

经济越发展，应酬就越多。中国人的应酬方式，主要就是聚在一起吃饭喝酒，吃饭也就有了社交的功能。一些人为了办事，各路神仙都要拜到，拜多少神仙就要设多少饭局。有点权力的人，求他办事的人多，几乎天天都要赴酒席，终年都在赶场子，实在辛苦，也实在无奈，陷在人情圈里不能自拔。特别是逢年过节，请的人太多，分身乏术，应接不暇，一顿饭要跑两三个酒楼。有的为了方方面面都摆平，把几个饭局同时叫到一个酒楼，一个个包房都要去敬几杯。吃完了还抱怨，酒喝了一肚子，话说了一大堆，胃还是空的，回去还要煮面吃。

请人喝酒也不是一件容易的事。2011年春节前，我好不容易请到主管交通的科长。科长一上桌就说："我只能坐半个小时。还有人等到在，都是推不脱的事。"席间，科长的两个手机此起彼伏的响，数次起身离座，直说"抱歉"。人在江湖身不由己啊！

中国人有利用节假日请人打堆的习惯。但现在谁还稀奇喝一盘酒、吃一顿饭？所以请人吃饭必须绞尽脑汁找个好理由。理由找对了，面子给足了，贵宾才可能出场。有一位搞房地产的老板投资了一个项目，规划上遇到了难题，费了很大的劲请相关人员出面都没有效果。自己面子不够，只好搬出过去在县城的一个人物，拐弯抹角，牵线搭桥才和相关人员拉近了关系，把他们请到饭桌上来了。请客那天，他早早地就到客人家门口守着，生怕被别人接跑了。

我认识不少官员，他们都认为赴宴是一种沉重的负担。吃一顿饭要耗费很多时间，应酬也很繁琐，既不随意，又很累。单纯吃顿饭还好说，就怕找你说点事或帮个啥忙，人情世故在酒桌子上就迈不开面子。有点权力的人特别注意这个，一般的宴请都尽可能设法推诿，能躲就躲，能闪就闪。

但另一种情况就不是要躲闪了，而是千方百计往里凑。有一年春节，我请一位级别较高的领导吃饭，饭桌上领导提到某位人，马上就有人打电话，一会儿工夫那人就出现在领导面前。实际上他在别处有应酬，但听说大领导在这边，推了那边的事就往这边跑。吃到后来，又来了两三位有身份、有地位，和领导也熟悉的人。只要有点缝隙，大家都会想方设法挤进来，如果某个场合没有你的身影，可能会让人产生误会。即使是很随意的聚会，也会表现出很微妙的关系。

酒店有句话："高档是喝出来的。"重点要落在"喝"字上。只要把人请到了，其他的就不在话下。高档白酒忽然成了奢侈品，价格涨了又涨，涨得我们自己都不晓得是咋回事。10年前，一瓶茅台酒不到400元，现在变成1800元，上点年份的就要过万元，五粮液、国窖1573也是1000多元一瓶，一顿饭局喝去几大千。而桌上的菜，一两千元客人都要掂了又掂。所以，酒水钱成了消费的大头。

一位老板在金沙包间请客，30年的茅台喝光了，又喊上法国拉菲，8000块的拉菲整了5瓶，李经理见他们还收不了场，担心老板买单时心痛，上前提醒他，建议他上法国高档红酒。结果又喝了3瓶。反正喝多了，也没听客人说酒味有什么不一样。

请客的理由五花八门，极富创造性。请官员，说是搞调研；请商家，说是加强感情；请主管部门，说是指导工作。请朋友比较容易，是为了饭后切磋麻将。能请人吃饭固然算本事，但被人抢着请客吃饭更算本事，出钱埋单的反而是小家了。春节期间大家都比较放松，气氛热闹，亲情友情最好展示，请客吃饭的理由比较充分，这也是酒楼最热闹的时候，高朋满座，欢歌笑语。

饭局成了当今社会最大的"局"，一年年演绎着酒楼精彩纷呈的"春晚"。这些年餐饮业的繁荣，多少得益于这种氛围。但头脑冷静的管理者，早已看出这里面的泡沫。世界上没有永远不散的宴席，没有只涨不跌的市场，他们在思考未来的趋势，做一些未雨绸缪的部署。

漂亮的女人是资源

在餐饮行业，大堂经理的形象已不只是个人问题，而是企业形象和文化的象征。有句老话叫『秀色可餐』。虽然秀色不可能代替美食，但如果可以一边吃饭一边欣赏美女，没有人会反对，所以秀色可以带动餐饮业。

多年前，开餐馆的张老板带了两位美女来喝茶，我问："这是你新招的人？这么漂亮！"他说："正在应聘，条件倒还可以，就是开价三千月薪，有点高。"我说："凭这个样子就值三千，你还打啥子'嗯顿'（犹豫）！"张老板说："如果能力不行咋办？"我说："没有能力就值三千了，有能力还应该再加钱。你看，美女在一旁，把你都衬托得帅气了。"张老板眨眨眼，连说："有道理，有道理！"就这么一番闲聊，这事情还真定下来了。张老板平时精打细算，追求完美，他原本想，新招的管理人员模样要漂亮，能力要强，待遇也要合适。当时应届毕业的大学生月薪大约是1500元。3000元聘一个人，有一半是看长相了。

我这么和张老板说是有原因的。读中学时，一个男同学给我说："女娃子长得漂亮好找工作。"我不大明白，不是说要有本事才行吗？他说："你不晓得！"后来长大了，才慢慢感觉到那番话确实有道理，漂亮的女人不但找工作占便宜，与人交往、办事、婚姻家庭都占上风，好运多是围到漂亮女人转。参加工作后，我发现一个规律：单位级别越高、效益越好，美女就越多，反之则越少。我过去所在的物资系统，金属公司、机电公司效益好，美女打堆；木材公司、煤炭公司工作条件艰苦，劳动强度大，美女就少一些。现在找工作，笔试后还要"面试",就连考公务员都有这个程序。我们招部长以上的管理干部也有面试。面试的标准我不清楚,可能就是看长相、气质和其他综合因素吧。这个时候,相貌应该是第一印象,而且往往有先入为主的奇效。

中国有句老话:"人不可貌相,海水不可斗量。"似乎对"以貌取人"不太赞同。但在现实生活中,外貌往往能决定命运,这一点对男女都适用,古今都适用。三国时四川的大才子张松,长得很对不起观众,不但五岳朝天、大牙外露,而且是五短身材,是个矮冬瓜,身材形象可能比武大郎都困难。他跑到曹操那里去献图,希望得到曹大人的器重,但曹操见他相貌猥琐,皱着眉头沉下脸,二话不说就请他滚蛋。在四川德阳,还有一位古代著名丑男人的墓地,叫庞统祠墓,是国家重点文物保护单位。庞统也是三国时期的人物,才智不在孔明之下,但相貌与才智很不搭配,古人形容是"黑面短髯,形容古怪",刘备对他的第一印象也很不好,但总算没有下逐客令,打发他去当了一名小县吏。后来诸葛孔明极力推荐,才得到重用。

在很多场合,相貌就是你的通行证。就说当兵,假如你脸上长了一大块黑疤,或是五官不正、贼眉鼠眼,肯定不会让你混入部队去破坏革命军人的光辉形象。据说国外选举总统时,候选人外貌的得分率占到了70%。假若你让人看着顺眼,那么大部分选民,特别是女性选民就会为你投上神圣的一票。意大利足球队最受全世界女球迷的追捧,不完全是他们的球踢得好,可能是他们的队员个个都长得帅。

在餐饮行业,大堂经理的形象已经不是个人问题,而是企业形象和文化的象征。我们餐厅有一个大堂经理,是标准的帅哥,就像戏里的小白脸,对人彬彬有礼,专业素养也高,营销管理干得有声有色。他调走后,手下一位女部长升为大堂经理,我们担心营销工作会受影响。出人意料的是,这位女大堂经理出场后,营销工作反而比以前更出色。很明显,女性的魅力显示了优势,后来我们不再考虑男士任大堂经理。

世间万物都讲究阴阳平衡,阴阳互补就是优势互补。电有正负极,而且"同性相斥,异性相吸"。客人中消费实力强的多数是男性,女性和他们交流起来顺畅得多。"男女搭配，干活不累"，其实不但工作不累，吃饭喝酒也不累。我曾听过一位男性部长给客人敬酒被拒绝，如果是女部长，客人怎么也要给点面子，不至于弄得难堪。

2011年我们新开了一家店，建店时与业主、物管发生了分歧，负责基建和协调的男主管一直都没解决好，于是我们走马换将，调一位女士去处理，大家心平气和地坐下来谈，事情就有了进展。我们各店与很多客户有签单协议，收款是很重要的一环。店长一般都派相貌姣好的女财务人员去。漂亮女人好收钱，这也成了潜规则。有一位客户对出纳员小李说："这么热的天，你还赶公交来，实在不好为难你。"立即付款了事。有时，付款方的相关人员没来，或领导没有签到字，他们也会说："你把单子留在这里，明天给你打来就是，不要再跑了。"小李当出纳7年，从来没有一笔拖欠款，和有些单位熟悉以后，连唱单也不去了，客人总会准时转款。

何大人过去在单位负责接待工作，经常在"川粮饭店"签单，餐厅的老板收款时叫李萍出马。她长得乖巧，嘴巴很甜，见面就喊"何叔叔"，笑得天真烂漫。何大人二话不说就把钱划过去，但其他的人来收钱就没那么利索了。

有句老话叫"秀色可餐"。虽然秀色不可能代替美食，但如果可以一边吃饭一边欣赏美女，没有人会反对，所以秀色可以带动餐饮业。社会上有一群"打望一族"，喜欢在街边、酒店里打望美女。前些年成都春熙路上有一家咖啡店，是一个打望的好口岸，一些年轻男士喜欢坐在这个优雅的环境里，喝着浓浓的咖啡，透过明亮的窗户打望街边来来往往的美女，称她们为"粉子"。根据姿色，粉子有小粉、大粉、巨粉之说。美女牵动了打望一族的眼球，打望一族又带动了餐饮业。爱美之心人皆有之，作为开餐馆的，我们不但欢迎这些打望族，还要尽可能创造条件，让他们打望到更多美女。

不过在国外，"美女经济"似乎没有我们这么兴旺发达。我到法国进行美食交流考察，在香格里拉大酒店品尝法国美食，那里的侍者多是中老年男性，穿西服打领结，气质高雅，绅士派头十足，给客人一种尊贵感，自我感觉一下子得到升华，似乎自己也变成了温文尔雅的绅士。我到日本进行围棋交流，在富士山餐厅品尝日式料理，服务人员也都是头发花白的女性，有的还是婆婆级。她们穿着和服，热情友善，笑容真诚，职业素质极高，看得出来都受过高等教育，风韵犹存，气质不减当年，极富亲和力。

外国的美女是不是跑到其他行业里去了，我不清楚。反正在中国，服务业离不开美女，有人甚至调侃："美女就像是胡椒粉，生意不好就撒上一点，多少管用。"不过，在餐饮业的用工荒越来越严重之际，让大姐、大嫂们来替代年轻姑娘，未尝不是与国际接轨。

确定了「怎么做」，便要考虑「谁来做」。这就涉及到用人，涉及到团队。其实，「谁来做」也是一个决策问题，而且是最重要的决策。得一人而得天下的故事，在中国历史上演绎出无数精彩传奇。对企业来讲，用对一个人，可以盘活一局棋；用错一个人，好事也会变坏事。作为领导者，选对了人就做对了事。

人才

开餐馆的滋味

2

- 选对了人就做对了事
- 给待遇，让位置
- 会用料的木匠无废料
- 厨师长是店长的最佳人选
- 不能只有一个大厨
- 机会比奖金更重要
- 不开腔的把开腔的吃了
- 老板用你，就比你聪明

选对了人就做对了事

决策与用人，常常是两位一体的东西。做决策的同时就要考虑用人，有什么人，做什么事。人才跟不上时，宁愿等一等，把节奏放慢；人才储备做好了，大家都急嗷嗷要冲锋陷阵了，再适时加快发展，满足他们的创业需求。

当领导的不必纠缠于日常琐事，但有两件事必须做好：一是决策，二是用人。

所谓决策，首先是"做什么"，然后是"怎么做"。用人，就是"由谁来做"。

有一句名言："命运就是你遇见的人"，有什么人脉就可能干什么事。做企业也一样，你在哪个圈子里混，熟悉哪个圈子里的人，就很可能在这个圈子里玩点名堂出来。如果我认识会摄影的人，很可能开一家照相馆；如果我认识一些建筑商，很可能利用这些关系做建材生意或装修业务，甚至可以买一台挖挖机出租，坐收渔利。我们最终选择做餐饮，其实也脱离不了这个规律。

我是机关办公室出身，负责单位的行政接待工作，陪吃陪喝是免不了的，一来二往便认识了不少餐馆老板，对这个行业有一些了解。自己开餐馆前，我们一伙弟兄做过其他生意，都不成功。遇到20万一亩的土地和7万元一辆的出租车经营权，却没资金、没渠道，只能干瞪眼看别人挣得盆满钵满。思来想去，还是开餐馆的门槛低，创业手段灵活，钱多钱少都可以做。一些下岗工人花几百块钱摆个"鬼饮食"摊摊（深夜街边小食摊，被成都人称之为"鬼饮食"），也算是做餐饮。我们比他们有条件，应该可以做好。

"做什么"确定了，接下来便是"怎么做"。这个市场很大，各种选择都有，小吃、火锅、烧烤、面馆、中餐、西餐、茶楼、咖啡厅都可以涉足。我们最终选择做中餐酒楼。但大大小小的中餐馆遍地皆是，当时成都就有两万多家。人家下手早，根基牢，大多数做得有模有样，要想求生存，就不能面对面硬拼，而只能打偷袭战，另外开辟战场。

那时流行回归菜、乡土菜，我们绕开这个热点，选择做冷门，以别具一格的"融和菜"起步。但冷门也不是那么好做，弄不好便热脸贴冷屁股，做成个"冷市场"。回过头看，这一连串的决策，实在是步步惊心，稍有偏差就可能掉进深渊。而这些决策，不单是依靠资金可以解决的，主要靠感觉。

确定了"怎么做"，便要考虑"谁来做"。这就涉及到用人，涉及到团队。其实，"谁来做"也是一个决策问题，而且是最重要的决策。得一人而得天下的故事，在中国历史上演绎出无数精彩传奇。对企业来讲，用对一个人，可以盘活一局棋；用错一个人，好事也会变坏事。作为领导者，选对了人就做对了事。

刚进入餐饮业时，我们的创业团队只能算衣冠不整、装备不齐、业务不熟、包包里头也没有几两银子的杂牌军，误打误撞跑到一个陌生的行业，还不知道水有多深便一头扎了进去。跟到我的国营企业职工，以前做的是钢材生意和针织品生意，与开餐馆八竿子打不着。厨师也一样，我们没有实力请名头大、手艺高的人，只能请出道不久的年轻厨师，看重的是他们的潜力，赌的是"期货"。这些人的优势，是忠心耿耿、吃得苦、耐得劳，待遇要求不高。公司也可以人尽其才，放手让他们去闯。年轻的、有文化的可以学大堂、学营销、学企划；年纪大点的可以做装修、当库管、当采购以及行政工作，身手一点也不比别人笨。"八哥"吴应全、张忠厚、苏心刚都是老国企的兄弟伙，住工地、跑材料、守店子，方方面面的关系协调，都能发挥自己的特长。这些老哥们与企业同甘共苦，忠诚度和敬业精神都无话可说。

选用人才，不是搞个人英雄主义，而是形成团队。一个刚刚起步的企业，付不起高薪，还要让大家日夜辛苦，等于是又要马儿跑，又要马儿少吃草。我们靠什么支撑过来了呢？靠的就是真诚待人和为生存而战的力量。在资金极端紧张的情况下，我们也绝不拖欠员工的工资。为了发薪，我们低声下气到处筹借，拿出自己仅有的住房做抵押贷款。为了节省每一个铜板，我们省吃俭用，连信封都舍不得印。这一切，员工都看在眼里，对我们产生了信赖。

决策与用人，常常是两位一体的东西。做决策的同时就要考虑用人，有什么人，做什么事。人才跟不上时，宁愿等一等，把节奏放慢；人才储备做好了，大家都急嗷嗷要冲锋陷阵了，再适时加快发展，满足他们的创业需求。十多年来公司的发展节奏，基本上是以人才战略为指挥棒，以人才来决定发展步伐。

这些年公司做过的决策，几乎都与用人有关。例如人才流动机制，让老一代退到二线，让年轻人源源不断地走上重要岗位，让普通员工看到自己的晋升通道。这一切都是围绕现代企业治理来做。餐饮业是一个古老的行业，几千年传统习俗根深蒂固，用现代企业制度来改造，困难重重，但动手术也是必须的，而且事不宜迟，必须当机立断。

股权激励也是公司的重大决策，初衷是集聚人心、激发热情，团结一致干革命。但股权是非常敏感的事，直接涉及到人的切身利益，包括元老、职业人、老员工的利益，需要统筹平衡，做细致的工作，千万不能急躁，不能老子说了算。如果处理不好，反而使人心涣散，那就是自寻烦恼，自毁长城。要知道，革命者内部的矛盾，有时候比外部的矛盾更可怕。

给待遇，让位置

这十多年里，我做过很多重要决策，处理过很多棘手的麻烦事，但我认为做得最正确、最重要的，是在大蓉和发展起来以后，对那些一道创业的老哥们实行"给待遇，让位置"的政策，妥善安置了这批"元老"，把年轻的职业人推到管理前沿，让他们做店子的当家人，使公司有了后劲。

"给待遇，让位置"是政府机关的一项人事政策。我在机关工作过多年，对这一套比较熟悉。一些老同志从领导工作岗位退下来，让位给年轻人，转而做巡视员、调研员，即"退居二线"。退下来以后，政治、经济待遇不变，但不再主事。有的还在退居二线前提个半级一级。

在1995年的机关体制改革中，我带了十几个国营企业的职工一起下海经商，其中除新招的大学生外，有7人和我的年龄差不多，都是20世纪50年代出生的，下海时已经40来岁了。这是大变动时期的大环境，由不得自己，多年来习惯于机关生活的人也得放下架子出来闯荡。一晃十几年过去，这些伙计都已年过半百，虽然谈不上丰功伟业，一路走过来也确实不易。企业做得有声有色，不但解决了温饱问题，还有了自己的品牌、团队，为两千多人提供了就业机会，很多员工安身立命、养家活口就靠企业的稳定发展。可以说，他们不但为企业，也为社会做出了很大的贡献。

存在就是合理，任何做法都有他的缘由。很多企业的盘子越做越大，管理越来越吃力，而创始人和创业团队的年龄却在逐年增大，迟早要面对退居二线的问题。这个矛盾，谁也无法回避。

2006年，公司实行"升级换代"战略，抓住机会引进资金，在城西和城东建了新店。面对新局面，这些老哥一个个摩拳擦掌，纷纷请战，希望一展抱负，到新店当个店长什么的。但我想的是，为了让企业多活几年，我们的经营管理要从"做生意"变为"做企业"，必须让年轻的职业人走到第一线并担当重任。

这个想法，显然不符合老伙计的愿望。他们跟到我创业时都忠心耿耿、吃苦耐劳，一个月拿几百元工资也没有怨言；公司没有家底，跳到海里以后呛了很多水，很长时间里都找不到出路，但他们不嫌穷，风里来雨里去，开疆拓土，终于打下了半壁江山。现在革命成功了，理应论功行赏、封侯晋爵，但如果这样做，好不容易打下来的江山能不能稳固，却很难说。年近半百的人，文化水平不高，半路出家做餐饮业，算不上专业人才，顶多算个"万金油"，如果让他们当店长，会面临很多管理难题。创业时求的是赚钱活命，大家一窝蜂冲在前面，实行粗线条管理，自有它的缘由。但新店不同，不允许打乱仗，不允许随意性的管理，而且非常辛苦，从早忙到晚，精力和体力都超负荷运转，老伙计们不一定能应付下来。更现实的问题是，我对产品创新的要求很高，而他们既不懂烹饪也不懂厨政，很难把产品做好。在兄弟情感和企业前途中间做选择，我左右为难。顺着说、顺着做当然轻松，大家都高兴，但后果是做到哪算到哪，很可能是温开水一杯，不冷不热不上不下。弄不好把家败了，树倒猢狲散，后悔也没有用。

金钱和权力确实很诱人，当权力可以直接带来实际利益时，诱惑力更难以抗拒。谁都知道，权力就是身价，当店长可以掌控本店的经营权、财务权、人事权，是名副其实的实权派；完成任务后还有年终奖，可谓是名利双收。谁愿意放弃到嘴的肥肉？

我召集老同志们商议，讲明公司的发展意图，希望他们放弃掌权的愿望，从大局出发，支持年轻人走上店长岗位。不少人想不通，他们说："道理都对，但难以接受。"后来我逐个沟通做工作，我说，"现在的情况不走专业化、职业化是行不通的，过去没有你们就没有这个企业，现在有你们就可能没有这个企业。看法是看法，大局是大局，如果从个人角度来考虑问题只会自断前程，我们没有倒下重来的机会了。有些事情大家要想得开，不要想得透，想透了自寻烦恼。"最后，在经营岗位上的老兄弟们支持了我的意见，其他的人就不好再提要求了。

老伙计退居二线，并不是无事可干，没必要担任巡视员之类的虚职。连锁企业正值发展时期，我们成立了连锁管理中心，让他们负责公司的开发和加盟连锁工作。这也正是他们的特长。先后从经营岗位下来6位老同志，都保留了他们原来的收入，在股份分配上享受了优先待遇。2010年，公司为老干部办了小会所，从办公区搬了出去，工作生活更加方便随意。

刚下来的几年，一些人心里还有疙瘩。随着后来企业的发展，他们不但拿到比在位时更多的收入，而且看到了未来的前景，心里踏实，知道自己可以长久拿到这样的收入，这才真正体会到"下岗"的好处。有人说："原来心头有点不服，雪山草地都走过来了，还有什么事情干不下来的？但这几年收入多了，房子汽车也买了，还敢送娃娃到国外留学，我彻底服了。"还有人说："现在收入多了，人反而轻松了。"

从2005年开始，我们先后把从事烹饪和服务专业的8位优秀人才送上了总经理的位置。他们上台时都是三十出头，年富力强，干得有声有色，挑起了企业的大梁，在行业里也成了明星。他们对创业元老们非常尊敬，管理上的重大事情、社会协调和店堂维修改造等都请教他们，还请他们为新员工上课，对他们提出的合理要求都尽量满足，使老伙计们觉得很巴适。

回过头来看，如果当初不走这步棋，让我们这帮老家伙把持门店，如今会把企业做成什么模样，能不能长期拿这份收入，每年还参加分红，还真不好说。

这种套路多少有点政府机关和国营企业的影子，不一定适合其他企业。但我想，存在就是合理，任何做法都有它的缘由。民营企业发展这么快，很多企业的盘子越做越大，管理越来越吃力，而创始人和创业团队的年龄却在逐年增大，迟早要面对退居二线的问题。这个矛盾，谁也无法回避。即使你和你的团队离退居二线还很远，也还是有必要提前考虑清楚，制订一个长治久安的退出机制。

会用料的木匠无废料

用人之所长，人人能用；用人之所短，无人可用。你看优点多，他的优点就多；你看缺点多，他的缺点就多。看法不一样，使用也就不一样。

有一次和一位餐馆老板喝茶，他说这阵子管理人员流失比较严重，手下一名得力干将刚刚辞职走了，让他很烦恼。他问我："你那里怎么很少听到这类事？"我说："俗话说得好，会用料的木匠无废料。"他觉得很受启发，叫服务员拿来纸笔，把这句话记在纸上，揣到口袋里。

规模大点的餐厅，一般有两三百员工，我们九个店就有2000多人。各种性格的人都有他的长处，也有他的缺点，关键是你怎么看、怎么用。用人之所长，人人能用；用人之所短，无人可用。你看优点多，他的优点就多；你看缺点多，他的缺点就多。看法不一样，使用也就不一样。水浒里的宋江凭什么能把那么多强人聚在一块？除了处事公正、讲义气外，还善于发挥每一个人的长处，容忍他们的短处，做到人尽其才。

怎么看待人？最重要的是要历史地看、辩证地看，不要有偏见，也不要意气行事。从这个角度出发，你的视野和心胸就会宽阔起来，不为一时一事所困，与你相处的人也会感到公正、服气。

我不是会经商的那种人，天生对数字、报表不感兴趣，开餐馆多年对烹饪也不精通，但我和人打交道有信心，和我相处过的人没有"喊黄"（不满）的，原因就在于我信奉"吃得了亏，打得拢堆"的处世哲学，很多人愿意跟我相处。

2000多名职工，300多名职业人，每个人都有特殊性，需要正向教育和灵活变通，关键还是要相信人，即所谓"疑人不用，用人不疑"。

一般情况下，下属有了生财的路子，我不会拦他，离开时还给他提供一些帮助。这些人非常感动，反过来给我们做一些有益的事。但对于一些骨干来说，如果脚踏两只船，既要在本公司拿工资，又要在外面兼职做同行业的事，那就不能允许。一名厨师长在外边和别人搭伙开餐厅，还把公司的一些厨房人员调过去。按公司的规定，他必须辞职。但他长期在我们公司工作，对大蓉和很有感情，对企业也有贡献，硬性处理不太合适。我找他了解情况，阐明企业的立场。他说："过去的师兄和朋友开餐馆，见我这几年发展得好，就把我拉进去了。一是脱不开情面，二是想多挣点钱，就入股了。"我说："如果有挣钱的路子，我绝不拦你，但你必须辞职。企业有规定，不能违反。如果大家都这样做，就只有散伙了！"但他不想离开公司，怎么办？我建议他把自己的股份转给家属，变通处理，今后不再发生此类事情。这事就算过去了。

有一位厨师被派到外省的连锁店当厨师长，"高升"以后就搞特殊化，上网打游戏，经常玩到深更半夜，早上点名也不来，老板对他有意见，又不敢得罪，只好小心翼翼"和睦共处"，经常请吃请喝，还安排他到夜总会耍，但这番苦心没有换来他的改变。老板忍无可忍，请总公司换厨师长。总公司把他换到另一个连锁店，没想到才几个月，那里的老板也喊吃不消，请我们"赶快把他调走，我不要厨师长都可以"。更令人难以接受的是，他一个月七八千薪水，却不管家，也不拿钱养娃娃，老婆把状都告到公司来了。大家义愤填膺，建议开除，以正纲纪，免得以后派出去的厨师长更管不到。我考虑了一阵，这位厨师长从"打荷"做上来，用10年时间爬到这个位置，很不容易，平时在师傅身边表现得也不错，脑壳灵光，我们的十大名菜中，有一道就是他研发的。在成都和在外地，他判若两人，可能这种人的性格必须有人管着，再好的马也要戴辔头，放"敝马"肯定不行。我征求他师傅的意见，师傅帮他说了话，最后决定降职处理，把他调回师傅身边严加管教。回成都后，他重新干起了厨师，三年多来表现不错，再一次升到厨师长助理的位置。2011年我们开新店时，他师傅提名让他在成都担任厨师长。这以后他成熟了，厨政管理、前厅配合、新品研发都干得有声有色，家庭责任感也随之增强。

大堂助理小梅是从五星级酒店过来的，6年多来在3个店都表现得很优秀。2011年开新店，她们店的大堂经理被调走，留下的空缺岗位正是小梅多年努力追求的位置。但没想到的是，老总外聘了一个"空降兵"来当大堂经理。小梅挨了当头一棒，一气之下向店里交了辞职书。店长把情况反映到我这里来。根据我们的管理体制，主管人员一般都由店长提名，通常情况下都以店长说的为准。店长既然选择了"空降兵"，我们考察后也觉得可以，便支持了店长的决定。但小梅也是优秀的前厅管理人员，干了这么多年，对企业有感情，不能让她这么走了，否则对公司、对她本人都是遗憾。我两次找她谈心，谈了公司今后的发展，希望她理解店长的选择，并决定把她调到另一个店，还是做大堂助理。她很快便平静下来，说："其实我也不想走。很多员工认为这次我能上，没想到调了别人来，实在是脸面挂不住，一气之下才决定辞职。既然总公司给了我台阶，我也愿意换个环境，多学点东西。"

工程部主管孙贵，创业时就在大蓉和，在水电、空调方面积累了很多经验。他所在店的那条街上，很多商铺的小老板遇到水电方面的问题都请他帮忙解决，一些连锁店建店时也聘他做指导，挣了不少外快，在成都买了房。这种事，公私都沾边，擦边球打得正好，但外面的事沾多了，多少会耽误本职工作。店长有意见，便把他推出去，这些年他在成都几个店都待过。这类事处理起来比较麻烦，既是老员工，又有一技之长，哪个店有问题都要找他，但哪个店都不想长期留他，就像一块腊肉骨头，啃起来有点味道丢了又可惜。他自己也有过离开的念头。我找他谈了几次，肯定了他的成绩，也指出了他的一些问题。他慢慢地学会了调整与店里的关系，处理好内外兼顾的矛盾，今年还当了股东，主人翁意识加强了，店里的反映也大为不同。

厨师长是店长的最佳人选

门店的一把手就是店长，很多企业叫总经理，是带领团队在一线经营的关键人物，有点像带兵打仗的连长，要求有比较高的战术素养和指挥能力。一家3000平方米以上的餐馆，员工有两三百人，各类岗位好几十种，每天应对的顾客不少于几百人，各种菜品一两百种，其他物料加起来也有上千种。还要应对政府职能部门的检查和顾客投诉、水电气的正常供应，加上采购、物流、验收、存储、财务、报表、总结、会议、节假日安排、教育培训、岗位晋升、员工进出等等，三头六臂也应付不过来。如果员工有了活思想，还得会做思想政治工作，团结大家日复一日努力做事。所以说，店长很不简单，没几把刷子玩不转。

通常情况下，店长都从大堂经理或厨师长中选拔。一般认为，大堂经理是餐厅的脸面，直接面对顾客，沟通协调能力比较强，而且适合于带领那帮子服务员小妹妹，所以，过去出身于大堂经理的店长比较多。在人们的印象里，厨师的主要特长在技术方面，文化水平不太高，厨政管理还带有团伙色彩，大多数人管理方式比较粗放，师傅管徒弟没什么道理可讲。这样，厨师出身的店长就少一些。

其实也不尽然，孙燕彬厨师长在协调方面就有长处。他说，"与人相处要'一碗水端平'，对不同的工

厨师长能当好店长，和他们的素质、经验有关。一般来说，能当厨师长，头脑肯定比较好使，工作年限比较长，对企业有感情，积累了丰富的厨政管理经验，实际上早已参与了门店的管理。至于文化素质，完全可以在实战中提高。

种、不同的人要有适当的方法，比如对洗碗大姐首先要尊重她们；对前厅首先要理解她们。"

2005年，我们有两个店长位置空缺。外面有人来应聘，我婉言谢绝了。我用人一贯是"用年轻人，用自己培养的人"，外聘人员能力再强，也不能空降下来当店长。不在企业摸爬滚打一段时间，熟悉和理解我们的企业文化，与团队建立感情，我不敢放手使用，不是怕能力不行，是怕血型不合。

我在几个厨师长和大堂经理里面反复筛选，最后决定启用一个大堂经理和一个厨师长当店长。这位厨师长从没想过自己能当店长，觉得很突然，他说他连财务报表都看不来，好多管理理论也不懂，只晓得厨房头做活路那一套。我说："我对你有信心。"他上台以后，前两个月我和他一起参加周例会，叫财务在每月财务报表之外再专门为他准备一份收支账目表。他说："买了多少货，卖了多少钱，付了多少款，赚了多少利润，账还是算得来的。"虽然头两年在管理方法上比较简单，员工也有些反映，但他一边学一边改，很快便上了路。后来又到四川大学经济管理班报名充电，管理水平长了一截，积累了一套行之有效的东西，管理思路越来越成熟，经营业绩年年大幅递增，成了餐饮业一位亮色人物。

厨师长当店长的直接好处，是我不必再操心出品。出品是厨师的强项，当店长以后，不用我啰唆都晓得把后厨弄好。

厨师长当店长还有一个好处：由于以前不大熟悉前厅工作，上台以后反而对前厅特别在意，有利于前厅和后厨之间的衔接。一位店长说："以前我当厨师长时，对前厅的意见听不进去。现在我当店长了，要求后厨必须听前厅的反映，关系反而更协调了。"

2006年我们建了两个新店，又启用了一名厨师长当店长。新店的规模和品质有很大提升，涉及多元化定位，需要研发大量的商务宴菜品，厨师长出身的店长能发挥自己的特长，补企业所需。大堂经理出身的店长，在服务、协调、营销方便能发挥出自己的特长，各自管的店都很不错。

相比之下，两个厨师长出身的店长，在产品和业绩上显得更强势。有人以前不善于管理，但几年下来都成了管理的行家里手。2012年，王正金、刘永东、陈亚还给来大蓉和考察的100多名同行老板授课，他们理论联系实际，问题找得准，措施方法说得具体，大家反映特别好。这以后，股东们对厨师当店长的做法都很支持，甚至有些偏爱，只要是厨师长牵头，都积极要求增加投资股份。

我受到鼓舞，决定以后开店时尽可能提拔厨师长。2011年城北店开业，原紫荆店厨师长吴树和走马上任。他说："前面的师兄干得那么好，我也不能丢脸，一定把店管好，早点给股东分钱。"他对大堂经理徐崇梅说："徐经理，前厅我不懂，你教我哈！"让徐崇梅很感动。吴树和信心足干劲大，筹备阶段就狠抓菜品研发，面对北门市场消费水平偏低的状况，两次降低定位，亲自抓营销，充分证明了自己的能力。

沙河店厨师长陈亚，在前任店长调走后接任店长。他是藏族同胞，15年前从汶川大山沟里走出来，因为偶然的机遇，他到烧烤城当小工，由于肯学肯钻，几年后便上灶，2006年坐到了沙河店厨师长位置。当店长以后，他在原来的基础上提升发展，想方设法把事情做好，敬业精神令人敬佩。

厨师长能当好店长，和他们的素质、经验有关。一般来说，能当厨师长，头脑肯定比较好使，工作年限比较长，对企业有感情，积累了丰富的厨政管理经验，实际上早已参与了门店的管理。至于文化素质，完全可以在实战中提高。他们的学习能力是没有问题的，何况现在的进修机会多得很，不愁没有提升的渠道。实际上，如果我们观察其他行业的管理者，很多也是技术骨干出身，长期做技术活的也能做好管理，特别是那些重视技术创新的企业。

现在用厨师长当店长得到越来越多餐饮老板的认可。

不能只有一个大厨

> 「生意好做，伙伴难邀」，开餐馆的老板如果对餐饮业不熟悉，完全依赖某一个合作者，会潜伏很大的风险。一个企业必须建立相互监督、相互制约的运行机制。有效的机制就是不管换什么人，企业照样正常运转。

一位老板开餐馆时，找到一位很有名气的大厨合作。这位大厨手艺很不错，行业里面人脉广，还可以招呼很多厨师，算是一尊人物。第一家店开业，生意很顺，接着又连续开了五家。所有的厨房骨干都由这位大厨安排，大厨顺理成章地成了公司的行政总厨。老板给这位大厨丰厚的年薪，还配置了福利，店里很多事都让大厨做主，大厨对公司的控制权越来越大，老板对大厨提出的条件也不断应允，可以给的都给了。

但老板的大度并没有换来真心回报，令人担心的事还是发生了，这位总厨被另一家餐饮企业挖走，几个店的骨干中有不少人也想跟着他离开。老板这才知道大厨的厉害，苦口婆心做工作，才勉强稳住一些人，但他心里明白，他们迟早都会听从大厨的召唤离他而去。这家餐饮店很快便从一流企业掉到三流企业，苦苦挣扎了好几年还没爬起来。

俗话说，"生意好做，伙伴难邀"，开餐馆的老板如果对餐饮业不熟悉，完全依赖某一个合作者，会潜伏很大的风险。即使开始时不懂，搞几年下来也应该懂，在口味鉴赏和市场营销方面有自己的主意，在人事上更要自己做主，否则很可能被别人牵着鼻子走，让自己的地种了别人的瓜。

一个企业必须建立相互监督、相互制约的运行机制。有效的机制就是不管换什么人，企业照样正常运转。清华、北大有上百年历史，校长换了一个又一个，老师每年都有退休的，但学校的地位没有改变，靠的就是一套成熟的机制，换了谁都不会改变。

我认为，企业做大以后，老板不要在一棵树上吊死，要多树几个山头，实行"分而治之"，采取"东方不亮西方亮"的策略。不同的主体，不同的人物有不同的风格，也有利于相互促进、相互制约。有的老板千方百计平衡各位"老大"的关系，总是事倍功半，甚至徒劳无功。其实，坚持原则和公正，体现他们的特长和个性，就是最大的平衡。这种做法，不是什么厚黑学，也不是挑起群众斗群众，而是一种管理科学，符合"对立统一"的哲学思想，古今中外都证明是行之有效的。

在厨师长的安排上，我也不赞成一个人管几个店。过去也曾有这种做法，但一个人再能干，也不能像孙悟空那样吹一根毫毛就变出几个化身。餐饮是"守"出来的生意，日常工作不是说几句话、安排一下就能解决问题。人在不在，效果明显不一样。

一派两派是派，五派八派就没有派了。开一个店立一个山头、派一个大厨，明确他的责权利，大厨之间哪怕是师徒，也没有行政隶属关系，不存在你管我、我管你的问题。徒弟可以放开手脚当大厨，只考虑对公司负责，对股东负责，各店算各店的账，业绩与个人利益息息相关，大家心里有数。即使有人被挖角，个人的出走对本店的影响也很小，更不会影响到其他店，规避了骨牌效应。这么多年来，我们从不担心厨师跑到别的餐馆另起炉灶，因为大蓉和的厨师实行一条龙作业，每个厨师只要做好自己分内的事就行，企业对厨师个人技术的依赖程度不是绝对的，厨政管理也就相对透明、公平，走了谁天都不会塌下来。

按总公司的安排，直营店的厨师长可以管理几个连锁企业的厨政；外派的连锁店厨师长，要经直营店行政总厨提名，老总把关，再由总公司审查批准，属公司管理的技术人才，不是谁的私人雇佣军。我们成都几个直营店的大厨，像周小勇、谢朝建都是在连锁店表现优秀，被总公司发现的。这些大厨都要用业绩说话，不管你嘴巴说得多厉害，大家都看得到，心头也清楚。

有些人对"山头"不以为然。他们说：不管是一个山头还是多个山头，总之是在搞"山头主义"，这不符合现代企业制度的要求。

我只能说，天底下山头林立，并非一片平原。餐馆里的山头更是客观存在，"打虎亲兄弟，上阵父子兵"，总有它的缘由。山头存在的基础，是千百年来厨师队伍的血缘、师徒结构。特别是师徒关系，一直是厨师中最重要的关系。任何古老的行业，这种师徒关系都有悠久的传统。它不同于父子关系，也不同于师生关系，是以传授技艺为纽带的师承关系。在厨师队伍里，"一日为师，终身为父"的思想根深蒂固，江湖行帮习气很重，厨房老大一发话，徒子徒孙都来了；老大一吹哨子，一帮人都跟着走了。师傅有绝对威信，开店时师父点兵点将，徒儿的饭碗都在师父手中。这样一来，很自然就形成了团伙，也就是"山头"。

在这种状况下，大厨不收徒还不行，你拉不起队伍，喊不动人。吴树和长得胖，都叫他吴胖儿，以往他从不收徒，多少有挑战传统的意味，很多手下人想拜他为师，他却一直不松口。手下人眼看找不到"组织"，觉得没有靠山，也就不安心了，胖哥手下最得意的一名墩子厨师辞职而去，随后又有几名厨师离开，让胖哥十分懊悔。他悟出一个道理：厨师不拜师，就师出无名，无门无派就是散兵游勇，得不到师傅的提携，前程就没什么指望。于是胖哥决心开堂收徒。这一下，后厨立即活跃起来，一些跑出去的又跑回来。城北店筹备期间，胖哥升任店总，把他管辖的四个连锁店的徒子徒孙都召集回来，说："虽然我当店长了，但不晓得这个位置坐得稳不。我坐不稳，你们都没有好果子吃。一人给我交两个拿手菜来扎起！"徒儿们使出浑身解数也要帮师傅撑台面。

收徒的另一个好处是你可以严格要求，正像老话说的："打是亲，骂是爱，不打不骂不自在。"乡里有句话更形象："家鸡打得团团转，野鸡打得满天飞。"厨师长周小勇说："徒弟做错了事，你可以批评，话说重一点都没关系，他会认为你对他好。如果只是上下级关系，或是别人的徒弟，你说话就得轻一点，要照顾他的感受，说重了他还认为你欺负人。"

周小勇还说："徒弟遵从师命，按规矩做事，一旦出轨或背叛师傅，会被逐出师门，在行业里混不下去。但另一方面，师傅在用人时，首先考虑的也是徒弟，用徒弟他比较放心。所以徒弟的前途要由师傅来决定。这种关系比较有凝聚力，也更有战斗力。"

在厨房里，血缘关系、同乡关系也很普遍。厨房工作烟熏火燎，水浸油泡非常辛苦，一般说来，只有农村出来的人才能吃这个苦。一个厨师在城里立住了脚，混出了人样，自然有很多乡亲让自己的子弟跟着他干，像老话说的，"前面乌龟爬开路，后面的乌龟跟着爬"。这样沾亲带故的关系，更好管束，效率更高。有的老板想改变这种关系，实际上不可能，也没有必要。任何事都要一分为二，只要因势利导，完善制约机制，就会产生积极作用。

厨师的素质也在逐渐提高，大多数人还是讲究职业操守的。特别是我们短期聘请的粤厨和一些外地大厨，敬业精神和办事作风非常好，只要合同一签，绝不"拉稀摆带"(拖泥带水)。一位大厨说："受人之托，忠人之事，只要接了活路，还是要想把它干好，即使要离开，也要把这边的事情衔接好。"那种只顾自己利益，不顾别人死活的做法，在行业里也会受到鄙视。大家都知道你这个德性，既不负责任，也不讲情谊，谁还敢用你！假若在行业里"操闭门了"，就只能收刀捡卦，另谋出路。

机会比奖金更重要

企业应该像一条河,不断流动才能保持活力和纯净。如果你多年保持老面貌,一家店做到底,恨不得做成百年老店,员工干得再好也得呆在老位置,慢慢都会泄气,企业会变得死水一潭。不流的水,哪来生命力?

农村孩子到城市闯荡,最盼望的是什么?无非是衣锦还乡、光宗耀祖。开着汽车,拉着老婆,车后厢堆满名酒,回到家乡办起"九大碗",招呼四邻乡亲大吃大喝,赞美之词迎面飘来,这才是人生得意之时。

汪二娃在成都做了10年,混到了厨师长。他回资中老家时,乡亲都来看他,摸着他的新车,非常羡慕。他把整条"娇子"烟丢到方桌上,喊大家随便抽。给他老汉过生那天,还特意请了过去心仪的女同学王桂花。王桂花的妈老汉见汪二娃这么有出息,直后悔当年看走眼了。酒过三巡,老辈子说:"读不得书的,跟到汪二娃去学门手艺!"汪二娃带了30多个人出去捞世界,村里人为了表示感谢,出钱出力把他家门前那条土路扩宽了,汪二娃可以把车直接开到家门口。

我过去一直认为,从农村到城里来"讨生活"的员工,无非是为了挣钱谋生,大多数人没有更高的要求。我曾问一位服务员,公司给大家增加了工资,你们咋个想的?她说:"涨了工资当然高兴,我们出来打工就是为了这个。"但实际上,很多人并不仅仅满足于涨工资。一年春节,一位从昆明店回来的厨师到我办公室来,我向他了解外派人员的一些情况后问他:"发给你的年终奖拿到没有?"他淡淡地说:"拿到了。"我原以为他会高高兴兴说几句感谢话,但他没有,而是诚恳地对我说:"如果给我一个机会,比钱更重要!"

每个人都在评估自己在江湖中的分量,当他觉得自己够分量时，一定会伺机提出要求。他讲的"机会"，是指自己当了三年厨师长助理，是不是也弄个厨师长当当。他在成都刚按揭了住房，很需要钱，但并不把钱看作第一需要，而是希望有一个平台来展示他的能力。

我们有30多家连锁企业，厨师长、厨师长助理大多由成都这边外派，相当于以前国家派出的"援外"技术员。他们回成都时，通常要来公司办点事，像整理菜谱之类的。每次来了，都希望和我见一面，至少也要来我办公室来打个照面。这样做是出于礼节，但更重要的还是希望我在心里记住他们。上座店厨师长王明对我说过："做了七八年厨师长助理，很少来总公司，和董事长接触的机会更少。调到上座店以后，董事长经常来店里和我讨论产品和管理，接触的机会多了，学到了很多东西。有时正在讨论问题，朋友来了电话，我大声回答说'正在和董事长谈事'，觉得特别来劲。"

2011年，圆满完成"瑞士-中国年"活动的外派人员胜利归来，公司召开了表彰大会。我给每位成员准备了一个红包，在会上当面发给他们。这些人我很熟悉，叫得上名字，但也有的只知道名字，却对不上号。我把红包发给一个叫刘志纲的厨师时说："早就听说你在产品研发上有一套，名字都听熟了，今天才对上号。"他扯开笑脸说："董事长认识我，比什么都好！"

我们在成都有2000多员工，我平常接触得多的，主要是三四十个部门经理，有些骨干我并不很了解。逢年过节时我会接到很多祝福短信，有的人我不太熟，他们会先做自我介绍，再写几句祝福的话，我都尽可能回几句，一是尊重，二是真心希望他们幸福。和下面的人接触有限，用短信可以弥补这种距离感，所以每年我都有段时间忙于回短信。如果是通过公司网站或写信反映什么问题，我也尽可能及时回答。通过这些直接或间接的接触，我强烈感觉到，任何人在解决温饱以后都希望被重视，有一股积极向上的激情，一个个摩拳擦掌要干番事业，不甘心原地踏步。这种激情值得我们珍惜。但另一方面，我们如果不提供更多的机会，让他们都看得到未来的前程，这种激情也难以维持下去。尽量和基层骨干沟通，是很重要的人事管理工作。除了听店长的意见，还要多听他们的想法。这样才能理解员工，知人善任。

　　以前我们经常讲"在发展中找机会",讲多了便成为一句套话。不过,员工的激情确实需要靠企业的发展来维系。公司不断开店,就能不断给员工提供上升的阶梯。这几年,我们在成都新开了几家直营店,创建了几个新品牌,每年都有新店开张,时不时还有连锁店加入。店里开员工大会时,只要听到有新任务,从上到下都情绪高涨,一个个都尽量表现自己,把工作做得更漂亮。他们知道,新店要抽人去管理,有些人会得到提拔升迁,空缺的岗位和职务也需要补空,很多人都有机会。当然,员工的期望值不完全一样。服务员干了两三年,穿上领班服后,会表现出发自内心的喜悦,这种喜悦不是钱能买到的。留住一个基层员工,有时也不是加几百元工资可以办到,你叫她当领班,她就愿意留下来。

　　企业应该像一条河,不断流动才能保持活力和纯净。如果你多年保持老面貌,一家店做到底,恨不得做成百年老店,员工干得再好也得呆在老位置,慢慢都会泄气,企业会变得死水一潭。不流的水,哪来生命力?水质必然会受到污染。我在国营企业做过,机关职员最怕自己的顶头上司年轻能干,在领导位子上一坐就是好多年,把下面人的升迁道路都堵得死死的。国营企业不开分店,几十年就这么几把交椅,即使是轮到你当科长,离退休也不远了,一辈子也就混个科长,多数人连科长都混不到。这样的黯淡前景,很容易使人丧失锐气,大家得过且过,做一天和尚撞一天钟。

　　多开店自然是好事,但也不是没有压力。开一个店就增加一份风险,每开一个店我都如履薄冰,生怕一脚踏空掉到冰河里去。从个人角度来讲,我确实不想再揽大了,但背后有很多力量在推着我往前走,只好对他们说:"你们能做多好,我就能做多大;你们做得越好,我也做得越大。"

　　除此之外,企业还可以为员工提供其他的发展机会,送员工到大学进修,就是一条路子。2013年3月,我们与四川师范大学文理学院签订"大蓉和现代餐饮管理定向培养班校企合作协议"。四川师大文理学院旅游系设立2011级本科"大蓉和现代餐饮管理定向培养冠名班",大蓉和提供给每位学员1000元助学金和500元奖学金,并免费输送5名员工到这个班学习。消息传出,全公司九家直营店都在争抢这5个名额，谁都不愿意丢失这个机会。公司顺应需求，增加了名额，每个店都可以选派员工去进修，这样才皆大欢喜。我们的员工，很多人没机会进大学，经过工作实践以后，都渴望有学习充电的机会。这种空前高涨的学习积极性，超出我们的预料。根据协议，双方互设"实习基地"和"培训基地"；这个班的40名学员，大蓉和有优先聘用权；参加学习的学员都能获得专科结业证书。这种培养人才的新型方式，能实现"双赢"和"多赢"，企业、学校和学生都很满意。

当然，任何企业都不可能给所有的人都提供发展平台，总有人会离开公司去寻找其他机会。这时也要理解他们。放手让他们飞，实际上也是为他们提供新的机会。我遇到过一位老员工，他曾在沙河店当厨师，后来去山西一家餐厅当了厨师长。他对我说："大蓉和人才济济，我努力了多年，看到当厨师长助理无望才辞职出来。现在当了厨房老大，很有成就感。"我也由衷地为他高兴，把他的成功看作是大蓉和的成功。

不开腔的把开腔的吃了

人与人之间的关系是世界上最复杂、最微妙的关系，处理好这些关系，让大家都心服口服，是企业长治久安的必要前提。

开餐馆顺风顺水，耳边的恭维话便多了起来，听得最多的是"你开餐馆真有一套"，我总是回答说："其实我不行，主要是找对了人。"

这不是客气话。

说到底，"谁来做"无非是发现人才、委以重任。我们都听过伯乐相马的故事，听过刘备三顾茅庐的故事。这些故事无非是说领导者要善于发现人才，发现了就要以诚相待。我认识一位老板，多年来很少提拔手下的员工，我问他为什么，他说"真没有人才"。后来他的一名员工跳槽到其他公司，不到一年便显示出能力，成了管理干部。那位老板知道以后很奇怪，问我："他不开腔不出气，怎么出去就变了？"我说："踢足球有一个道理，拼抢得最凶的不一定是最后取胜的。"

我愿意花时间去和员工打交道，了解他们的所思所想。人与人之间的关系是世界上最复杂、最微妙的关系，处理好这些关系，让大家都心服口服，是企业长治久安的必要前提。当初开小餐馆，人才的需求量不大，只要找对一个人，问题就解决了。后来店子越开越多，每开一个店就要组建一套管理班子，需要的管理骨干越来越多。人从哪里来？派到哪里去？都需要反复推敲、权衡。

过去在国营企业，哪怕只有一两百人，也要设置人事组织部门，专门负责干部的考察任用。我们现在2000多人，每年任用的人数很多，总公司却没有一个专人来管理人事工作，更没有设置专门的人事部门。我一直担心，过于刻板的制度会演化为僵硬的体制，造成一个官僚化的管理体系。这种体系看似严谨，实际上效率不高，而且多出一个层级，反而影响领导层的决策。所以我一直不赞成"在规范中发展"，而是奉行"在发展中规范"。在人才选拔上，我们虽然没有形成严格的制度，但还是有一套约定俗成的模式。

公司的任用模式大致是这样的：店长由董事会任命，而厨师长、大堂经理、办公室主任和各部门经理由店长提名；前厅主任、楼面经理、部长由大堂经理提名；厨师长助理、后厨组长由厨师长提名。名单交到董事会，由董事会批准。这种方式有点像西方的组阁制，总理由总统或国会委任，内阁成员由总理提名。

这样做，虽然可能发生"任人唯亲"的问题，但《目标责任书》是店长签的，任务完不成，董事会要拿他是问，无论如何他也得考虑"任人唯贤"，否则坏了自己的事，谁来承这个"火"！实践证明，知人善任更具操作性，了都不了解你怎么用？这样做，管理班子的工作效率比较高，各级主管也能显示自己的管理权威，手下人比较听话，很少有对着干的。此外，这种层层委任的人事管理办法，还可以避免上层利用权威插手人事，安排照顾私人关系，或是安插亲信，狐假虎威专打小报告，引起下属的不满，造成管理混乱。

对于各级干部的委任，总公司也不是完全撒手不管，哪些人可以用，心头还是有数的，只要不太出格，原则上我们还是会同意的。有时我们觉得某人不大合适，但如果店长坚持要用，只要没有原则问题也都尊重店长的意见。有个新店筹备期间，我们向店长推荐3位老资格的前厅部长作为大堂经理候选人，但店长却提出了自己的人选。在我们看来，他提出的这位人选似乎比不上我们推荐的。几经协商，店长坚持要用他选的人，我们也就顺其自然。这有点像娃娃谈恋爱，父母觉得不行，娃娃喜欢，最终还是要依娃娃的意见，因为日子是他们两个过。

董事会有任命店长的权力，但想当店长的人很多，各有各的长处，选择时也很费神。我们对店长的评判标准主要有两条，一是看业绩，二是看下面对他的拥护程度。能力是必需的，但还要有德行，队伍带不起来，个人能力再强都不能独当一面。在成都选的店长虽然水平不一，但总的来说都还称职，也有表现非常优秀的。

2011年沙河店店长换人，我们打算提拔陈亚担任店长。为此，公司召开了一个有40人参加的民意测评会，测评后进行公示。考察人员对陈亚说："这样做，是想让你知道不仅要听领导的，还要倾听群众的，树立群众观念。"这是我们第一次使用政府机关的干部考察程序来选拔店长，员工对这种做法反映很好，对陈亚本人也触动很大。听说那几天晚上，他自己出了3000多元请一些员工到外面吃烧烤。

有一位厨师长，业务娴熟，组织协调能力也不错，平时不开腔不出气，哪个都可以和他开玩笑，人缘极好。而且他对企业忠心耿耿，外面的人用40万挖他都不动心。这样的人不用还用谁？我问他今后有什么打算，他说，"我是做炉子出身的，只晓得做菜，没有想啥子。"我说，"公司要开新店，我想叫你去管，行不行？"他非常吃惊，急忙说："平时我在会上介绍菜品都紧张得冒汗，心头虽然明白，就是讲不出道道来。这个样子能当店长么？"但我相信他能做好。企业不是书场，不能光靠耍嘴皮子，你嘴巴再甜，再会说，也终究替代不了实干精神。只要脑瓜子好使，嘴巴子笨一点不是问题，口才也是可以锻炼的！四川有句老话"不开腔的把开腔的吃了"，大概就是这个意思吧？

厨师长虽然由各店老总推荐，但我们也注意发现一些表现出色而没有被推荐的人。有一次，谢朝建到内江负责厨政输出，我发现他的菜做得很不错，就问他："你师傅是谁？"他说："我无门无派，只有把工作做好，才有立足之地。"对他这样没有被推荐为厨房老大的人，我特别在意，找了个机会把他调到西昌店去做厨师长，他表现得很出色，和投资方的关系也十分融洽，门店的生意算得上二级城市中拔尖的。2011年，我们把他调回成都紫荆店做行政总厨，并分管连锁企业厨政。他上任时，离产品交流会很近了，公司担心他们还来不及拿出新菜品，建议他不要参展，但紫荆店不愿意放弃机会，短短一个月交出了一份不错的答卷。

一位厨师来大蓉和的时间不算长，表现突出，担任了贵阳店的厨师长。由于种种原因，这个店的生意比较疲软，一些人对他颇有微词。但我注意到，他不但做菜的基本功不错，而且擅长后厨的组织协调，这正是很多厨师长欠缺的。我觉得，对人的评价不能光看一时一事，也不能单单以一个方面来衡量。有时候，生意不好并不完全是能力问题，也可能有运气的因素。不久我把他调到昆明店。这个店开业五年，是一个老店，他把后厨管理得井井有条，门店的菜品也焕然一新，营业额比从前更好。2009年，公司调他到成都双楠店做厨师长，也没有辜负我们的期望。

老板用你，就比你聪明

一位香港大老板接受记者采访时，说自己在中学读书时成绩不好，那些优秀生都读大学、出国留学去了，而他只能到社会中打拼。记者问："那么现在呢？"他说："现在，那些人在我手下打工。"

像这样的情况并不少见。香港大老板李嘉诚、霍英东都是从最底层打拼上来的，手下的高学历员工不知多少。日本"管理之神"松下幸之助、中国台湾"塑料大王"王永庆也都出身贫苦，读书不多，在艰难困苦中一步步把企业做大，麾下的顶尖级人才多的是。

我认识一位泥水匠出身的大房地产公司老板，非常佩服他的能耐。他来自农村，五十多岁了，除了穿名牌服装包装一下形象，言谈举止、生活习惯还是像个老农民，朴实、憨直，有点狡黠。文化水平不高，也懒得去装高雅。有人建议他买个MBA头衔来包装一下，他说："它认得到我，我认不到它。"但他手下尽是高级职业人，哪种场合都有人来应对，一点也不失水准。他把公司资源有效地组合使用起来，确实是高手。

杨老板过去是崇庆县打工仔出身，初中都没有毕业，脸上总挂着憨厚的笑容，和哪个都搞得好，但他内心很精明，生意做得不错，不管是加工石榴汁还是做酒生意，样样都赚钱，而且过得很轻松，日常事务都交给手下人去打理，有什么大事才露一下面。他还有一个本事：经常请得

市场是公正的，总会给那些聪明人留下机会，而不管你是否出身高贵，是不是出自名门。出身草根，不意味着你没有管理能力和指挥能力；出自名门，不见得就有了护身符，能统管一家企业，成为商战的常胜将军。

动大人物一起吃饭。我很奇怪，这么一个憨呼呼的样子，怎么就攀得上大人物？一位大人物的秘书私下给我们说："他这个样子，领导一看就放心！"

真人不露相，谁能说这些老板不是人才？

商场如战场，如果你长期在战火里摸爬滚打，有一些做生意的天赋，加上有一些运气，就能打胜仗。市场是公正的，总会给那些聪明人留下机会，而不管你是否出身高贵，是不是出自名门。出身草根，不意味着你没有管理能力和指挥能力；出自名门，不见得就有了护身符，能统管一家企业，成为商战的常胜将军。

我们还发现，很多人成功的原因，并不完全因为他积累了多少实战经验，或是比别人更聪明，最重要的是他不但善于识别人才，而且有办法笼络到这些人才，形成能打能拼的团队。我说过，宋江在梁山一百零八位好汉中，论文论武都排不到前面，但那些天不怕地不怕的飞毛腿、鼓上蚤、入云龙、浪里白条、智多星乃至八十万禁军教头都信服他，推举他坐头把交椅。刘邦有什么本事？谋略比不过张良，战功比不过韩信，后勤粮草还得靠萧何，他的本事就是能让这些有本事的人组合在一起，忠心耿耿地听命于他。这才是最大的本事。

时势造英雄，英雄造时势。企业做得好的、实力强的，老板的判断力一般不会差到哪里去。凭这一点，他就有当老板的命，如果顺应时势，还可能当上更大的老板，用更多的高级人才。在餐饮行业，老板可能是开汤圆店、豆腐店的路边摊起家，一路做起来的，玩高档餐饮以后，将产品、服务、营销交给专业人员来做，甚至请五星级酒店出来的能人操持。老板用这些能人，不是说这些人就比老板强，只能说老板慧眼识珠。当老板的，不外乎就是拼气度、拼智慧、拼眼力，再加上有那么点运气。大家都想有"贵人相助"。什么是贵人？你手下的人才、你的员工都是你的贵人。

近几年来，"东方美食"杂志社每年都要组织"KTP红厨帽"考察团到成都交流。有一次，一家著名企业的老板带着他的总经理同行，就餐时老板称赞自己的总经理，说他管理能力强、业绩不错。总经理显得很受用，讲起道理来滔滔不绝，满桌人都听得很专注。他向我敬酒时，我也称赞他能干，没想到他端着酒杯又兴致勃勃讲起来，讲了五六分钟还没有收尾的意思。我只好插话："不管你多么能干，老板用你，就比你更聪明。"落座后，他的老板端起酒杯走到我面前说："刘总，你真有名堂！"

我说这句话，是想提醒那位总经理：当老板称赞你时，还是低调一点为好。尊重上司、尊重前辈，夹起尾巴做人，老老实实做事，是职场人员应该具备的修养，也只有这样才能把企业做得更好。应该清楚，无论你怎么能干，最终的决策权和指挥权还是在老板手里，成功或失败也由老板来承担，老板担的风险比谁都大。好比打仗，参谋部可以拿出很漂亮的作战方案，但最终下命令的还是司令员。即使打了胜仗，也不能说参谋的水平比司令员高。善于使用高明的参谋人员，是司令员的本事。更重要的是，在众多方案中选择最佳方案，还得依靠司令员的决断能力。

现在，餐饮业的职业经理人越来越多，有些是总经理一级的，统管整个企业的具体运营；有些是店长一级的，职责是管好一个店。对于规模比较大的企业来讲，店长一级的大多是在本企业经过长期积累，具备了能力，由企业提拔使用的。我们的店长都是走的这条路，忠诚度比较高，对企业文化比较认同，对员工也熟悉，比较好开展工作。

总经理一级的职业人，如果是自己企业成长起来的，也比较能长久；如果是外面聘请的"空降部队"，则有一个嫁接的过程。嫁接能不能成功，要看你的基因是否匹配，文化是否认同。这些年有一个比较普遍的现象，职业经理人的忠诚度不高，职业道德有些问题，很多企业再不敢随便聘请。也有一些职业经理人自视太高，在取得成功以后沾沾自喜，谁也不放在眼里，上上下下都得罪，最终只能离开。我就见过这么一位，确实很能干，但他喜欢把功劳都算在自己账上，慢慢和老板产生了隔阂，大家心里都不痛快，工作无法做下去，他不得不辞职另谋高就。

股份不是政策，不是企业发给员工的福利，不是单位发米、发油、发手纸、发奖金，更不是谁都可以来吃几口的唐僧肉，而是共担风险、共享利益的一种『捆绑』机制，是拿出真金白银来创造价值。

股份

开餐馆的滋味

2

- 把土地分给农民
- 股份不是政策和福利
- 干股不干，水分难说
- 公平有一个过程

把土地分给农民

用资本挣钱和靠打工挣钱是无法比拟的。获得投资的机会，能改变很多人的命运，身份和地位都会发生极大的变化。

《开餐馆的滋味1》出版后，在餐饮行业影响最大、议论最多的是书中谈到的"建立利益共同体"，也就是股份制问题。我说："我们尽力推行职工持股，尽可能提携年轻人到关键位置，让他们的收入达到中产阶层水平，甚至让管理干部进入富人阶层。虽然表面看来我们的股份比例下降，分红比例也相对下降，但绝对值还是上升了，从长远看可以赚更多的钱。这大约就是赚钱的辩证法。"

在我看来，这些话似乎很平常，没有多大的冲击力，但钦善斋的李总对我讲："有人说，你把餐厅给员工分股的事讲穿了，简直是一颗定时炸弹，让很多老板不得不面对这个现实！"有人甚至说："按你的做法，餐饮界要搞'土改'了！"也有企业家看了这本书以后，试着搞股份改革，让高管持股。有一次我到长沙参加一个座谈会，一位女老板对我说："看了你的书，我也学着把股份分出去了。我在长沙有四个店，每个店让出25%的股。"我说："真对不起，我让你破财了，你整整少了一个店！"她说："看了你的书才下定决心这么做。现在参股人员的情绪很高，我更有信心了。"

股份这东西，以前人们都很陌生，慢慢才知道它的厉害。上世纪80年代末我在机关工作时，单位弄来一些"瑞达"、"北海"股票，组织大家购买。有的职工舍不得用真金白银来购买那几张纸片片，生怕自己的钱打了水漂。过了不久，成都红庙子股票交易热闹起来，我花1元钱买的股票，转眼就变成了5元，懵懵懂懂发了笔小财。这时，那些没有买的人才恍然大悟，肠子都悔青了。以后再有股票来，大家都抢着买。

成都大蓉和是从国营企业演变而来的，开张时有10多个股东，2005年以后，新建的沙河店、一品店发展到30多个股东，2008年以后的双楠店、城北店，一个店就有60多名股东。我是企业的法人代表，还是董事长，外人都以为我的股份比例很高，其实，不管开了多少店，我的股份始终不多。

有一次省人大组织代表在东郊音乐广场视察，一位管物业的李小姐听说我是大蓉和的老板，惊讶地说："你是成都餐饮业最有钱的老板！我经常去沙河店，连位子都订不到，生意太好了。"我笑着回答："我们餐馆虽然生意不错，但我是成都餐饮业最穷的老板。"一位餐饮界朋友问我在一品店有多少股份，我说只有几个股。他很吃惊，"那你为啥那么扎劲？"我说："我不和你比，也不和其他人比，我只和自己比。以前在国企时，什么股份都没有，还是照样做事。现在多少还有点，比过去好多了！"他听后陷入沉思，以后经常用我的话去教育手下人。

可能是经历过上个世纪六七十年代的革命传统教育，接受了老一辈人"钱多累己"、"生不带来，死不带去"的财富观，我们这些人对金钱不大看得重。不是不爱钱，而是不愿意太贪钱。没有钱时我拼命去挣，特别希望脱贫致富。生活富裕以后，又不怎么在乎钱。人的欲望是无止境的，总是希望得到更多，哪怕自己并不需要这么多。我身为企业法人代表，要为大家负百分之百的责任，但我也只想做个小股东，永远不去控股。一个人、一个家庭，日子过得去就行了，要那么多钱干什么？佛说"圆满即止，岂非无量"，这是有道理的。

钱多钱少不一定能决定幸福指数。我曾在青石桥夜市的一个三轮车面摊旁，连续几天看见两个打工仔，一人一碗排骨面，一瓶啤酒。碗里那几块小排骨就是下酒菜，全部消费9元钱。摆的龙门阵是，三圣街女老板一瓶啤酒多收了他5毛钱，再也不去了。酒足饭饱了，劣质纸烟冒起，一脸的满足、惬意。而我在酒店的豪包区很难见到这种幸福感。

大蓉和在成都陆陆续续开了九家餐馆，我都坚持把90%以上的股份分给大家。这几年来，大蓉和越做越大，人马越来越多，事务越来越庞杂，来投资、来工作的人络绎不绝，但我操心的事反而越来越少、越来越简单。日常工作都有人去负责了，我更多的时间是考虑公司的发展战略、产品研发和人才管理。一位餐饮老板和我喝茶摆龙门阵时，时不时有手下人开车赶过来请他签字。他见我居然有时间看书、写书、打乒乓球，觉得很奇怪，问我有什么诀窍。我说："很简单，把土地分给农民，把权力交给农会。"意思是说，管理骨干成了股东，你授权店长行使经营管理权就是，日常工作根本用不着插手。我曾对店长说："一般的事你们不要找我，不然请你干啥？但如果有解决不了的事，我会站出来。"

一个中等职务的员工，月收入大约三四千元，加上年终奖，一年也就五六万元。300多天辛辛苦苦履职，才能挣到这么点钱。如果投资成为股东就不同了，股份收入很可能比工资还多。这就是资本的力量，用资本挣钱和靠打工挣钱是无法比拟的。获得投资的机会，能改变很多人的命运，身份和地位都会发生极大的变化。他自己就是老板，是股东，角色转换了，谁舍得让自己的金钱去打水漂？这种高度的责任感，不是靠思想工作和感情维系能达到的，而是来自骨子里的本质变化。谁不希望改变自己？谁不愿意过上富足的生活？你能满足他的愿望，他当然就跟着你走。企业的发展同样依赖于员工的素质和能力，员工发展了，企业自然好发展。十几年前我们只掌握100多万的经营资产，现在上亿，每年向国家交税上千万元。这是原来想都不敢想的事，是大家齐心合力干出来的，我个人就是有三头六臂也做不到。

孔夫子说："其人存，则其政举；其人亡，则其政息。"历史上"人亡政息"的事例太多，因人事变动导致企业衰亡的教训也很多，无非是因为一个人说了算，缺乏长治久安的机制。股份制的最大好处，就是避免了这种命运。

把土地分出去，"地主"当然心疼。老板把财富分出去，确实需要心胸和魄力。但如果算总账、算长期账，这样做其实并不亏。虽然资产不再是少数几个人的，但盘子大了，收入总量增加，收益的时间会延长。大家都想把企业搞好，企业就能长久存活下去，也才能长久获利。

过去开小餐馆，投不了几个钱，老板一个人就能做到，请人打工，付工钱、发奖金，劳资双方各算各的账，也是天经地义的事，这种模式今后还会长期存在。但现在的情况有些不同，大中型餐馆的投资都在千万元以上，投1个亿也不稀奇，光靠个人积累，发展必然受到限制，有些机会你会眼睁睁地丧失，想抓也抓不住。老板创业成功以后，有了品牌、技术、管理和人才及盈利模式，这是老板冒着市场风险拼来的，应该受到大家的尊重。老板成功以后，把这些资源拿出来给跟到你的人共享，对老板本身也没有什么损失。带领大家走出一条致富的路子，既是我当初创业的初衷，也是明智的选择，和党中央倡导的"让全民共享改革开放的成果"的大方向是一致的。

股份不是政策和福利

坚持利益与业绩、贡献挂钩，应该是股份分配的基本原则。如果把职工持股弄成变相的大锅饭，必定会违反初衷，甚至适得其反，生存都会成问题，更谈不上竞争和发展，让自己陷入纷纷扰扰的矛盾中难以自拔。

南京一位餐馆老板找到我，和我探讨餐厅股份制改造问题。他说他的酒店一直不赚钱，为了调动下面的积极性，分给了员工一些股份，但生意还是起不来，即使到后来把股份分了一半出去，仍然不见起色。

我说，内部分股，分的是老板的良心。把劣质资产分给员工，这样的股份改革没有意义，员工也不会接你这个烫手山芋。我们让员工持股有一个基本原则：赢利比较有把握的优质项目，让员工持股；风险比较大的，则不让员工投股。简单说就是"看不透的老板来，看得透的员工来"。员工跟着你是想赚钱，而不是来跟着你冒风险。他们的资金有限，有的还是借款，甚至把房子都抵给银行了，谁都吃不起"泻药"，只能吃"补药"，万一出了问题，那是收不到场的。所以在员工入股的问题上，我们一直是慎之又慎。

2004年以前，大蓉和每开一家门店都让人提心吊胆，生怕一脚踏空，都只敢"摸到石头过河"。不要说一般人不敢投资，就是公司的一些高管也不敢拿钱出来，有的人宁愿借钱给公司，也不愿意当股东，生意好了以后才把借款转为股份。当时的原始股东是公司的创业者和有点家底的朋友，没有让员工参加。2005年开办沙河店、一品店，除了老股东外，首次让部分管理人员投资，资金是自己出一半，公司借一半，等于是"扶上马，送一程"，让他们踏上股东的台阶。2008年建双楠店时，大蓉和已经红火了9年，品牌和经营状况都非常好，员工对公司的信任和期待较高，这个时候让他们投资相对比较保险，我们才试着让更多的骨干成为股东。但即使把握较大，也不是所有的人都放心，也有犹豫的，既怕担风险又怕失去挣钱机会，像猫儿抓糍粑，又想抓一把，又怕脱不到爪爪。总共100股，一些骨干分到了2股，但左想右想还是放弃了；也有人只投1股，放弃1股，算是脚踏两条船的折中办法。有的老员工是创业前就跟着我的，都快退休了，我想让他们有个增加收入的渠道，也算没有白跟我一场，但还是有人不敢投资，几个领导轮流做动员都没有效果。双楠店开张后，以白雪为首的经营班子非常努力，充分发挥了品牌优势和管理优势，效益比较好，入了股的人当然该分红，那些放弃了的人这才后悔莫及。一位以老谋深算著称的财务经理，看到别人满脸灿烂地数钞票，他把眼镜一挡，"怎么这回看飙（看走眼）了！"

2010年城北店筹建，投股的热情空前高涨，胆子一下都大起来。一共有65个股东，没有一人放弃。有人还嫌股份不够，拼命找公司争取机会，或是出钱买指标。这个时候的心态是"分股就是分钱"，不考虑什么风险、利弊了。就像过去单位分房了，分不到的闹情绪，领导得辛辛苦苦做思想工作。那段时间，我的办公室经常有员工光临，很多人以前从来没来过，弄得我应接不暇。双楠店一个工程部员工跑到我的办公室说："我跟到董事长11年了，这盘一定要当股东！"生怕过了这个村没有这个店。我的手机上要求入股的信息此起彼伏，生怕把他忘了。我说："投资是有风险的，你们不要只看到好的一面。"但在狂热的气氛下，谁也听不进去。不少员工借钱入股，甚至把房子抵给银行拿贷款来入股。越是这样，我心里越害怕，因为这涉及到他们的身家性命。虽然感谢他们对企业的热爱和信任，但市场总归是市场，谁敢打包票保证赚钱？只能说，以我们目前的条件，风险相对较小而已。经历过风雨的人都知道，市场充满了变数，可能性与现实之间的差距是很大的。

有这么一个故事：园丁为一位企业家的园林种树，他问企业家："我也希望发财，能告诉我一个办法吗？"企业家说："很简单，你种的这片树林作为我们共同的投资。你不拿工资，但拿20%的股份，树林增值后按比例分红。愿意干吗？"
园丁想了想，工资马上就要到手，放弃了太可惜，于是摇摇头："谁知道以后会
发生什么？万一树林被烧毁了，岂不是一场空？算了，我宁愿拿那点工资。"

像园丁这样的人，其实很多。城北店开张后，虽说也盈利，但效益比其
他店稍差一些。有的员工原来期望值很高，看到经营状况并不像预想的那么美
妙，便觉得不安，有人传话过来："分不到钱，领导要拿话来说哦！"这让我们
更担心。本来想做好事，没料到这么快便出了状况。我这个董事长，不得不花
很多精力关心城北店的事情。

股份不是政策，不是企业发给员工的福利，不是单位发米、发油、发手
纸、发奖金，更不是谁都可以来吃几口的唐僧肉，而是共担风险、共享利益的
一种机制，是拿出真金白银来创造价值。在经营持续良好的背景下，一些人对
"共享利益"情有独钟，对"共担风险"却没有思想准备，甚至无法接受。这
是人与人的区别，是心态的问题，没法子统一。股份制向哪个方向走，怎么才
能较科学地解决企业发展、员工发展的问题，确实要慎重考虑。

人是欲望的产物。对我们来说，由于每开一家新店都迅速火爆，股份就
成为一种看得见的利益，面临的主要问题是如何均衡。既要照顾创业元老，又
要鼓励一线管理者，还要考虑那些忠心耿耿、资格老、岁数大的普通员工。这
是成为一个优秀企业应有的品质。但我们的股份分配机制还没有优化出固定章
法，也不敢严格按股份制企业来做，只能是走到哪说到哪，不知不觉演变成了
八方兼顾撒花椒面的局面，多少影响了股份的激励作用，甚至弄得一些人叽叽
咕咕有意见。又想刺激经营，又想兼顾利益，鱼和熊掌都想得，这种兼顾和平
衡的手艺，确实很考人。

但不管怎样，坚持利益与业绩、贡献挂钩，应该是股份分配的基本原则。
即使要平衡各方利益，也必须适可而止，在保证刺激经营发展的前提下才能
做，不能过于泛滥。要坚持这个基本原则，领导者就不能和稀泥，既要有善
心，也要有狠心。"当断不断，反受其乱"，这句古话要切记。

我在国营企业干了多年，对吃大锅饭的那一套很熟悉。大锅饭的最大弊病

是干多干少一个样，懒人和勤快人一个样，甚至因为懒人有的是时间，在单位里兴风作浪，弄得内部吵吵嚷嚷，大家都没有积极性，勤快人也跟着变懒；企业像一台负重的老汽车，油耗大、效率低、故障多。如果把职工持股弄成变相的大锅饭，必定会违反初衷，甚至适得其反，生存都会成问题，更谈不上竞争和发展，让自己陷入纷纷扰扰的矛盾中难以自拔。

干股不干，水分难说

干股的要害，是能否得到法律保护。如果在企业注册时，你的股份即被明确下来，那么是受法律保护的；如果只是口头承诺，没有实现价值交割，也没有进行工商登记的手续，干股就可能是一个气泡。

有一家餐厅，总经理余勇是一位很出色的职业人，在五星级酒店当服务员出身，又在成都两个高端餐厅做过，对餐馆每个岗位的工作细节都非常熟悉，营销更是他的拿手好戏。他长得帅气，对人和蔼可亲，语言也很得体，开口一笑就是"请问，有什么指示？"总能把客人说得眉开眼笑。他手头有一大批客户资源，每到一个餐馆都能带来一些消费群体。他还有一个绝活，酒量大，每天在30几个包间轮流待客，多种杂酒下肚也没见他醉过。为客人敬酒时，客人叫他挨个"打一圈"，他也唯命是从，让客人很有面子。他的这套本事，把餐馆的酒水销量都做大了。有一次，做陶瓷生意的王老板请客，已喝了差不多两瓶酒，他进去后敬了两杯，瓶子就见底了。王老板高兴地喊服务员再开一瓶"水井坊"，千把元的营业额又兑现了，客人还很乐意。有人问他是不是有意这样做，他诡笑着说："我的任务就是把客人弄高兴。"

我去他那里吃饭，他过来作陪，把你想吃的菜都点上来，服务做得滴水不漏。和他混熟了，我问他收入多少。他说，工资一个月万把块钱，和其他餐厅老总差不多，吸引他的是老板给了5个干股。这是挖他来时许下的一张诱人的大饼。我问："你一天十来万的营业额，5个股一年要分不少钱哦！"他说，"哎呀，这个事情就有点不好说了。按理说挣了多少，该分多少，是一目了然的事，但钱虽然挣到了，算账下来就拿不到那么多了。"老板把餐厅装修改造的钱，添家具、餐具、改空调等费用都从利润中刨除，大家事先又没有说好。这些钱确实也花了，老板这样算也有他的道理。而我是打工的，我算的是经营上挣了多少，我就该分多少。两人的算法不一样，结果就差不少。即使按老板的算法，我也不能拿到全额，因为老板的流动资金有些困难，先拿一部分给我，剩下的打欠条。这样下去，总觉得心头不踏实。它不像股东分红，每次分多少，每股是多少，大家清清楚楚，心头有数。

我们有一位水平较高的大厨被一家餐厅老板挖走，对方开出30万"转会费"，先给大厨一半，剩下的一半要看生意是否做得起来。此外还许诺给大厨5个干股。这家酒店面积虽然较大，但生意一直比较疲软，请大厨来就是想改变菜品状况。但事与愿违，虽然换了几个菜，半年过去了生意仍不见起色，老板叫他再拿些新东西出来。新菜虽然做出来了，但卖不卖得出去就是另外一回事。一年以后，老板再也不提欠"转会费"的事，干股也就成了镜中花、水中月。两年以后，老板对这位大厨丧失了信心，把他东调西调。大厨知道大势已去，只得辞职走人。

我们一位高管，被省外一家房地产老板看中。这位老板有房子，想进入餐饮行业，一直找不到合适的经营人才。通过关系认识后，老板经常找他喝茶，热情邀请他到省外考察。考察期间坐头等舱、住五星级宾馆，开加长林肯吃早点，在当地最高档的"宴月楼"款待，美景、美酒、美女应接不暇，大大风光了一盘。老板开出的条件也很诱人，工资自不用说，比在成都翻一番，还拿出10个干股由他分配给干活的人。这个酒店的投资预算是3000万，转眼之间这帮做活路的人在理论上就有300万，如果靠打工，一个人要挣几十年。这位高管有点招架不住，回公司提出辞职。客观地说，人往高处走也可以理解，但在放不放他的问题上，公司内部还是有一些争论。我认为，既然我们提供的待遇不能很快改变他，就不要挡他的发财路了，即使勉强留下来，也是留得住人留不住心，对谁都没好处，"天要下雨，娘要嫁人"，顺其自然吧。

他到了新企业以后，工作非常努力，从酒店筹备到开业经营都发挥了作用，酒店生意虽谈不上很好，但也说得过去。问题还是出在干股上。干了两年，他还没有闻到干股的味道，因为挣到的钱与老板的期望值差得太远了。主人家都没有赚，你的钱从哪里来？这时他才后悔，当初就应该和老板把干股咋个"干"法说个明白。

干股，顾名思义就是不投钱占股份。这种方式普遍存在于一些行业，例如技术员以自己的技术、发明折价作为股份，就是干股。干股的要害，是能否得到法律保护。如果在企业注册时，你的股份即被明确下来，那么是受法律保护的；如果只是口头承诺，没有实现价值交割，也没有进行工商登记的手续，干股就可能是一个气泡，不可能受到法律保护，万一打官司，你注定败诉。

股权是一种实体权益，有权利义务关系的设置，通过注册资本、工商备案获得合法权益。很多管理者和厨师不懂这些法律概念，别人给他画一个饼，就以为自己真有好果子吃，没和老板签订任何协约、履行任何法律手续，就稀里糊涂跳槽而去。生意做好了，老板一高兴，可能兑现他的承诺；生意不好，老板亏钱，干股就只能算一个诱饵，你上了钩就摆不脱了。总之，干股不"干"，水分极大。换一句话说，没有花钱得到的东西，也可以不花钱收回。

15年前我以股东身份进入西部牛仔餐饮公司，往后自己承头开店也延用股份制的形式，但从来不主张用干股来套住核心骨干。在《开餐馆的滋味1》中我说过："干股对企业有百害而无一利。没有投资就没有压力，就不会全力以赴，年终结算时反而会产生麻烦。"

我们的员工入股，全部是平价，老板出多少，员工也出多少，没有内外之分，也不搞什么溢价出售。公司创造的这套赢利模式，大家都有份，骨干们更有功劳，他们有理由分享胜利果实。能这样想，这样做，也是对老板心胸和气度的考量。

公司走上道后，每逢开新店，对店长、大堂经理、厨师长这三个最核心的管理人员，公司都要求他们入股，如果资金有困难，公司可以借给他们，分红以后再归还。如果他们调离这个店，股权依然不变，继续享受股东的权利和义务。这样做是为了让管理者与企业产生血肉相连的关系，切切实实把门店当作自己的亲生孩子，承担股东的责任和义务。自己的钱投进去了，他才知道心疼，生怕收不回来，竭尽全力也要把门店做好。我有一个体会，一个餐馆只要这三个人入了股，心头就比较踏实了，你多管少管已经无所谓了。如果只是口头上许诺几个干股，管理人员不见得会牵肠挂肚，甚至不当回事。

近年来新创的品牌，我们试行对主要管理骨干设定职务股。如大堂经理1股，谁当大堂经理谁就可以享受等同于1股的分红。职务股不设在人头上，而是设在职务上，谁在岗谁享用。这也是一种激励机制，尽管职务股本质上也算是干股，但是这个干股却货真价实。

公平有一个过程

人人都希望获得公平对待，但公平不是平均化，不是大锅饭。公平就是一个动态的过程，一碗水端平当然最理想，但实际上谁也不可能真正端平。公平就是一个过程，正像走路，总有一只脚在前，一只脚在后，但既然在走路，两只脚都有在前的机会。

职工持股并不是新鲜事，上市公司都有职工持股。早在2004年，慧聪国际总裁郭凡生就表示，慧聪之所以能由小到大、由弱到强，关键在于企业实行了"全员皆股东"的理念。郭凡生说过一句名言："不分股权或者不会分股权的老板，肯定不是好老板。"

但我们不是上市公司，不可能实现"全民皆股东"。在我看来，上市公司有它的特殊性，按溢价购买的股票，一旦上市便翻几番甚至十几番，赚钱几乎没有悬念，全民持股也就没啥内部风险。即使上市后跌破发行价，也总有翻盘的希望，赚钱的把握较大。说穿了，很多公司上市是为了圈钱，职工持股也是为了从股民那里圈钱，并不是老老实实从市场里赢得利润。这种圈钱的办法其实就是投机，以持股坐收渔利。作为非上市的民营企业，你不可能从股民口袋里掏钱，只能从市场里挣回来。万一经营出现问题，不但影响公司利润，还直接威胁到股东的利益，很可能带来一系列连锁反应，甚至引起企业内部的纷争。所以说，在分配股份时虽然要照顾到方方面面，力求"公平"，但一定不能忘记，这个"公平"是有潜在风险的，并非只赚不赔。普通员工收入不高，风险承受能力有限，心理承受能力更弱。我们的职工持股还局限于企业骨干和老前辈，这是原因之一。

此外，餐饮业是劳动密集型行业，我们在成都的员工超过2000人，大多数门店都有两三百人。让这么多人都持股，事实上是不可能的。何况，餐饮业的劳动力流失率非常高，特别是服务员，每年的流失率超过50％，过一段时间就要换一批新面孔，连买社保都麻烦，更不用说让他们持股了。

任何事物都有两面，有一利必有一弊。大家都挣工资时，只看谁的工资高谁的工资低；一旦有人入股，旧的平衡就被打破，造成新的不平衡。这种不平衡不但体现在收入上，也体现在心态上。分红了，股东的积极性空前高涨，没有入股的人眼看着财富差距拉大，心里不是滋味，觉得自己在辛辛苦苦为别人挣钱。

这种不平衡，确实很难调适。例如说我们一直坚持按照职位让骨干入股，但有些老员工做了好多年，资历比一些新提拔的经理都老，职务却没有他们高，在店里做一些办公室、人事方面的行政工作，现在都年过半百，离退休不远了，而按入股条件，他们争不赢年轻有专长的职业人。为此，我决定让他们也有入股的机会。有一个女同志快到退休年龄了，我让她入股，但每股要投15万，她只有2万元存款。对这样一个工作了几十年的人，我破例让她享受公司借一半投资款的待遇，让她成为股东，退休后能延续企业的温暖。一个老同志不愿冒风险，第一次招股时选择了放弃，但是在再开新店时，我们还是给了她机会。

人人都希望获得公平对待，但公平不是平均化，不是大锅饭。一碗水端平当然最理想，但实际上谁也不可能真正端平。以前我们学哲学，都知道用动态的眼光看问题，公平就是一个动态的过程，正像走路，总有一只脚在前，一只脚在后，但既然在走路，两只脚都有在前的机会。现在一些普通员工不能入股，但只要你坚守阵地，努力提高自己的能力，将来一样会成为企业的骨干，到那时就有资格成为股东了，这也是"风水轮流转"吧！说到股权激励，这种前景正是对你的最大激励。如果你一时想不开，把激励变为反激励，把好事看作坏事，最终丧失的是自己未来的机会。按民间的说法，上天有平衡机制，所有的人都能得到上天的眷顾。为我们做工作餐的温大姐从农村出来打工，大字不识几个，养了两个儿子，都是医学院的高材生，让那些有钱的老板非常羡慕。

　　股权分配也一样，看远一点，整体上还是会趋向合理。我最希望看到的是企业的增长能持续下去，能创造更多机会让员工都受益，满足我当初"让周围公平一点，合理一点"的初衷。

　　另一个重要的公平问题，是股东与员工之间的利益平衡，以及随之而来的心态平衡。企业要为股东负责，年终时多分红，否则股东大会或董事会不会放过你；但如何对没有持股的普通员工负责，同样必须放在重要的位置。

　　我认为，股东一定要照顾员工的利益，让他们心情愉快地工作，这就是我经常说的"企业为员工负责，员工为顾客负责"。这种利益均衡，同样不能用静止的眼光来衡量。股东想多分红，这不难理解，但如果一次把池塘里的水舀干净，却舍不得给员工多留一滴水，这也不行。员工人数多，每人多100元收入，加起来就是几十万。100元对员工可能不是大数目，但几十万对股东却是一笔巨款。这个时候，股东要看远一点，是员工为你创造财富，他们每个月多几百元收入，却能为公司带来更多的增长。

　　值得庆幸的是，我们的董事、股东多数都有这个长远眼光，该给员工加工资时能统一意见；在收入分配上也尽可能做到公平合理；对生活困难的员工，或是家庭遭遇灾害的，也都尽可能给予照顾。从2008年开始，公司实行员工工作12个月拿13个月工资的制度，干满一年的职工都可以获得年终双薪的待遇。年底分红前，经营班子完成指标则可提成，主要分给领班以上的管理、技术骨干。为了平衡利益，从2009年开始，基层员工每人可另得800~1000元年终奖。一个来大蓉和工作六年多的洗碗大姐说："以前没有这个奖，我们只能看到股东分红、当官的领钱，心里很失落，干了一年却没有过年的感觉。现在发了钱，心里舒服多了！"

　　2011年董事会决定，员工工资涨幅与企业的营业额增长幅度同步，按相同比例分配，如营业额增长5%，员工的工资也涨5%。这样就保证了服务员的月薪每年都可以增加100多元。经营班子领到年度任务后，回去向员工做动员，店长说："我们今年多做点，就是在为自己做，大家要清楚，多做多得哦！"员工的情绪一下子就提起来了。

除了钱以外，还有另一类公平问题，即股份的退让。退出股份有很多原因，我认识一位大公司的高管就主动转让了股份，原因是和公司的文化不合。我们为骨干配置股份，有一个重要目的是留住人才，让他们安安心心工作，但这个"金手铐"也不一定能拴住人，总会有股东面临退股问题。考虑到这点，我们在招股时都要和股东签一份《入股协议书》。根据协议，股份不得自由转让；凡主动辞职、违反公司相关规定被公司辞退，以及其他原因必须出让股份的，公司有优先权，以股权持有人实际出资额及公司净资产额评估价赎回。股份都不得转卖给公司以外的人，这是一个底线。

至于股东之间的内部转让，则必须报告公司，在公司的审查和同意下办理有关手续。

不少川菜品牌在本地做得风生水起，品牌知名度很大，但一到外地就威风不起来，品牌受到伤害，加盟商也损失惨重。这中间的原因很多，有的是水土不服，菜品不受当地欢迎；有的是管理不善，人才队伍跟不上。而更重要的原因，是总店对加盟商的支持还不到位。

连锁

开餐馆的滋味 2

- 连锁是机会也是陷阱
- 挂了帽徽领章还不算正规军
- 「地方化」要适可而止
- 有关系，多联系

连锁是机会也是陷阱

餐饮行业的加盟连锁远没有想像中的那么光鲜。「连锁」二字，不要只看到「连」，更要看到「锁」；连起来自然痛快，但锁起来就有麻烦。

连锁经营是世界上发展最快的商业模式，正式名称应该叫"特许经营"，起源于美国，近20多年来在中国风起云涌。麦当劳在全球有3万多家连锁店，在中国就有3000多家；成都著名的红旗连锁超市，几年时间就发展到500多家；我的邻居胡总开药房，一年可以发展上百家。我们搞了十几年，在全国也只有30多家加盟店。

连锁这种商业模式有点像鸡生蛋、蛋孵鸡，企业成为孵化器，实现规模化经营，迅速扩大市场占有率，扩张品牌影响力。也有人把这种模式比为齐天大圣孙猴子，拔一根毛吹一口气，便变为一大群小猴子。对于加盟商来说，更像是"傍大款"，借用知名企业的品牌和技术，减少创业风险，尽快在市场上站稳脚跟。从理论上讲，一个愿打一个愿挨，对双方都是好事，完全可以实现"双赢"。

但事实上，餐饮行业的加盟连锁远没有想像中的那么光鲜。"连锁"二字，不要只看到"连"，更要看到"锁"；连起来自然痛快，但锁起来就有麻烦，万一经营不顺，要解套时就恼火了。我在《开餐馆的滋味1》中讲过"美国西部牛仔烧烤城"快速连锁扩张的惨痛教训，这里不妨再作一点补充。

1997年，成都美国西部牛仔烧烤城开门就火爆，每天有上百人在门口排班站队，服务员拿着电喇叭喊号进餐。排的人越多，路过的人越想来凑热闹，看有什么"欺头"好货，弄得周围的交通都受影响，有一次甚至惊动110来维持秩序。投资200来万，几个月就能收回，股东心中狂喜，马上想到多开连锁店。一个店一年赚200万，五个店就可以赚1000万，这道题小学生都能算。大家分头在全国各地忙活起来，一年内先后在重庆、贵阳、南宁、杭州等地开了十几个店。谁也没有想到会亏，都做着一夜暴富的美梦，有些店还没有开张，就把这个店的计划利润作为下一个店的投资安排了，用四川话说就是"滚起走"，实际上是"小马拉大车"的打法。每一个月都有新店开张，忙得西部牛仔大员到处跑。七总有一次拿出一摞飞机票对我说："只能在飞机上办公了，把这一摞票飞完再换一摞。"

大家的头脑都发热，危机也就潜伏下来。发展太快，战线太长，不但资金接不上，兵力也严重不足。我们都觉得烧烤这个活路没多少技术含量，管理也很简单，只要会管事就行。一些职工坐"直升飞机"，刚转行几个月就当上了店长，刚参加工作的学生直接当大堂经理，厨房头打杂的小工也穿起了大厨服装，领起了大厨的工资。牛仔大员们说："在战争中学习战争，穿草鞋的要打败穿皮鞋的！"一些人做梦也没想到，前不久还在四处找工作，转眼之间就当起了"老总"，官帽子戴得很新鲜，"印把子"来得太突然，真他妈过瘾！但即使这样，人手还是吃紧，情急之下甚至把成都一个保安弄到重庆去当副总。我的一个表亲下岗了，找我帮忙弄个工作，我发了一个"副总"的头衔给他。这家伙喜出望外，得意洋洋去原单位，把名片往桌上一甩，单位领导都被整懵了，"你娃还有货嗦，过去小看了哈！"他连声说："哪里哪里，只是不动声色而已！"

官帽子随便发，烧烤城冠盖如云，大家弹冠相庆，一片树叶掉下来也要砸到几个老总，上厕所也要碰到几个。晃眼一看，西服穿起，大背头梳起，用四川龙门阵的话来说，"咬人不咬人，毛毛要立起"，浑身的打头还真像是引领潮头的成功人士，喝酒干杯也叫起了"切尔斯"。

烧烤城是靠新颖的餐饮形式来吸引顾客，头几年非常耀眼，算得上一首"流行歌"。它的大起大落，正好反映了市场的不成熟、管理的幼稚和粗放，可以成为中国餐饮业发展史中"其兴也勃，其亡也忽"的经典案例。短短三年潮水般的大起大落，烧烤城几乎全军覆灭，不少店子欠下债务，打起了扯皮官司，印证了一句哲理：来得快的是肤浅的，来得慢的是深刻的。烧烤大员们四处飞，原先是忙于建店和收钱，后来是为了躲债和灭火。以前大家抢着出差，到哪儿都被捧为上宾，现在是窝在家里不愿出门，不是说身体不好就是说家里有事，能推就推，能躲就躲。我在成都、重庆赚的钱，在贵阳、南宁赔得精光，跟着我出来打拼的兄弟伙，生活也陷入困境。这时我才发现，"烧烤城"这个名字早就预示了我们的结局:"烧"起一把火,"烤"煳一群人,"城"毁墙垮,树倒猢狲散。

问题出在哪儿呢? 我尝试用中国古代兵法来检讨自己,发现我们在很多方面犯了兵家大忌:

"知己知彼,百战不殆"——我们不明敌情,不明市场,对自己也缺乏清醒认识。烧烤城的经营模式单一,技术含量不高,别人很容易模仿,没有持续发展的支撑点,也就是用新颖的形式闹腾几年。

"稳打稳扎,步步为营"——我们还未站稳脚跟便起步快跑,跌跌撞撞直往前冲,一直冲到陷阱里才发现不对。当时,烧烤城的技术、管理还完全没有成熟,有很多管理漏洞堵不胜堵,内部空虚,自然就成了外强中干的草包巨人。

"兵马未动,粮草先行"——我们根本没储备足够的粮草,特别是缺乏人才储备,误打误撞进入餐饮业,脚跟未稳便拉开队伍大举进攻,随便弄几个人便委以重任。这样的草台班子,本身就活摇活甩!

"未入城门,先思退路"——我们完全缺乏风险意识,打了个小胜仗便以为自己战无不胜,一心只想着赢,不给自己留退路,更没有预备风险资金,一旦失火便火烧连营,连救火的水都没有。

"生意好做,伙伴难邀"——这是一条商战兵法,任何时候都不会过时,但我们以为有钱就可以加盟,忽视了其他潜在的问题。事实证明,加盟商的选择必须严格,仅仅有钱还不够,还要有基本的商业道德,既要能同甘,更要能共苦,否则很容易引发矛盾,一有风吹草动便作鸟兽散,还陷进纠纷和官司。

一朝被蛇咬,十年怕井绳。开办大蓉和以后,我再也不敢提连锁的事,只想让企业多活几年,千万别掉进同一个陷阱。成都有一个中餐企业,计划一年开100个连锁店,几乎是三天开一个,当地媒体还作了报道。我惊叹他们的勇气和抱负,但也着实为他们捏一把汗。这个连锁大计,后来似乎也没有了下文。一个品牌如果一年真能开100个连锁店,恐怕比"烧烤城"垮得更快,输得更惨。其他的都不用说,即便是要从哪里找那么多人都是问题。

加盟连锁确实有巨大风险,弄不好砸了自己的牌子,还连累加盟商。我看到很多企业因为做加盟连锁而遭遇噩运,本可以好好守着自己的基业,吃穿不愁,但一脚踏空便满盘皆输。商战中,差不多每隔十来年就要换一批人,无数的试水英雄,轮番威武雄起,又轮番悲壮倒下,一个个"好汉"都成了"先烈"。你到成都市牛市口渣滓坝的二手家具市场逛一圈，就会看到二手的餐桌、餐椅占了绝大多数。这些都是"先烈"留下的"遗物"，堆起码起的，令人触目惊心。

正因为自己有惨痛教训，看到过别人的失败，我一直坚守"先做强，后做大"的理念，在发展连锁经营方面决不轻易松口。

但另一方面，市场在迅速发展，企业也要及时跟上，仅靠自己的资金积累，发展速度肯定受到极大制约。过于保守，拒绝加盟连锁，也不是长久之计。

我们最终启动加盟连锁，是几年后生意比较稳定，有了一些底气，管理上也慢慢弄出点门道，把加盟连锁这件事琢磨得比较清楚了，人也培养得差不多了，才试着起步。

相对于零售业超市和专卖店，中式正餐的连锁经营要复杂得多。最重要的区别，是其他连锁卖的是标准化产品，能长时间保存，退货也方便，例如药品、日常用品、书刊、机动车、电子产品都是这类商品。快餐业的大多数产品也是通过工业化手段预制，再送到现场加工，相对比较简单，一开始就是为连锁经营设计的。而中式正餐不一样，原材料来源很杂，采购、物流都很麻烦。菜品是现场制作，制作的标准化很难统一，一旦制作出来就必须当即卖掉，属于订单加工、现做现卖，既不能保存也不能退货。而且资金投入很大，劳动力密集，一旦进入，便很难退出，稍不留神就被"锁"住，进退失据，甚至陷入泥潭不能自拔。

此外，中式正餐的地域性很强，难免有水土不服的时候，这就要求灵活多变，适应当地市场。这对连锁经营也是一大考验。

考虑到这些区别，我们在发展连锁经营时，坚持"一个中心，三个基本点"。

"一个中心"是"力保双赢"，"三个基本点"是：

选对人——加盟商人品要好，有经商经验，在当地有广泛人脉，有较好的商誉，有一定的资金实力和较实际的期望值，而且在企业文化和经营理念上比较容易融合，避免发生理念上的冲突。

选好址——我们派人员深入现场，和加盟商一起选址，确定码头后才敢坐下来谈合作。这样做，主要是为了保护加盟店能顺利经营。如果码头不理想，宁愿多找找也不能匆忙做决定。

做好后援——公司要派出精兵强将，协助加盟商把新店经营好。现在我们的人才储备比较雄厚，每年开几家新店不愁拿不出人，但如果一时跟不上来，宁愿暂缓，绝不轻举妄动。

挂了帽徽领章还不算正规军

餐饮业的管理是一个系统工程，缺了哪个环节都做不好，企业的精气神，包括企业理念就更难复制。加盟商一定要对这家品牌做详细、深入的了解，双方的性格对路了，企业的支持力度够大才能进去。

在加盟工作中，火锅做连锁比较有优势。重庆德庄火锅的李总对我说，他在全国有四百多家连锁店，好多店他都没有去过，但因为总部有大型底料生产厂，保证了连锁店产品质量的稳定，所以比较放心，经营、管理上也没出过大问题。

火锅和中式正餐相比，品种上要简单些，原材料便于集中配送，技术上容易规范化、标准化。中式正餐的产品系统太复杂，不少川菜品牌在本地做得风生水起，品牌知名度很大，但一到外地就威风不起来，品牌受到伤害，加盟商也损失惨重。这中间的原因很多，有的是水土不服，菜品不受当地欢迎；有的是管理不善，人才队伍跟不上。更重要的原因，是总店对加盟商技术支持不到位。

中餐连锁，总店不派厨师等于零。我在昆明遇到一位加盟川菜品牌的老板，他说他签了8年加盟合同，开业时总部派了两个厨师，一个月后就走了，此后两年多也没再来过人。更匪夷所思的是，如果加盟店想学菜，每道菜要交付1000元，如果总店派厨师来指导，厨师的差旅费全部由加盟商负责。我不想妄评别人的商业模式，但这个加盟店后来不得不关门停业的事实说明，这种运营模式是不可能持久的。

至于那些利用加盟连锁模式来敛财的企业，他的出发点就有问题，完全不把加盟商的利益放在眼里，只顾自己发财。这种加盟连锁，就更不值一提。

有些问题则出自加盟商自己。一些人没做过一天餐饮，见别人开餐馆赚了钱，以为这个钱很好赚，匆匆找一家品牌店加盟，租个铺面装修好，把商号一挂，就以为修成正果，成了"正规军"。他们不知道，餐饮挣钱主要是靠软件。这个软件就是产品、服务和管理。做好经营绝不是总部派一两个厨师、大堂经理就可以一劳永逸。餐饮业的管理是一个系统工程，缺了哪个环节都做不好，企业的精气神，包括企业理念就更难复制。加盟商一定要对这家品牌做详细、深入的了解，双方的性格对路了、企业的支持力度够大才能进去。

餐饮江湖风险莫测，我们发展连锁经营不敢轻易落子，宁肯少一点、慢一点。即使是二三级城市开的店，我们至少也要派出20多人的队伍，其中主要是厨师。昆明店开业时，我们派了50多个厨政人员，经营了九年多，队伍结构基本稳定。在一级城市新开加盟店，我们一般会派出全套人马，包括经营管理人员，经营一年后，把树子栽活了，再交给加盟商。即使管理人员退出来了，厨师队伍也要全部留下，这样才能保证加盟店正常经营，健康发展。

但这也只是单方面的想法，还需要对方的理解才行。有的加盟商为了少开工资，宁愿在当地招厨师，出现所谓"厨师地方化"的现象。我们对这种做法不大认可，但也没有坚决制止。达州、宜宾的加盟店在当地招了一些厨师，觉得和成都外派的厨师差不到哪里去，就提出把总部的厨师调回去。自主经营一段时间后，虽然工资比以前少支出一点，但挣的钱少了，成本反而更高。无奈之下，他们又请求成都重新派厨师队伍。对此，总部下属的经营班子有些人提出了意见，有的还闹情绪，"想要就要，想辞就辞，太随意了吧？"但既然加了盟，就是一家人，磕磕绊绊在所难免。两个油瓶子挂在墙上，一阵风吹来还叮当作响呢！总不能眼睁睁看着加盟店的生意滑坡，把自己的牌子给砸了吧？公司下令叫成都经营班子再派人去，并指定专店管理，情况才好转起来。

后来宜宾店的宋总说，还是成都来的厨师手艺过得硬，对大蓉和的菜品体系掌握得更到位，不是随便招几个本地厨师就可以代替的。菜品质量上去了，宜宾店的营业额明显提升。2011年10月我到宜宾检查工作，发现9月交流会的获奖菜品滋味豆芽、香菇面筋、土豆鲍鱼已摆在桌子上。宋总告诉我，交流会后他们留人在成都各店学习，学了十几道菜回来，这些新菜品很受消费者的欢迎。达州店的王晓菊也说，厨师地方化后，失去了大蓉和菜品的基本特色，顾客觉得你的菜和外面餐馆的没啥区别，何必再冲着大蓉和的品牌来消费？

还有一种情况是，加盟商用了我们的品牌和厨师团队，但前厅由他们自己管理，甚至指派亲属来打理。有些管理人员根本没做过餐饮业，或不适合做这一行，能力也跟不上，但喜欢自行其是，把大蓉和的成熟经验丢到一边，不按规矩出牌。有位老板过去是搞土建工程的，豪爽大方，手杆打得伸，见到朋友便随意打折甚至免单，"你好我好大家好，就是利润看不到"。餐饮业靠精打细算来赚几个利润点，根本经不起大手大脚的折腾。那些太讲哥们义气的人，可以去水泊梁山，但不宜做餐饮业，否则你的店子都成了朋友三四的"聚义厅"、亲戚老表的免费食堂，你还得陪吃陪喝陪玩，岂不是赔了夫人又折兵！

新店开业的初始阶段，难免打乱仗，这时总店一定要尽可能帮扶指点。南充店开业时，管理体制没有理顺，几个股东各执己见，主意一大堆，让管理者无所适从。在我的建议下，股东不再参与日常管理，他们任命职业人于烈阳为总经理，对董事会负责，完成董事会下达的经营任务和利润指标。这个店后来成为二级市场加盟店的佼佼者。我们派人调查各地加盟店情况时，于烈阳谈了很多感受。他认为，加盟大蓉和的感触可以归纳为几句话："践行大蓉和模式，学习总部先进管理思想，盘点董事长经营理念，扎扎实实开展工作。"

不少连锁店管理人员认为，加盟大蓉和不但是引进厨政，更重要的是文化和理念。实战理念看似简单，就那么几句大白话，但要大家认同并不容易。例如，"平凡的事情认真做，成功的事情反复做"、"人气是第一指标"、"把最好最廉的推荐给顾客"、"用年轻人，用自己培养的人"等。这些理论只要认真执行、长期坚持，就会产生效果。

那么，是不是我们派出了正规团队，就可以高枕无忧了呢？也不尽然。虽然大多数外派人员都做得不错，但也有一些人和加盟商处不好关系。比较普遍的心态是，我是从成都哪家门店派出的，眼里便只有这家门店，当地老板的话可听可不听。原因很简单，派出的团队是临时性的，是来"出差"的，将来还是要回成都，今后自己的荣辱升迁之路，还是由成都这边说了算，当地老板不可能给他这些机会。这样一来，加盟店老板要让成都来的外派人员尽心尽职，只能想方设法和厨师长搞好关系，生怕得罪，更不敢严格管理。如果厨师长不认真做事，他也没办法。管理公司连锁中心下去监督时，这些人的工作态度可能会好一些，但监督人员一走，就故态复萌，使监督管理成了猫和老鼠的游戏。

前厅的管理人员也一样，他们知道做一年就要回去，在外地也就得过且过，不图有功，但求无过。有些人甚至认为自己是总部来的"特派员"，产生莫名其妙的优越感，严重的甚至我行我素，谁也不放在眼里。这种心态，不但不能把加盟店打造为大蓉和的正规军，反而搞得人心涣散，使得加盟商左右为难。

针对外派人员的这些情况，我们拿出了新的管理办法，制订了硬措施。最厉害的一条是：凡加盟商打报告要求退回来的外派人员，不管是谁，成都不再录用。这一条执行下去，确实起了威慑作用，让有些自以为天高皇帝远、不服加盟店管理的人，赶紧收敛自己的行为，不敢太过分。另一个办法是，规定他们参加产品交流会时必须拿出新菜品，拿得多的受表彰，没拿的受批评，通过内刊、简报公布。第三个办法是，成都开新店选人时，在连锁企业表现好的优先给予机会，让他们在外面也感到有盼头、奔头。

『地方化』要适可而止

坚持基本特色，是开好连锁店的前提。如果不这样做，就成了一个大杂烩，消费者心目中的品牌印象也就含混不清，加盟商完全没有必要使用这个牌子，自己去创建一个新品牌就是。

中国的饮食，地域特点非常分明。南北差异自不必说，即使是南方，各省的饮食习惯也千差万别。川菜和湘菜这一对兄弟，个性也不尽一致，传统川菜很难在湖南立足，传统湘菜也很难在四川生根。一个菜系，不要说全国连锁，即使是在本省发展连锁经营，也会面临"入乡随俗"的问题，绝不可能一统天下。

在我看来，各行各业的连锁经营中，中式正餐是最灵活的，可以说是"活"字当头。因地制宜，到哪座山唱哪首歌，这是所有餐饮企业，特别是加盟商必须要解决好的认识问题。你不可能全盘照抄，把"盟主"的一套模式和全部菜式照搬过来，"橘生淮南则为橘，橘生淮北则为枳"，必须融入当地的饮食元素，照顾客人的口味习惯。

连外国人也知道"入乡随俗"的道理。全球闻名的麦当劳、肯德基，原本是西式快餐，卖的是西方人能接受的汉堡包、炸薯条、炸鸡肉、培根、蛋挞、土豆泥、可乐、咖啡等，但到中国建立连锁店以后，又研发了适合中国人口味的菜式和主食，如老北京鸡肉卷、皮蛋瘦肉粥、香糯薏米粥、川辣嫩牛五方，乃至豆浆、油条等等，甚至配了带有辣椒粉的调味包。这样的"变脸"还只是小意思，美国百胜餐饮集团投巨资研发中式快餐，创立"东方既白"中式快餐模式，甚至在成为小肥羊的第二大股东以后，力图控股小肥羊，把这家中餐连锁企业纳入旗下，实现他的本土化战略。

大蓉和是做"融合菜"起家的，善于广采博纳，体现了川菜中和、兼容的精神。但不管连锁店开到哪里，仍要根据当地的饮食习惯调整菜品结构。例如说在四川，川菜口味多一点；在湖南，湘菜口味多一点。这种做法没什么问题，值得注意的是如何掌握分寸。

我一直认为，坚持基本特色，是开好连锁店的前提。在菜品结构上，我们坚持以自己特色菜为主、地方菜品为辅，不能喧宾夺主，让地方菜唱主角。道理很简单：你用的是大蓉和的品牌，就必须体现他的特点。如果不这样做，就成了一个大杂烩，消费者心目中的品牌印象也就含混不清，加盟商完全没有必要使用这个牌子，自己去创建一个新品牌就是。

那么，是不是以大蓉和的菜品为主，就会失去当地市场呢？事实证明不会。顾客的适应性也是很强的，很多人愿意品尝来自外地的菜肴。我们在成都的客人，就是来自五湖四海，很多忠实的粉丝都是外地人。这固然与我们的"融合菜"特色有关，也与菜品本身的美味有关。西方的牛排、烤肉、鳕鱼、沙拉、红酒都能在中国占领那么大的市场，何况本国的菜系？麦当劳、肯德基适当纳入一些中国口味的主食和菜品，但并没丢掉自身的强势产品。至于创建中式快餐，那只是一种试探，最终恐怕还是要坚守自己的特色。当然，归根结底还是要美味，只有美味才能征服世界。正如音乐，美妙的旋律总能在世界各地传颂，引起所有人的共鸣。

加盟店以本土菜为辅，实际上也是我们"融合菜"战略的延续。有市场潜力的地方菜，我们会结合本地厨师，利用大蓉和的技术优势重点研发、提升，最终吸收到大蓉和的菜品系列中来，成为全公司的招牌菜。大蓉和昆明官南店从2002年开业后，就一直在研究菜品的地方化问题，十年经营稳中有升，做得比较成功。当地盛产菌类，店里请了菌类专家讲课示范，研发出以蘑菇菌类为主的"山珍宴"，大部分菜品都按滇厨的做法，也根据自己的烹饪方法做了一些调整，有了一些提升。如"松茸刺身"就是我们从龙虾刺身得到启示，大胆借用，获得了成功，成都各店也卖起了这道菜。我们研发出"牛肝菌扒牛掌"成了一道名菜。这道菜选用高原地区的牦牛前掌，经过脱水处理和特别的腌制，配以牛肝菌，用蒸、煎的方法烹制，成菜后用黑色加热铁盘保温。牛掌软糯红亮，入味很深，劲道十足；牛肝菌清香化渣，鲜香异常，口感非常好，很快成为大蓉和十大名菜之一，在全国各个连锁店都很受欢迎。昆明世博店对大蓉和派出的团队很信任，厨师长李利洪说："许总、黎总认为大蓉和的菜很正宗，放手让我们去干，使我们积极性得到极大的发挥。"

贵阳人爱吃臭豆腐，我们就用当地原料研发了"香酥臭豆腐"；泸州有道民间菜叫古蔺麻辣鸡，我们引进后卖得很好。当地人喜爱吃薤头，烧菜的时候用来作佐料，吃豆花的酱料中也要放一点。受此启发，大蓉和研发出来薤头肚丝；重庆人爱吃火锅，我们将红油麻辣味分高、中、低三种强度，由客人自由选择。当地的冒菜价廉物美，由红薯粉、血旺、午餐肉、毛肚、鳝鱼和素菜组成，我们也把它搬进了中餐桌上；烧鸡公、酸菜鱼是特色鲜明的重庆本地菜，我们都予以吸纳；在石家庄，北方人爱吃生葱、生菜蘸大酱，我们也把它搬上了桌；南京的盐水鸭、五香鱼也出现在大蓉和的菜谱上。吸纳这些优秀的地方菜品，优势互补，起到了很好的效果。

必须注意的是，徒弟都是跟师傅学手艺的，师傅教什么菜就做什么菜，一些人融会贯通的本事不大，虚心学习的习惯更没有。有些厨师还特别顽固，本能地拒绝学习外来菜系，更不愿和外菜系的厨师取长补短。这种保守、封闭的职业习惯，既制约了本人的进步，也会影响到合作。有些老板没有意识到这点，盲目推行本地化，排斥外来厨师，百分之七八十的菜品都是当地菜，保留的几道菜也基本丧失了大蓉和菜品的特色，导致品牌与内容名不副实。厨师长是"老大"，他的烹饪思想必然主导这个店的产品。厨师长都换成了当地人，与总部的标准脱节，不可避免地丧失了连锁品牌的特色。

长沙是大蓉和直营企业又一集中地。湘菜是很强势的菜系，本地人也比较难接收外来菜系。"融合菜"到了湖南，是要受严峻考验的。2010年新开的贺龙店，由成都派去厨政队伍，基本沿用了西南地区的口味特点，地方化做得不到位，消费者反应"好看不好吃"，和当地的湘菜馆比较起来，口味也不地道。根据这种情况，我们把川厨全部撤回，重新组建了全套的湘菜厨师队伍。这一来，菜品倒是适合本地人口味了，但又失去了差异化，大蓉和"形如淮阳，味在川，色及苏杭，精其粤，地道蜀风又似湘"的特色所剩无几。

泸州盛产河鲜，当地人也爱吃河鲜，大蓉和开业之初，也考虑增加河鲜菜，但我们最后评估下来认为，做河鲜，大蓉和肯定做不赢当地几家知名餐厅，如果请本地河鲜师傅来，又会失去大蓉和的特色。最后，我们确立了"以大蓉和为主，当地民间特色菜为辅"的菜品结构，让大蓉和在泸州站稳了脚跟。

以前，南充店的宴席配菜主要靠厨房，而大蓉和的一贯做法是前厅配菜，因为前厅更了解顾客的需求，菜品结构因人制宜。例如官员或知识分子更讲究养生，对捞饭、鲍鱼、鱼翅兴趣不大，配菜时要以绿色养生为引导，体现"知品味、有涵养、懂生活、高雅低碳"的风格，并增加"每人每"（即一菜一人一份）的分量；对老板则不同，要多上一些海鲜、刺参、三文鱼等，体现"档次高、品质精、气势猛、台面大、面子足"的消费诉求。

随着大蓉和的影响力增大，现在南充很多餐厅也开始流行前厅配菜。

有关系，多联系

老话说『远亲不如近邻』。近邻来往密切，走动多了就产生感情，远亲离得远，来往少，慢慢也会疏远。所以说，亲戚越走越亲。对加盟连锁店来讲，不但要自发地走亲戚，还要有一些常规化的手段，形成一种既自由又规范的沟通方式。

1999年，八哥在重庆西部牛仔烧烤城守店，有一次把我带到长江边一条经营河鲜的大船上，请打鱼的大张、小张弄了几条"水咪子"和野生鲢鱼来吃。张氏兄弟勤劳打拼十多年，拥有4艘渔船餐厅，朋友多，交际广，又有得天独厚的鱼资源优势，生意做得红红火火。这次见面以后，他们经常来成都大蓉和学习交流，还和沙河店签订了厨政输出协议，接触更加紧密。

张氏兄弟打了十几年鱼，从重庆到三峡的每一道湾、每一个滩、每一处鱼窝子都清清楚楚。在船上做饭也自有情趣，打一桶江心水，用白矾镇一下，再把打起来的鱼刮洗干净放在锅里，加几块泡菜。江水煮鱼浑然天成，味鲜无比。他们说，以往打鱼时，因江上风浪大，衣服经常都是湿的，晚上在河滩倒下就可以睡，到现在还可以冬天下水蹚打，很有点像水浒里面的阮氏兄弟。我和他们开玩笑，说江边的姑娘爱纤夫，你们打鱼那么潇洒，应该有艳福。他们听后，只是憨厚地笑笑。

重庆南滨路江岸上有大蓉和加盟店，由成都一品天下店支持管理；而长江里有张氏兄弟开的"鑫源渔港"，由沙河店支持。一家是我们的连锁企业，一家是我们的厨政输出企业，彼此的位置靠得这么近，照理说两家也是竞争对手，但张氏兄弟每次听说一品店来了人，都要请到船上接风；过年时还把一品店的外派人员请到船上吃团年饭，双方的感情处得非常融洽，两家生意都做得不错。每年成都召开培训会和产品交流会，他们都要带领大队人马前来参加。2011年沙河店交流菜品，他们为20多桌客人提供了五道河鲜产品，如江团、水咪子、鲢鱼等，还把独特的烹饪手法介绍给各地朋友。我们经常有省外来客，到成都后想去重庆坐船游三峡返回。每有这类事，只要我们打声招呼，张氏兄弟都派专人接待，买好船票送客上船，连船票钱都不收，弄得我们很为难。不找呢，客人的船票解决不了；找他们，则等于是打他们的"秋风"。

我最喜欢到长沙找七总，见到他就觉得快乐。自1997年认识以后，我每年去长沙五六次，七总也要来成都五六次，差不多个把月就见次面。若很久不见，心头就觉得欠缺了什么，空捞捞的。从1999年开始，我和七总在成都共同创建大蓉和品牌，不但菜品实现"川湘融合"，我们两人也无形中"川湘融合"，缺了谁都不行。频繁的走动加深了信任，促进了企业发展。每年我们的产品研发，厨师团队都会把长沙作为考察的起点，口味菜、家常菜的调研更少不了去长沙，长沙大蓉和提供考察信息并热情接待。成都厨师都说："每次去长沙都有收获，都能学到新东西。"我们还经常去湖南各地考察，如邵阳、浏阳，常德、衡阳、岳阳等，那里的地方菜给了我们很多启示，很多菜都嫁接更新，摆在了成都的餐桌上，体现了大蓉和与湖南的血缘关系。成都的"开门红"和湖南的"剁椒鱼头"，就像回锅肉与小炒肉一样，被人们称作"袍哥兄弟"。我们在长沙大蓉和学会了"养生大煲"、"干锅牛肉"、"腊八豆炒鸡蛋"等产品，并在建店、设计装饰上汲取他们节省投资、合理使用灯光的经验。

我到湖南，七总经常会请我参加长沙管理干部会议，有时把会议变成了我的个人讲座，会议室总是挤得满满当当。他不给我出题目，一是听听成都最近咋个搞的，有没有新办法出台；二是大家都面对的难题，成都是怎么解决的。2011年成都大蓉和给服务员涨工资，从1050元提升到1600元，涨幅很大，对长沙方面的影响也很大。我提出的"畅销产品是研发的重点"，他们感到很受用，而这个方法我们以前从不对外讲。成都店长实行职业化，从厨师长、大堂经理中培养职业人，这些经验都受到七总团队的欢迎。

老话说"远亲不如近邻"。近邻来往密切，走动多了就产生感情；远亲离得远，来往少，慢慢也会疏远。所以说，亲戚越走越亲。对加盟连锁店来讲，不但要自发地走亲戚，还要有一些常规化的手段，形成一种既自由又规范的沟通方式。成都大蓉和每年举办的培训活动和产品交流会，是常规性的大规模走亲戚活动，总部非常重视，加盟店也很踊跃。

此外，总部配备有专门负责加盟的人员，经常下到各地进行交流沟通，2012年以来还派专人去调研加盟商及外派人员的情况。王正禄厨师长说，"这么多年来，总公司第一次派人来关心我们，感到很温暖很激动。我们得到总公司的重视，更安心工作，一定会与当地搞好关系，把任务完成好！"这样的调研，要覆盖所有的连锁企业。

不管是哪一方，有关系就要多联系，有时加盟店可以更主动一点。周小勇先后在贵州、昆明两个连锁店工作过，据他讲，加盟商总认为他们的生意没有成都好，是因为成都厨师的水平高一些，派出来的是"板凳队员"。实际上并不是这么回事，原因还在于沟通不够。各地的经济发展水平和市场环境差异很大，出现问题不能埋怨，而要主动找总部联系，争取支持，"会哭的娃娃有奶吃"不是没有道理。例如说，成都沙河店的"沸腾鲜蛙腿"、"香香眼睛螺"、"粉丝鹅掌"卖得很好，周小勇就主动回成都学，同时把昆明的菌类菜带回来交流，算是礼尚往来。总店和加盟店就形成了良性互动的关系，双方都热情相待，没有内外之分。派厨师到成都学习新菜品，是交流合作的常规动作。有时，老板误以为这些外派厨师又在找借口回家，心里很不乐意。这个时候，厨师的沟通能力就很重要了。

大蓉和的加盟店，分别由成都各直营店支持、管理。事实证明，凡是生意做得比较好的，都是交流比较到位的。彭州离成都近，走动频繁，彭州店的生意超过了二级城市。昆明店经常接待从成都来旅游的员工；西昌连锁店带宾馆，经常邀请连锁企业的朋友去观光、交流；重庆和成都往来方便，就像亲戚串门一样。

很多连锁企业都利用自己的优势加强联系，不少企业还希望把每年的集中培训放到他们那里去举办。2012年，我们把培训放在长沙举办，受到热烈欢迎。今后我们会把培训放到各地轮流举办，顺便开一个现场交流会，对加盟商的经营管理会有比较积极的促进作用。

现在是信息时代，通讯极为便利，按几个键就可以通话，打开互联网就可以交流，不动不挪也能知道天下事。关键还是要有加强密切联系的主观意识，充分利用一切信息交流工具，保持沟通渠道畅通，随时解决问题。连锁店的经营有相似性，彼此之间完全可以互通情况、交流经验，原材料和菜品信息也可以随时获得。信息量越大，主动性就越强。2011年，成都区域内的都江堰、金堂都开了连锁店，都属于成都地区，高速路仅一小时之内车程，有时甚至比市内都快捷。对这些店的管理，我提出按半直营店方式管理，提高他们的工作标准，直接利用成都的管理优势和菜品优势，成果非常显著。

在我看来，饮食才是最强大的软实力。美国就是靠影视和饮食做开路先锋，在全世界传播美国生活方式。他们的饮食主要是快餐，占据中国餐饮市场很大的份额。今后中国的饮食也会走向世界，以独特的魅力征服各国民众。

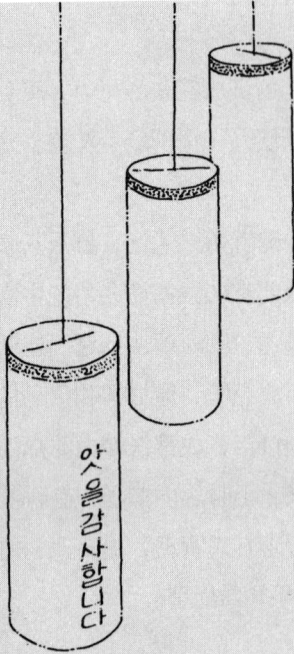

앗을감사합니다

交流

开餐馆的滋味 2

- 饮食是强大的软实力
- 零距离接触才能学到真经
- 饮食反映了民风和性格
- 美食无国界
- 有文化融合，就有饮食融合

饮食是强大的软实力

今后中国的饮食将以独特的韵味走向世界，征服各国民众。可以说，政府与民营企业良性互动，把美食作为中国的文化大使，效果比什么都好。

这些年，中国在经济强盛起来之后，开始注重打造软实力，用多种方式向世界介绍中国文化，如举办孔子学院、举行巡回演出、发布巨型国家形象广告等等。但在我看来，饮食才是最强大的软实力。美国就是靠影视和饮食做开路先锋，在全世界传播美国生活方式。他们的饮食主要是快餐，占据中国餐饮市场很大的分量。今后中国的饮食将以独特的韵味走向世界，征服各国民众。

我们在成都的餐厅，接待过很多外国友人。成都市举办的国际美食节，一品店还做过主会场。我们到欧洲、泰国、马来西亚、中国台湾等地进行过美食交流，但都是短期的交流展示。

2010年5月底，瑞士超五星级维吉斯花园酒店总经理刊佛尔先生来成都考察，想挑选一家川菜企业与其合作，举办第四届"瑞士-中国年"活动。在四川省外事办的引荐下，大蓉和一品天下店接待了刊佛尔先生。刊佛尔先生回国后，正式邀请大蓉和参加2011年的"瑞士-中国年"活动。

这次活动与以往对外交流不一样，要正式参与当地酒店的经营，菜品直接和顾客见面。也就是说，我们做的菜不仅是表演和展示，而且要卖得出去。

做卖得出去的菜，这本是我们的基本理念，但那是在国内。在万里之遥的欧洲，我们的菜还好卖吗？瑞士方面介绍说，以往三届瑞士－中国年活动，曾邀请钓鱼台国宾馆、全聚德参加。那可是中国大名鼎鼎的餐饮企业，我们能继续他们的辉煌吗？压力确实很大，生怕做不好给国人丢脸，给川菜丢脸。6月份合同签约后，我们便开始了紧张的筹备，英语培训、民乐艺术、茶艺培训、菜单确定、菜品照片、原材料文字翻译、宣传册制作、护照和签证申请等等，一切都井然有序地开展起来。

2011年1月，正值春节期间，我们派出4位厨师、2位服务员、3位民乐艺术家、1名翻译直飞苏黎世。外籍主管带着他们熟悉维吉斯花园酒店的环境，29张卡座安排得很紧凑，后厨虽不宽敞，人手也不多，但收拾得一丝不乱，看得出他们的工作效率很高。开幕式会场里挂起了大红灯笼、中国纸伞、宫灯和对联，一条巨型彩龙盘旋在天花板上，门口放了两尊铜狮子，营造出浓郁的中国气氛。

在为期21天的瑞士－中国年活动期间，酒店主要卖中国菜。由于这个活动已经举办过三次，中国菜在当地拥有了众多粉丝，来的客人很多。我们的每道菜一上桌，立即引起一阵阵惊叹的啧啧之声。精湛的中国民乐演奏也是此次交流的亮点，不少客人就是冲着音乐来的。有些客人多次光顾，每次都静静地坐在同一位置，吃着川菜，陶醉于中国民乐艺术，每一曲罢，都会热情鼓掌，举起杯子向音乐家表示感谢。演奏古筝、二胡、琵琶的三名美女都是四川音乐学院的高材生，每天演出四五个小时，仍然一板一眼，绝不马虎。一对蒙古族夫妇来酒店用餐，小妹们送上了草原民歌"敖包相会"，使他们非常激动。不少客人对中国民乐"二泉映月"、"茉莉花"、"彩云追月"情有独钟，随着音乐节奏手舞足蹈。一对外国夫妇连续几天都在酒店用餐，简单点两道菜，只为欣赏艺术家的演奏，一听就是几个小时，直到酒店打烊才肯离去。他们说，每年的瑞士－中国年活动都像过节一样，因为这样的享受要足足盼上一年，他们非常珍惜这段难得的美好时光。中国驻苏黎世总领事梁先生、卢塞恩市长、德国前总理施罗德也来了，还兴致勃勃地到厨房与中方人员合影留念。

活动期间，酒店举办了两次自助餐，有川菜也有西餐。客人中不少华人和他们同行的洋人朋友都穿上旗袍、唐装，餐会的气氛很隆重、很中国。有一位金发碧眼的男嘉宾，身穿中式对襟衣衫，戴了顶中国农民的斗笠，得意洋洋地在自助餐大厅来回走动，四处展示。不知道他是从金庸的武侠小说里得到了灵感，还是他到过中国，见过中国农民的这身打扮。"洋农民"在店堂里拉风扯眼，引得我们的服务员捂着嘴偷笑，随即给他端上"元宝虾"和饮料，让他更得意了。

女茶艺师黄婷的表演也很受欢迎，优美的动作、造型夸张的铜壶，茶艺表演和悠扬的音乐引发来宾的极大兴趣。黄婷刚18岁，长得阳光喜庆，有一次她表演"沉鱼落雁"，身体后仰90度时不慎失重跌倒，弄得她满脸通红，但嘉宾们却给了她热烈的掌声。第二次表演成功后，有人特意给黄婷送上一朵小花，一次令人尴尬的失误，就这么化解为理解和温馨。

一位七十多岁的当地老人，是瑞士-中国年活动的铁杆粉丝。他特别喜好川菜，吃辣椒也很有水平。他说他很喜欢中国的历史和文化，到中国旅游过，四川的九寨沟给他留下了深刻印象，"那是世界上最迷人的地方"。他一边说着，又即兴画了一幅熊猫素描，签上名送给我们。一位台湾商人多次带朋友来品川菜、听音乐，他说我们都是炎黄子孙，是一家人，凡有中国参与的活动，都让他高兴。一名在瑞士留学的成都女孩吃到川味香肠，对服务员说："为了吃这顿饭，我省了好几天的生活费，从苏黎世专程赶过来。在春节看见家乡人，吃到家乡菜，是莫大的安慰！"

著名摄影家周孟棋先生举办的"大熊猫和它的故乡"摄影展，也吸引了很多人。一些老外说，原以为熊猫生活在深山老林，没想到熊猫离现代都市那么近。周先生的熊猫画册颇受来宾的喜爱，可惜只带了两本，仅供客人现场翻阅观赏，留下些许遗憾。一位在博物馆工作的年轻艺术家多次找周先生，想买走两幅大熊猫照片，周先生满足了他的心愿。

陈静、李薇薇分别担任两次出访团队的翻译，每天的工作重点都在厨房，和中外厨师都混熟了，顺便也学了几手厨艺。

临走的那天早上，刊弗尔先生与中方人员一一握手道别，肯定了大家与维吉斯花园酒店合作的成功。维吉斯花园酒店的员工都忙前跑后地帮我们搬行李。做凉菜的斯蒂芬抱到厨师王成均，用汉语大喊"师傅"，发音非常准，也不知是从哪里学的。热弗尔更安逸，要求王成均把工作服送给他，王成均脱给他以后，他立即穿起，笑嘻了，还叫人来照相留念。瑞士的厨师把自己的工具送给我们，如刮丝丝、刮皮皮的刀具，还送了一台德国产的打蒜机。这些刀具都是他们私人用品，平时锁在抽屉里。

最高兴、最满意的还是刊弗尔先生。他非常诚恳地邀请我们参加第五届瑞士-中国年活动。我们也爽快地接受了他的邀请。

2012年春节，我们的新团队再次远赴瑞士。这一次，我们在菜品上保留了一些瑞士客人喜欢的宫保味型、荔枝味型、鱼香味型菜式，还选送了经典的新老川菜，如开门红、酱猪手、葱椒鸡、快乐自腌鱼，以及宫保雪花牛肉、锅巴肉片、鱼香鹅肝、干拌鸡、虾米菜心等，还在中西餐的结合上做出了香酥牛排、美味白菜、椒盐茄饼等，总共30多道菜。中国川菜的博大精深、用料丰富、调味精道、烹饪高超，都在外宾面前一一展示。活动才进行到一半，就提前完成了预期营业额，主办方非常高兴。

活动结束后，瑞士方面对我们的工作做了热情洋溢的评价："在维吉斯酒店期间，你们的积极性、乐于助人、礼貌和恭敬都有杰出表现。我们证明，你们的工作程序总是卓有成效且快速准确。你们对传统中国菜肴的渊博知识，完全达到了我们的期望。"

这两次赴瑞士交流活动，是四川省外办、成都市商务局、美食之都促进会和企业密切合作的成功典范，产生了极好的综合效应，超出了各方的预期。可以说，政府与民营企业良性互动，把美食作为中国的文化大使，效果比什么都好。

零距离接触才能学到真经

我们的企业，只有与各国同行交流，汲取发达国家先进的管理经验和烹饪技术，才能最终走向世界。这种交流，不是浮光掠影或走马观花，而是要深入实际，零距离接触。

这些年，川菜和世界各国的交流，越来越频繁，英国的扶霞女士就是其中的代表性人物。她在四川大学留学期间迷上了川菜，对川菜当中的麻辣味型也欣然接受。毕业后她没离开成都，花很多精力学习川菜的烹饪及历史文化，经历6年的辛勤劳作，写出了一本大部头的《川菜》著作，又历经不少曲折在英国出版。这本书在欧洲的影响很大，出版后年年重印，扶霞女士也因此成为欧洲著名的中国饮食评论家，经常在英国《金融时报》写文章，不遗余力地向世界推介中国菜，成了一名宣传中国菜、中国文化的国际"义工"。

我觉得，我们应该给扶霞女士发一枚大大的饮食文化交流贡献奖牌。同时也意识到，我们的企业，只有与各国同行交流，汲取发达国家先进的管理经验和烹饪技术，才能最终走向世界。这种交流，不是浮光掠影或走马观花，而是要深入实际，零距离接触。瑞士的酒店管理天下闻名，相关的教育也被公认为世界顶尖水准，去那里实地演练，是一次非常难得的学习机会。

西餐讲精度，中餐讲厨师的"感觉"，两次参加"瑞士–中国年"活动，西餐的高品位令我们震惊，无论是菜肴品质、食材讲究、烹饪设备、简洁美感，西餐都要比中餐要高一个档次。而我们过去一直沉浸在中餐烹饪领先于世界的说法中。

西餐的品类也很丰富,法国鹅肝焦糖苹果汁、炭烤西冷牛排、烟熏三文鱼、甜虾色拉、北欧海鲜浓汤等都是驰名世界的经典菜肴。大厨谢开发说,西餐的烤牛排配了一个蘸碟,酱汁是用牛骨头慢火熬出来的,加上番茄沙司和红葡萄酒,品质很高,味道特别鲜美。这道菜每位要卖50瑞士法郎。精细考究的做法,确实使这道菜物有所值。

西餐的装盘也特别讲究,颜色搭配巧妙,每份菜都像一件工艺品。西餐装盘和中餐不同,进了盘的东西都可以吃。他们用的花花草草是各种植物芽苗,从不用味精、鸡精之类的调味品,也不用色素,调色用藏红花汁,增酸用柠檬汁。西餐是分餐制,以位数上桌,吃完一道菜才上第二道。如果第一道菜没吃完,第二道菜做好后用特制的不锈钢架放好,罩上塑料罩,非常卫生、有序。

他们对出品的要求很严格。刚去时,我们厨师将菜炒好,习惯性地把盘子拿到炉台上就准备装盘,酒店总厨急忙跑过来说:"NO!NO!"原来他们出菜必须在专用的出菜口装盘,那里有恒温灯管,随时保温,哪怕只是短短的几秒钟,也绝不省掉这个环节。餐具加热也有严格要求,每个餐具必须达到60℃以上才能用,拿出来走菜时还烫手。

瑞士·中国年活动开幕式那天,我们的厨师按习惯准备菜品,但总厨不同意。他强调,起菜时通知我们做再做,不要提前准备。为保证菜品的烫劲和鲜味,我方按他们的要求,将每道菜分解成几道程序,形成工业化标准流程,每道程序专人负责并相互配合,环环相扣,出品速度很快。菜肴都现做现分,每道菜分装多达120份,要求4分钟内完成,平均每份菜只用3秒。而按我们的传统办法,走120份菜最少也得20多分钟。

以麻婆豆腐为例,将做好的菜品分为"装菜→放花椒面→放牛肉粒→放蒜苗花→装盘点缀→擦盘子",共六道程序,需要6个人合作。通知起菜后,第一个把做好的菜品迅速装盘,第二个放花椒面,第三个放牛肉粒,第四个放蒜苗花,第五个装盘点缀,第六个把盘子擦净后送到传菜员手中。各人只需要完成一个标准动作,就传给下一位。更重要的是,分菜时整个流水线都有保温设备,案板下面是电磁炉,空中有发热灯管,以保证菜品的温度恒定不变。

维吉斯酒店的厨房只有二十几个人，每天还有轮换休假的。他们用一些机械来代替人工，比如切黄瓜片，直接用机器切，比手工切更快更整齐。吊汤用专门的桶，预先设定好温度和时间，倒汤时按下操作钮便会自动翻转，一个人就可以完成。洗碗机是自动感应的，洗出来的餐具干干净净，没有一滴水，洗完后自动停下来，不像国内的洗碗机总也洗不干净，有时连残渣都还附着在餐具上面，还水淋水嗒的，只得人工二次清洗。他们做卫生也简单快捷，按下开关接好水，往地上一泼，用玻刮器一刮就干净了。厨房里滴水不沾，包括操作台也是用玻刮器刮的，而我们在国内是用帕子来抹，存在二次污染。

厨房虽不大，但设计人性化，实用性强，既不乱也不拥挤。空间利用十分合理，装菜的塑料框子可以折叠，厨具和地面接触的部分都用玻璃胶封口，以防蟑螂、蚊虫钻入。特别重要的是，厨房完全做到了无地沟、无死角、无缝，做卫生用的毛巾随时都是雪白干净，全无污渍。

他们每天的入库、存库、使用、结余，包括单价等数据都保存在电脑系统中。上班后第一件事，就是在笔记本上记录自己部门的原材料是几点到货的，用了多少，还剩多少，都一清二楚。有一次，李厨问虾有多少，对方说有两百只，他在电脑上一查，非常准确。还有一次，李厨觉得豆腐可能没有了，他们在计算机上一查，很快从冻库调了8盒出来。以往这种情况，我们都靠人力来点数，不但速度慢，还经常出错。

老外的自律性很强，早上7点上班，一般在6点40分就到岗，没有人点名，也不打卡，但处罚最严的就是迟到，一次罚100瑞士法郎，没有人会把自己的薪水不当回事儿。厨房里没贴什么管理条例，唯一写的是"尊重领导"，任何人都可以互相开玩笑，但不能和领导开玩笑。还有一张用A4纸打的表格，厨师的大名都列在上面，谁没做好工作就划杠杠，一道杠代表罚2元，每次划4杠，有时还不止。李厨遇到过一件好笑的事：厨房"老大"给"老二"划了4杠，老二的表情很不了然。老大见他不服气，又增加4杠；老二觉得老大的情绪不对，他也给老大划了4杠。但他们并不互相怨恨，相互宽容，嬉笑着了事。

他们非常注意服务细节，客人离开后不会急着摆台，怕影响其他客人用餐；为客人上餐具必须戴手套，其他时间可以不用；上菜和收盘子都是三两个人站在不同位置同时进行；如有小孩子来用餐，还得准备画画的工具。

他们店里没有传菜员、保洁员，这些工作都由服务员来做。开幕式有一百多位客人，只留下一两个服务员在会场，其余全部参加传菜，连经理也上阵。他们走路的节奏相当快，跑几圈下来，我们服务员的脚已经受不了，但他们依旧满脸笑容，热情周到。

老外的精神状态也值得赞赏。所有员工的心态都非常好，尽管每天的工作时间很长，但都精神饱满，激情高涨，从没听到过抱怨，客人有任何需要都会尽量满足，与客人的相处就像朋友，亲切而可爱。

厨房里很活跃，工作不太紧张时便放音乐，厨师们一边听音乐一边扭动身子，手里还干着活。这在中国是很难看到的。最有意思的是，不管是凉菜、热菜，甚至是我们带去的调味品，也不管是装在盘子里还是正在锅里煮的，他们的厨师都可以随便品尝。给我们准备原材料时，他们总要稍稍增加一点分量。我们问："为什么不按标准？"回答竟是："我想留一点给自己吃。"给客人的菜装盘端走后，锅里还剩一点菜，几个厨师蜂拥而上，拿起勺子就开吃，边吃边竖起大拇指喊："我太爱这个味道了！"

我们问总厨为什么可以这样做，总厨说："如果对食物缺乏起码的好奇心，就不是一个合格的厨师。"这个理念让我耳目一新。转念一想，当初大蓉和开创之时，每道菜烹制出来，自己不是也要先尝一尝吗？不知味的厨师，技艺怎能长进？不知味的老板，怎能了解自己的菜品？我们的厨师也学他们的样，品尝了不少西餐。这才感悟到，这种自由自在的品尝可以促进不同背景厨师的对话，是一种最直接的交流。

西方人点餐时，都是各人点自己爱吃的菜，即使只有2人用餐，也可能点出七八种菜，更不用说一桌10人了。我们只有4个厨师，在就餐高峰时段，光是炒菜都忙不过来，装盘就只能靠他们的厨师帮忙。老外的智慧这时就体现出来了：总厨让我们把菜品都拍成照片，打印出来贴在操作台上方，帮忙的员工一看就知道菜起锅时该放哪些跟料，该怎么摆盘，根本不用多费口舌，大大提高了效率。

我们的服务员还发现，每次给客人换盘时，盘子里的菜都吃得干干净净，连宫保雪花牛肉里面的干海椒也吃完了。即使有人辣得受不了，还是坚持吃完。这种饮食习惯非常值得我们学习，一是节约资源，二是尊重厨师的劳动，体现了很高的人文素养。

厨师在瑞士很受尊重，下班后戴上墨镜开上车，人们都投去尊敬的眼光，打招呼问候。他们下班后喜欢去附近的酒馆和咖啡馆，喝够了玩够了再说回家的事。他们对中国的厨师也很友好。王成两次去了瑞士，彼此混熟了，他们给王厨取了一个外国名字叫"伍文"。其他人喊中国名字，喊得很变调。我们的厨师也记不住他们的名字，干脆为他们取了中国式的外号，热尔弗是"拉二胡"，高鼻子是"高总"。

他们吃的米饭是夹生的，我们的人接受不了；而我们厨师做的工作餐，即使是普通的烩猪肉，他们也吃得津津有味，连肉汤都喝得干干净净。

饮食反映了民风和性格

川菜在日本的名气比较大，麻婆豆腐几乎家喻户晓。2007年日本首相访问中国时，为推销日本大米说过一句话："用中国的麻婆豆腐配上日本大米，多少碗都能吃得下！"温家宝总理访日期间，首相又向他推荐中日合作新佳肴"麻婆豆腐盖饭"，可见他对麻婆豆腐的喜爱。

2010年8月，我随成都棋院谢祖瑞院长及四川省围棋队宋雪林九段、李亮教练、围棋官员余嫣、中国棋院围棋部马林先生，前往日本进行围棋交流，顺便体验日本料理，考察日本餐饮行业。

到达日本后住在东京品川王子饭店。导游吴迪是中国留学生，他说这家饭店的自助早餐很有特色，有时他一大清早送客人去机场，把客人来不及消费的早餐券收起来，邀约同乡朋友一起来享受免费美食。我们去吃早餐时，每人在门口拿一个座位牌，由服务员引领，把座位牌放在桌上。餐厅有1500平米，坐得满满当当的，还有人在门口等位子。这种情况，我从未在酒店早餐遇到过。

海鲜产品最能体现日本的饮食特色。平时我们在国内吃的三文鱼，都是以高档奢侈的身份出现在餐桌上，而在这里只是一道普通菜肴，既可生吃也可熟吃。用日本料理手法煎制的三文鱼特别有味道，入味很深，嚼起来很香，有点像吃中国南方"风吹肉"的感觉，一餐可

菜式是可以与时俱进的，口味习惯也是可以改变的。我相信，随着健康养生理念的普及、饮食品位的提高，川菜也会改头换面，以全新的面貌呈现给世界各地的客人。

以吃七八块。我把这道菜介绍给队友，大家都吃得津津有味。

日本棋院坐落在东京都千代田区。我们一行到来时，东京株式会社围棋代表取缔役课长梅哲先生等人已在棋院门口迎候。大热天我们穿着短袖都嫌热，他们却西装革履，接待非常正式。在我这个业余围棋手的心中，日本棋院就如教徒心中的圣地，让人充满敬畏。这里的棋文化氛围很浓，有日本最高级别的围棋赛场，四周都是摄像头，有电视转播频道。在众多的教室里，有很多小孩在此学棋，还有电视教学栏目、围棋杂志、围棋殿堂博物馆以及棋类用品商店。取缔役社长宫泽诚先生给我们介绍日本棋院的历史，赠送每人一把竹扇。中午，宫泽诚先生请我们到一家日式料理餐厅就餐，主菜是烤鳗鱼。进店就脱鞋上榻榻米，在地板上盘腿坐下，面前有个小条桌，菜肴非常精致，清酒清幽寡淡，特色鲜明，我喝起来不很习惯，但日本人喝得非常投入。

午餐后，棋院安排我们到地玉寿司会长中野里孝正先生开的寿司店二楼进行围棋交流。这家寿司店有130年的历史，一楼是漂亮的寿司餐厅，二楼是围棋道场，布置得典雅幽静，一帮富士通的资深围棋爱好者已经在那里等候我们。简洁的仪式以后，开始正式对弈。我先后和藤崎道雄业余3段、冈本光正业余5段对弈，一胜一负；宋雪林、李亮和痴迷的爱好者进行多面打，让他们过足了棋瘾。晚餐就在这家寿司店进行，寿司是用醋调味的冷饭，再加上鱼肉、海鲜、蔬菜或鸡蛋等作配料，味道鲜美，可以说是日本料理的典型体现。寿司上来，每人一盒，是用各种鱼虾做的，五颜六色，非常精美，足见日本人做事的认真与严谨。冷饭团我怕胃受不了，只尝了一点，其他的逐一吃个精光。

我和中野先生都是餐饮老板，又是围棋爱好者，能找到共同话题。他指着墙上一幅长卷浮世绘介绍说，画中的寿司店和人物，反映的是他祖上的家族创业史，这家寿司店传到他手上，已经是第三代。在三代人的默默持守中，一个多世纪过去了，我深刻体会到日本人性格中安然的韧性。

离开东京后，经过箱根、名古屋，前往大阪关西棋院。走在日本的街上，偶尔可以看到一些餐厅门前打出店庆标语，一看时间吓一跳，都是100多年。这种一代一代的家族传承，饮食质量怎么会不好！

　　关西棋院是日本围棋的标志性建筑，适逢两位著名的棋手正在对弈，电视直播。宫本直毅九段60多岁，宝刀不老，取得了胜利。他情绪很高，带领我们参观最高对局室，也就是他刚下完棋的地方。墙上挂着一幅写有"深奥幽玄"的书法作品，颇具禅意。

　　下午，棋院安排我们到一个五星级酒店的高级会所"清交社"进行围棋交流。马林安排我和社长藤井信寿业余7段对弈。这是我首次和最高级别的业余棋手分先对弈，不免有点紧张。我执黑先行，采取了熟悉的布局，藤井先生有点武宫正树的棋风，飘逸流畅，擅自中腹行棋，布局便给了我压力。棋到中盘，白棋的外势太厚，局面占优。我点了一下空，这样走下去肯定贴不出目来，于是向中腹冲击。藤井先生如果稳稳挡住，形势上他应该好一点，但他选择了切断我后路的下法，就看我敢不敢往里面跳。我长考了这一手，毅然跳进他的大空。此后为避免打劫，怕回不到家，我舍去四子。接下来的几手我在中腹东靠西碰，感觉局面接近了。到了关子阶段，由于抱着拼的心态，在左下角次序交换后，又一线"夹"渡过。这时，儒雅的藤井先生从棋盒里抓出几粒棋子放到棋盘上。在一旁观棋的李亮对我说："白棋认输了。"

　　我简直不敢相信这是真的，紧张的神经一下子松弛下来，觉得很兴奋。后来宋九段让藤井先生两子，下了一盘指导棋，可能是刚输了棋的原因，藤井先生的棋风更加犀利，用宋九段的话来说，"他东搞一下，西搞一下，我差点都输了"。

　　接下来我和富士通一位高管田中业余3段对弈。马林告诉我，田中先生见我胜了藤井，希望我让先，我同意了。比赛结果田中胜一目。

　　晚餐还是高档的日本料理。田中先生赢了棋，情绪极高，连连向中国客人敬酒。走到我面前时，宋雪林祝贺他今天取得胜利，他把拳头一挥，喊道："妙，太妙了"！藤井先生不愧是儒雅绅士，在宴会上朗诵杜甫的诗，声音高亢而富有激情。在异乡感受到故土文化，让我们感到很亲切。宫本直毅为大家唱了一首日本歌，有点像北海道渔民拉网捕鱼的歌谣，听起来非常高昂优美。他的书法也很出名，在我的竹扇上题词"静气"，落款宫本直毅。至今，这把珍贵的竹扇我还保存着，说不定哪一天宫本先生的字画价格飙升了，这把竹扇也会成为值钱的文物。李亮告诉我，他多次来日本交流，只要日本人赢了中国棋手，那天就吃得很好。有一次聂卫平让子输了棋，当天晚上的招待，什么高档上什么，生鱼片敞开吃，吃完还要唱歌喝酒，花钱的事也不在乎了。从这些细微之处，可以看出大和民族争强好胜、认赌不服输的性格。

回成都以后，除了回味下棋的乐趣，也回味日本料理的滋味。在东京吃三文鱼吃上了瘾，回国后还想吃，但不管去哪家餐厅，却再也找不到那种感觉了。为什么会这样？原来，日本人对食材的要求非常严格，一定要用最好的鱼，绝不会敷衍胡来。而国内人开的一些餐馆则比较随意，鱼的来源途径也很混杂，食材上首先就输了几个档次。此外就是刀工，一刀一片，都要有长年的经验，根据鱼肉的纹理来掌握鱼片的厚度，切出来的鱼片有天渊之别。日本大师傅的刀工几近完美，不但花纹漂亮，更有入口即化的口感。最后，水也是非常讲究的，日本的店铺都十分重视用洁净的水，有的还装备了负离子净水器。而国内的餐馆则没那么多讲究，有些店甚至直接使用自来水，氯气比较重，味道当然差一长截。

日本料理的特点是少而精，特别讲究"简约"，显现出很高的艺术品位。具体讲有几大特色：一是食材精益求精；二是制作、装盘精细美观；三是极少用油，很多菜甚至根本不放油，口味比较清淡。而最重要的，是那种追求极致的认真精神，就像他们的花道、茶道，任何细节都一丝不苟。有人说食物可以反映民族性格，这个说法自有道理。

日本料理受中华料理的影响很深，但他们的精致化程度、养生的理念以及美轮美奂的感观，都值得我们好好学习。一位中国朋友对我说："饮食方面，日本是中国的学生，但现在学生超过了老师。"这句话给我的触动很深。

说到用油，传统川菜有个特点，就是"重油"，"油多不坏菜"的观念还相当顽固。传统菜"水煮肉片"、"水煮鱼片"，实际上都不是"水煮"，而是"油煮"，一份菜至少要放一斤多油。这么多油是吃不完的，九成以上都剩下来了。现在食用油那么贵，把油倒进潲水缸显然不划算，于是有些餐馆重复利用，剩下的油再用来做菜。四川火锅也一样，每口锅一天要用几斤油，吃不完怎么办？下次再用就是，反正顾客也看不到。讲究一点的火锅店，把油回收以后重新提炼，用塑料袋装好，面子功夫就算做到位了，顾客哪里知道其中的猫腻！这样的做法，有愧于"世界美食之都"的称号。

一直以来，大蓉和在研发新菜方面下了很多功夫，菜的精细化程度大大提高，装盘越来越讲究，口味也趋向清淡，重油的菜日趋减少。这些菜能受到顾客的欢迎，说明菜式是可以与时俱进的，口味习惯也是可以改变的。我相信，随着健康养生理念的普及、饮食品位的提高，川菜也会改头换面，以全新的面貌呈现给世界各地的客人。

美食无国界

哪天韩国人也爱吃四川泡菜了，我一点也不觉得奇怪。

各个国家的语言或许难以相通，但口味却可以相通，如果

几年前，我随锦江区围棋学校到韩国进行围棋交流活动，零距离接触了韩国美食。

自《大长今》电视剧热播以后，韩国饮食一夜风靡，"宫廷御膳"成为人们茶余饭后的热话。成都有不少韩国料理餐馆，主要是对韩国饮食有兴趣的中国人开的，独特的文化氛围和颇具特色的饮食方式，吸引了不少顾客，特别是年轻人。

韩国饮食特点十分鲜明，烹调以烧烤为主，比较讨巧中国人的口味。与中国料理不同的是，韩国料理比较清淡，少油腻，不加味精，味道的深浅厚薄全掌握在厨师的手中。烤肉以高蛋白、低胆固醇的牛肉为主。

到釜山后，当地围棋协会李哲理事长为我们接风洗尘，把我们带到一家名叫"高丽兰"的餐厅。餐厅是木质结构，院墙栏栅颇有日式建筑风格。进去后，脱鞋上榻榻米盘腿就坐，一排矮矮的桌子，客人坐在两边，桌子根据人数拼接，可长可短。吃的是颇具传统特色的烤肉。桌子中间有一盆红红的炭火，炭火上摆了一个大铁圈，铁圈中间是用来烤肉的钢丝网。服务员手上拿一把大剪刀，比裁缝的剪刀短一点，比我们家庭用的剪刀要长一些，将码好味的牛肉、猪肉剪成条状、块状，放到火上烤。剪刀不但用来剪肉，也用来剪蔬菜、剪泡菜甚至剪面条，操作时动作十分麻利。我搞餐饮这么多年，

还真不知道在韩国剪刀比厨师的菜刀还好用，也算长了一点见识。

韩国烤肉有很多种不同的做法，烹制技术虽然不复杂，但调料的配方十分讲究。据介绍，梨汁和姜汁是必不可少的调料，梨汁起到嫩肉作用，生姜起去腥作用。其他调料还有白糖、蜂蜜、蒜泥、酱油、香油等。就餐时，每个人的面前都摆有洋葱、蒜、辣椒、生菜叶，自然也少不了泡菜。

生吃也是一大特色。在日本吃生鱼片，每人只有几片，但这里是大碗大碗上，吃起来更过瘾。韩国能生吃的东西有很多，虾、螃蟹、各种鱼类、贝类都可以生吃，辣椒、白菜、洋葱沾点酱料就可口。还看到牛肉可以生吃，但我没敢尝试。在国内，一般对生吃还是很讲究的，不是深海产品和制净的食品都不敢去吃，谁会想到牛肉都加入到生吃行列了！

自从曹薰玄得了应氏杯冠军后，韩国的围棋热迅速升温，棋道场也很多。主人家安排我们参观了两处，并在一家叫"弈道"的地方进行了交流。道场老板娘是围棋业余4段，和我切磋了一盘。下至中盘，我已经有了优势，老板娘对下面一块棋实行尖冲，我发现退让后可以从一线渡过，即使局部损几目，局面还是利好，便急忙在中腹的薄棋处补了一手，老板娘回过头挥刀杀将过来，左冲右罩，一直追杀了二十几步，最后见孤棋联络剿杀无望，只好中盘认输。这是我到韩国的第一战，赢了棋自然高兴，但后来和道场的一些院生下，就占不到便宜了，虽然都是些学生娃娃，下棋厉害得很。他们下棋的风格与日本人棋理不一样，讲究实用，搏斗中特别敢走险棋，喜欢在刀尖上见胜负。

离开釜山，我们坐快铁到首尔。车速很快，车厢整洁、宽敞，有点像飞机的头等舱。第二天早上起来，大家约好上街吃早餐。小街上餐馆很多，虽然面积都不大，但装修得很好，特别干净整洁，和我们国内的小餐馆是有差别的。食物中有煎饼，蘸着调料吃，味道不错。冷面也是一大特色，在冰镇的甜酸冷汤中放一团面条，上面浮着鸡蛋或菜叶，口感十分筋道光滑，天气越热，吃冷面越爽。还有些餐馆卖的小吃和国内的差不多，饺子、馒头都带点甜味。居然还有一家在炸油条，可能是从中国学过来的。这条小街上的小餐馆，多少反映了韩国老百姓的日常饮食。

　　李哲先生带我们参观了著名的韩国棋院。"四大天王"之一的徐奉洙九段和宋雪林是老朋友，他热情地接待了我们。下午，主人家在一个大礼堂安排我们和当地的棋艺爱好者交流，主席台上挂着中、韩两国国旗，场面非常隆重。20张桌子坐满了人，中国的专业棋手进行多面打，业余的捉对厮杀。晚上，当地一个企业家安排在"王妃家"吃韩国烤肉。除了烤牛排外，增加了很多海鲜品种，档次较高。在国内我一般是不吃烧烤的，我们搞烧烤城时，肥牛肉放到电磁炉锅里，还要往里加油，煎熟以后吃两三片就闷到了，但在韩国吃了五天，却没有油闷的感觉，原因是韩国人不喜欢油腻，锅里的肉渗出了油都要用纸巾吸掉。烤肉用新鲜蔬菜裹着吃，也很爽口，更降低了油腻的感觉。过去吃烧烤总是吃了之后肚子还饿，但在韩国，米饭质量很好，加上有泡菜，就能吃饱了。

　　泡菜是韩国的第一美食，家家户户都会做，不会做泡菜的女人会被人瞧不起。在机场时我们就看见装饰精美的泡菜盒子，每盒标价30美金。让我感兴趣的是韩国泡菜的产业化。韩国各种关于泡菜的博览会、展示会、研讨会很多，在首尔举办的"用爱腌制的泡菜"活动，有6000名志愿者参加，一次用了4万棵大白菜。

　　品尝韩国泡菜，很容易联想到四川泡菜。韩国泡菜也称为韩国咸菜，经腌制发酵制成，不同于四川的泡菜，特点是辣、甜、脆，通常和米饭一起食用。制作韩国泡菜的辅料，主要有鱼露、糯米粥和虾酱，这也是四川泡菜和韩国咸菜最大的区别。

　　韩国地处北方，蔬菜品种不多，冬季尤少，做泡菜的原料以萝卜、白菜为主。我在韩国吃到的韩国泡菜，全是大白菜制作的。而四川的纬度比韩国低得多，气候温和，物产丰富，一年四季能丢进坛里做泡菜的蔬菜品种数不胜数。韩国人喜欢用泡菜做汤，或用来炒饭，烹饪手段相对较少；而四川人用泡菜做的菜品更不拘一格，林林总总，自成系列。

　　那么，到底是韩国泡菜好吃，还是四川泡菜好吃？我觉得各具特色，各有其妙。四川人虽然喜欢本地泡菜，但也不拒绝韩国泡菜。我们餐厅就一直把韩国泡菜作为开胃菜免费待客，羊西店的韩国泡菜更是小有名气，不少客人都要求在餐桌上追加一大份，还有人打包拎回家。当然，这些韩国泡菜都是川厨做的，没那么甜，比较迎合当地口味。

美食无国界。各个国家的语言或许难以相通，但口味却可以相通，如果哪天韩国人也爱吃四川泡菜了，我一点也不觉得奇怪。

有文化融合，就有饮食融合

各民族的融合、各种文化的交融，必然带来饮食的融合。

2011年，我们一些老战友组成一支自驾游车队重返老挝，去40年前我们修的纳堆大桥和公路故地重游，顺便到金三角游览。从老挝南塔入泰国仅二百多公里，沿湄公河4个小时就到了金三角的腹地——湄塞。

以前我看过一些介绍金三角的书，特别是邓贤的《流浪金三角》，很神秘，很精彩。很多人认为这是"三不管"的角落，各路贩毒武装割据，杀一个人像踩死一只蚂蚁。但我们看到的景象却完全不同，一路草木葱茏，阳光灿烂，没有阴森恐怖的感觉。

泰国导游阿信是国民党残军的后代，靠旅游谋生，说一口流利的普通话。他带我们参观了鸦片博物馆，很像旧时的高级烟馆，烟枪、油灯、插盒、烟膏药匙、秤和砝码应有尽有，非常精致，记载的却是一段不堪回首的历史。湄公河对面有一片老挝土地，香港某财团租用了99年，正在兴建一座旅游城市。城市建成后，这一带将更繁荣。河的斜上方即为缅甸国土。说这里是三国边境交汇之处，一点也不假。

这一带的人特别会吃辣椒。泰国的朝天椒算得上一绝，个头很小，威力却十分强大。我们刚到老挝时，有一个贵州兵自认为不怕辣，拿一支朝天椒喂进嘴里，没料到辣得舌头僵硬，几分钟说不出话来。据说世界上最辣的辣椒在墨西哥，后来又听说印度有一种辣椒天下第一，轻轻咬一口也会辣得满身大汗。可见，嗜辣并不是云贵川湘的专利，世界上喜欢吃辣椒的人多着咧!

当晚，阿信带我们走进湄公河边一家泰国餐厅。泰国菜以酸、辣为重，椰汁嫩鸡汤、咖喱鱼饼、芒果香饭，以及鱼、虾、蟹都是泰国名菜。由于受华侨的影响，潮州菜也比较流行，如海鲜、海南鸡饭等;炒菜有点像粤菜的做法，炭烧菜又有点像傣家菜;还喜欢用柠檬汁做调料。总之，那里的饮食风格是相互融合、取长补短、为我所用。各民族的融合，各种文化的交融，必然带来饮食的融合。我们一直以"融合菜"打天下，没想到金三角的融合菜走在更前面，融合得更彻底。

旅游餐的标准不高，阿信磨磨叽叽点了几个很普通的菜。我们是做餐饮这一行的，到哪儿都要品尝当地特色，当然不会满足吃这几个简单的菜。我告诉阿信，点菜就不必按旅行社的标准了，由我另外出钱就是。这下子他就会点菜了，还兴致勃勃地把我们带进厨房，和老板娘合计着怎么对付我们这帮"土佬肥"，最后推荐了一大桌菜肴。米粉、咖喱鸡、牛肉沙拉味道都不错;清蒸鱼说是湄公河野生的，价格不便宜;油炸花生米和国内的没两样。每人还来一碗柠檬虾汤，汤味极辣，放了大量咖喱，不很适口。

我们拿出随车带的"国窖1573"招待阿信。他一看酒瓶就说:"这是好酒，在广告上见过!"他的酒量不小，52°的白酒大杯大杯吞下肚，喝高兴了，说明天带我们去美斯乐观光，见一见雷雨田将军。他当即和雷将军管家联系，听说是成都来的客人，雷将军同意见面，还说他的客厅很大，坐得下我们18个人，要求我们9点钟以前到，因为10点以后另有采访安排。

1971年我还是一个17岁的小兵时，曾随部队来老挝修路。部队领导告诉我们，这一带有国民党残军余部在活动，大家要警惕一点。我想，国民党军离开大陆多年了，怎么还在这个地方活动?从此，残军、毒品几个字眼盘旋在我脑海里。而今天我们要去拜访的雷雨田将军，正是当年国民党残军首领段希文的参谋长，1980年段希文去世后接任军长位置，而金三角风诡云谲的惨烈历史，正是在他手里终结。在他的号召下，那些拿惯了枪杆子的手，开始拿起锄头开荒种茶、养蘑菇、握方向盘、开餐馆做各式融合菜，包括蒸中国馒头、熬中国稀饭。30多年来，美斯乐这片美丽的地方已成为旅游胜地。

美斯乐在泰语中是和平的意思，聚居着原国民党九十三师的后裔，祖籍大多在云南的昆明、保山一带。随着岁月的流逝，那段"败了与草木同朽，胜了天地不容"的悲酸往事，已成为向游人述说的传奇故事。那里的自然环境也很不错，风景优美，山林层叠，全年气候温暖如春，是种茶的好地方。据介绍，美斯乐已有6万多亩高山茶园，主要种植乌龙茶和传统茶，还有大型茶叶加工厂和多家家庭制茶小作坊，年产茶叶数百吨，远销泰国、中国及世界各地。

沿着蜿蜒狭长的公路，汽车进入美斯乐。雷将军的家住在山顶上，一个小院子，几间平房，不是想像中的豪宅，客厅有40多平方米，墙上挂有泰国国王和他的合照，还有一些历史黑白照片。雷将军已92岁高龄，头脑清醒，思路敏捷，非常健谈。他说，1949年他到过成都，住在北较场，特别喜欢逛春熙路。谈起川菜，他说四川的回锅肉、麻婆豆腐很好吃，夫妻肺片、龙抄手也非常让人留念。"60年过去了，真想再回成都尝一下！"

近些年，雷将军多次回云南家乡探亲，全国政协还请他到北京参观，挽留他在北京定居，但他在山林雨间住了几十年，习惯了。他希望中国强大，居住在海外的同胞才感到自豪。跟随他的人已发展到20万，取得了泰国国籍，分住在泰北四省，不少二代、三代还进入了泰国公务员队伍。他说，日本人来参观美斯乐后说："美斯乐是世界上最和平的地方。"过去泰缅边境经常发生冲突，由于中国人的存在，这一地区平静多了。

中午我们在雷将军自家开的餐厅用餐。餐厅门前是一个很大的花园，显示了主人的身份和地位。餐厅里有个小卖部，出售他家自产的茶叶，我们特意购买了一些以表示对他的感谢。雷将军接受中国网电视采访后，和记者也来到餐厅就餐。我们把从四川带来的榨菜、白菜豆腐乳、五香豆腐干等食品送上了他的餐桌，他吃得有滋有味，不断向我们点头致谢。

辞别雷将军后，我们顺道去美斯乐小镇游览。街道两旁的铁皮屋顶房是传统中国平房风格，有很多民居和商铺，随便走进一家小店，店员都会热情招呼：

"来喝杯茶吧！"餐厅的菜肴以滇菜为主，也有川菜、潮州菜和少数卖泰国菜的。旅游的人很多，各个国家都有。每到周末，很多泰国人开车来这里度假，他们把美斯乐叫作"中国村"或"云南村"。接踵而来的游人，使这里的旅游业逐步兴旺起来，旅馆、饭店、商铺等各类旅游设施迅速崛起。这个安静、淳朴的山村，商业的气息渐渐浓郁，也预示着这里人们的生活将要发生的变化。

美斯乐的治安很好，晚上住的旅馆房门都没有锁，让我们很不习惯。我们住的"风雅轩"旅店，店主是原残军首领，有40多间客房和一个400多平方米的大餐厅，早餐供应中国馒头和稀饭，加上拌菜和泡菜。中晚餐有滇菜汽锅鸡、清蒸鸡枞菌、干巴菌、过桥米线、菠萝饭等；也有川菜回锅肉、豆瓣鱼、泡菜之类，白菜、洋芋丝、油菜薹这些素菜的炒法，川滇大致相同。餐具全是中国样式，以白色为主，质地一般，装盘也不怎么讲究，分量还足，价格也不算贵。晚上大家在餐厅门口的坝子里喝茶时，还供应油炸饼之类的小点心，袋装食品和听装饮料随时可以到冰箱取用，自觉付费。

美斯乐的居民虽然入了泰国国籍，但生活习俗仍保留了中国传统，不少家门口张贴着"年年富贵年年盛，日日平安日日春"、"吉祥如意贺新岁，迎春接福喜临门"等春联，商店门头挂着大红灯笼。饮食习惯从口味、菜式、菜肴也还是中国式的。不管岁月怎么变，饮食习惯一辈一辈是融入血液的传承，是深入骨髓的文化，难以磨灭，不是当地风俗可以替换的。

企业文化一般分为几个层面：一是表象的，如企业标识、识别标准色、服饰、器物、装修风格等；二是内在的，如企业制度、企业愿景、企业目标、企业核心理念等等。在我看来，企业文化的核心，是企业作风。

文化

开餐馆的滋味 2

- 「遵道」就是顺势而为
- 有无相生，虚实并举
- 有「棋道」，没「麻道」
- 千万不要认为自己的牌好
- 成功是为了让生命更自由
- 有梦就去圆梦

『遵道』就是顺势而为

企业家不能把自己视为寻常百姓，在自身物质条件有了基本保证以后，应该有『兼济天下』的思想。这时，办企业不再是为一己之私，而是为社会承担责任。有社会责任感，而且知行合一，就是从善，就是『遵道』。

增建和我是战友，很长时间从事宗教事务领导工作，因此我也沾点光，有幸见了一些高僧大德。我到青城山问道养生之术，就得到他的引介。

什么是"道"？有人把"道"看作是天上的神仙，是上帝、菩萨似的偶像，这是对"道"的误解。道教认为，"道"是化生宇宙万物的本原。我的理解，古人说的"天道有常"是说大自然有自己的规律，所以"道"就是自然规律，遵道就是遵从事物发展的内在本质。道教的清静无为、清心寡欲、返璞归真、修身养性、济世救人，都含有回归本源、顺其自然的意思。

历史上，有些帝王把道家的"清静无为"演化为"无为而治"。汉代初期以"无为而治"治国，逐渐显现出一些弊端，如豪强掠夺民财、匈奴肆意入侵。直到汉武帝登基，才逐渐将"无为"转为"有为"，打击豪强，反击匈奴。这段历史在电视剧《汉武帝》里有精彩的演绎。我觉得，所谓"清静无为"并不是毫无作为，"顺其自然"也不是被动顺从，最终的着力点还是"顺势而为"。

企业家在市场里摸爬滚打，很难做到清静无为、清心寡欲，但多少可以做到返璞归真、修身养性；可以从世俗事务中超脱出来，抽出时间来独处、静思，使身心得到调适。日本现代企业之父松下幸之助推崇《论语》、《易经》，主张"一手拿论语，一手拿算盘"。不少企业家都修习过茶道、书法、坐禅来修养心性。我喜欢下围棋、打乒乓球、喝茶、看书，或是去道观、寺庙和出家人聊天，也打打麻将，但夜里12点前一定鸣金收兵，绝不恋战。

我们都知道，企业的天性是牟利；也都知道，自然万物都有趋利避害的本能。人也一样，既有无私的一面，也有自私的一面；既有性善的一面，也有性恶的一面。关键在于自身的把握，弃恶从善，从善如流。这也是"遵道"。

企业家不能把自己视为寻常百姓，在自身物质条件有了基本保证以后，应该有"兼济天下"的思想。这时，办企业不再是为一己之私，而是为社会承担责任。湖南大蓉和一直倡导一种企业精神，即"做有社会责任感的企业"，我很认同。有社会责任感，而且知行合一，就是从善，就是"遵道"。

企业领导者要避免"当局者迷"，就要跳出繁琐事务，站到岸边观察，以利于"旁观者清"。我经常讲，管理者要"进得去，出得来"。特别是餐饮企业，当企业发展遇到瓶颈时，需要通盘考虑。这大约也是一种"遵道"吧？

有人把企业家分为几种类型，如开拓型、征战型、谨慎型、效率型、守成型等，仔细想想，我大约属于开拓型加谨慎型。企业要发展，你不能不开拓；但开拓不能贸然行事，一定要谨慎。所谓谨慎，首先是有根有据，天时地利人和。人心齐是根本，对自己做的事有信心，既能说服大多数人，也能容忍少数人的不同意见。我说过，我不是真正的生意人，不喜欢算账，但喜欢交朋友。对朋友我可以苦口婆心做劝解、讲利害，朋友也都知道我从不搞阴谋诡计，是为了企业的长治久安。因为有这点信任，有这点耐心，有这点善意，在老家伙让位于年轻人的重大决策中，大家才会点头同意。回想起来，如果我意气用事，个人说了算，强制推行这一举措，恐怕内部早就四分五裂了。值得庆幸的是，磨嘴皮磨出了成效。与人为善，将心比心，遵循人内心多欲善为、通情达理的天性，也是一种"遵道"之举。

有个老板对我说，他的企业很规范，但就是不赚钱。我说，不能完全按书本去做，你把规章制度贴满墙壁，大班桌、老板椅摆整齐，到你开门营业时可能客户都跑光了。不管正规不正规，先做起来再说。时机不成熟时，不要制订超越现实的规章，务虚应以务实为前提。以高指标、瞎指挥、浮夸风和共产风为标签的大跃进运动，就是违天意，逆人愿，不"遵道"，成为惨痛的历史教训。

创业初期，我们的首要任务是"求生存"。大家挤在一间十余平方米的房子里办公，每个人都身兼数职，每天忙得团团转，一门心思把生意做起来，拉客、陪酒、跑关系，营销、策划、日常管理，杂七杂八的事都要做，保安队长也是营销经理，后勤人员也可以做企划。不问规范，只问效率；不求形式，只求内容；不讲好看，只讲实用；不看过程，只看结果。

那时也没有正规撰写的文案。2002年我到外面开会，主办单位要我讲讲大蓉和的策划与运作，我没准备讲话稿，站在台上信口开河，紫荆店办公室主任乐秀当书记员，把我讲的话整理成文字资料。这份资料，成了大蓉和管理经验的第一篇文稿，算是"开山之作"。两年以后，我写了一篇关于大蓉和持续发展的文章，才算有了点模样。

2004年以后，企业规模有了很大增长，专业分工势在必行。这一年，我们成立了大蓉和餐饮管理有限公司，买了一层楼面做管理公司的办公室，这才有了自己的"根据地"。引进了各种专业人才，组建了专职企划部门，原来的兼职企划王小姐回归到总经办"务正业"；法律事务、外事工作等也有专人负责。今天，外人到大蓉和餐饮管理公司来办事，看到的是比较规范的一个企业，总经办、企划部、财务部、内刊编辑部、法律事务部、连锁经营中心，机构设置整齐完备。这个过程，有点像当年"农业学大寨"时的"先治坡，后治窝"。

老子说"上善若水"，水滋润万物，但不与万物争高下，这样的品格最接近"道"。对企业家来说，知人善任，广开才路，也是遵道。每个职工都有自己的长处和短处，领导者要善于引导，让其充分流动，使合适的人到合适的位置。这种资源整合，实际上是以道相通，水到渠成的"缘分"。

有无相生，虚实并举

道教特别重视"有无相生"，就是说有可以生无，无可以生有。该怎么理解这句话呢？我觉得就是虚和实的关系。没有虚，就没有实。菜品是实的，服务是虚的，他们是对立统一的。如果世界上只有"实"而没有"虚"，那么万物都成了死硬的花岗岩，生命也就不存在了。同样的道理，虚和实可以互相转化：人的思维是虚的，但可以转化为实实在在的行为；科学家的灵感是虚的，但他们的科技成果是实的；企业家的市场感觉是虚的，但企业发展却是实的。我们强调务实，并不是说不要务虚，"有"和"无"、"实"和"虚"，是相辅相成的关系。我们每年组织两个大规模的活动，上半年的干部培训，是抓务虚；下半年是产品研发评比，是抓务实。

有一个关于"无中生有"的笑话：父亲要给儿子娶个媳妇，他去找比尔·盖茨，说我给你女儿找了个老公，是世界银行的副总裁；又找到世界银行总裁，说我推荐一个副总裁给你，是比尔·盖茨的女婿。这桩婚事就这么弄成了，儿子还真当上了世界银行副总裁。有专家评论说："这位父亲深通老子'有无相生'的奥秘，生意就该这么做。"但我觉得这不叫做生意，而叫忽悠。如果这也符合老子的本意，那么赵本山的《卖拐》就成了做生意的经典教材，那些靠三寸不烂之舌坑蒙拐骗的人都该是道家的最佳传承人了。

"有无相生"既是一种哲学思维，也是一种生活方式，引导你的内心走向平静，回归到自然状态中去，实质上是一种社会的生态平衡。

　　我认为，"有无相生"既是一种哲学思维，也是一种生活方式，引导你的内心走向平静，回归到自然状态中去，实质上是一种社会的生态平衡。四川人爱吃爱喝，爱打麻将，爱摆龙门阵，爱读书，喜欢那种随意、闲适的生活，不愿把自己变成唯利是图的守财奴，与道家这种思想及"我命在我不在天"的主张有很大关系。宋代的苏轼是中国历史上最杰出的大文人，也是著名的美食家，不但遍尝各地美食，也自己研制美食。东坡肉、东坡肘子、东坡豆腐都是他的创造。他写的烧肉十三字诀"慢着火，少著水，火候足时他自美"也成为千古美谈。这也是川人精于厨艺的最好例子。

　　四川人开餐馆，特别重视文化，很多企业都做得不错。这里谈谈我们的一些做法。

　　先谈谈企业文化。

　　企业文化一般分为几个层面，一是表象的，如企业标识、识别标准色、服饰、器物、装修风格等；二是内在的，如企业制度、企业愿景、企业目标、企业核心理念等等。在我看来，企业文化的核心，是企业作风。

　　办企业像带兵打仗，武器固然重要，但精神和作风更重要。装备精良的散兵游勇，永远打不了胜仗。所谓"千军易得，一将难求"，求的并不是"将"的武器和武功，而是他的指挥若定、用兵如神。会打仗的将领一定会带兵，会带兵的将领一定善于营造上下同心、勇猛顽强的高昂士气。士气，平时是军威，战时是斗志。古人说，"一鼓作气，再而衰，三而竭"，没有士气怎么可能一鼓作气？

　　创新不光是产品创新，更重要的是观念创新。我们反复强调思想建设的重要性，软东西里面有硬道理。分店的老总、各个部门的负责人如果不会做思想工作，怎么可能带队伍？如果不提高员工的思想水平、职业素养，企业怎么可能走得远？一些人干活没的说，但深入问下去，却含糊不清。我十分警惕这种状况，多次讲"想清楚了做事和凭感觉做事是不一样的。"

　　为了让企业走得更远，我们一再强调心态"归零"。"归零"就是把壶里的茶水都倒掉，重新泡一壶好茶，以前的光辉事迹都收到陈列室去。从道家思想来看，"归零"就是"有中生无"，目的是"无中生有"。

古人说"一张一弛，文武之道"，和"有无相生"的道理相通。聪明的企业家会在紧张工作之余安排一些联谊活动，力求做到有劳有逸，宽严相济。日本企业的"野餐会"，美国企业的"周末啤酒狂欢会"，中国企业的春游等，都是放松情绪的娱乐形式。日本田边良雄创办"悠闲谈话室"，职工可以在谈话室里看电视、读书看报、写稿、开会闲聊，还可以下棋、打牌，甚至可以睡觉。

企业不但要生产一流的物质产品，也要提供一流的文化产品。2004年大蓉和创建5周年之际，创办了季刊《大蓉和》。刊物中有工作交流、人物专访、厨艺天地、老照片的故事、员工心声等，一出版便引起了不小的反响，大家都觉得它既是企业文化建设的成果，也是指导经营工作的载体。到2012年底，刊物已出版了30多期，从内容到形式都有专业刊物的模样，在行业里产生了广泛影响。2011年以来，《大蓉和》开办了一个"美味在民间"专栏，号召所有的员工写自己家乡的菜，写自己家人做的菜，以乡情乡味寄托对故乡、对家人的思念，把自家的好菜端出来。不少员工写出了文采飞扬的好文章。我们计划，在适当的时候将这些文章结集出版，书名就叫做《美味在民间》。到那时，这些普通员工都成为作家了。

书籍的巨大传播力和影响力，我们有亲身体验。2009年大蓉和成立10周年前夕，我们出版了两本书，一是员工们的文集《天下蓉和》，二是我写的《开餐馆的滋味1》。这两本书出版以后，社会反响超出预料，在"第二十届全国图书交易博览会"上，读者排队购书几至断货。这对企业品牌的传播与提升，起了巨大的推动作用。

有『棋道』，没『麻道』

麻将的魅力从何而来？我看主要是它的激励机制，和搞企业一样，激励机制是激发人们热情，提高工作效率最核心的制度。所以，建立一个公平实用的激励机制，才能有效地提升企业竞争力。

过去，成都号称"棋城"，大街小巷都有下棋的场所，一碗盖碗茶，一盘棋，杀得昏天黑地，从落子到收官就是一整天。只要街边路头有人对弈，一些行人就会驻足观棋，七嘴八舌各抒己见，甚至扯筋角孼，闹得不亦乐乎。成都还有一家蜀蓉棋艺出版社，是全国唯一的棋类出版社，在出版业独树一帜，我经常买他们的棋书来看。那时我喜欢到文化宫附近的"棋苑"下棋，1000平方米的大厅，坐满了下棋的人，晚上经常有高手对弈，还有人在大棋盘上讲解。聂卫平在"棋苑"和川内高手较量时，连走道上都站满了观棋的粉丝。蜀中出了围棋九段宋雪林、中国象棋大师蒋全胜等，他们是成都棋城的杰出代表。

风水轮流转。现在，成都已是"棋风日下，麻风日盛"，下棋的人稀稀落落，打麻将的却人山人海，"棋城"变为"麻城"。麻将是一种"和谐"的娱乐，不管什么人，坐到一起，只要一摆麻将，就有了共同语言，兴致勃勃，眉飞色舞，一见如故。北京一位长期在领导身边工作的朋友告诉我，成都的"麻将文化"最能体现和谐社会。他用成都话说："麻将麻将，麻都麻到了，你还犟啥子犟？哪有时间搞那些不和谐的事！"

"5.12"汶川地震后，有心理专家打趣说，四川人不需要心理援助，因为他们总是有办法让自己快乐。四川人自制了"麻将防震仪",在废墟旁摆上了麻将桌,自娱自乐起来,让那些做心理治疗的人"很尴尬,很受伤"。这些传说虽然有些夸张,但也透露出四川人乐天知命、旷达自在的性格,山崩地裂也掀不翻一张麻将桌。

民间艺术家李伯清先生讲过一个段子,说过去飞机从成都上空飞过,听到的是喝稀饭的声音,现在听到的是打麻将的声音。有一个从外地调来四川工作的领导,到一个二级城市视察工作。进入一个院子,听到几个房屋里"噼噼啪啪"的声音响个不停,他问随行人员:"四川人是不是都爱吃胡豆,怎么到处都在炒?"随行人员告诉他:"这不是炒胡豆,是洗麻将牌的声音。"

芙蓉小区有一位70多岁的老太太,平日里总是病恹恹的,但只要一坐上麻将桌,两眼就放光,精神就对头了。儿女投其所好,给她买了台麻将机,经常帮老人约"搭子"(伙伴)打点小麻将。搭子没约够时,老人闲在家没有事,便把麻将机打开拿来搓几下,听麻将的声音过过瘾。对她来说,这就是世界上最美妙动听的声音了。

一位朋友,麻将瘾特大,每天都想整几圈。有一次在医院输液,听说搭子开战了,他拔了针头就开溜,激战一天才回到病床上,养好了身体再继续战斗,真到了"轻伤不下火线,重伤不进医院"的境界。

成都的农家乐是全国出了名的,晒太阳打麻将是成都人最惬意的人生享受。有一年春天,我陪湖南朋友去成都龙泉驿逛"桃花节",在暖融融的阳光下,绵延十几里的桃花林中,到处都是喝茶打麻将的人。湖南朋友大发感慨:"这才是天底下最美的风景!"也忍不住坐下来,摆起麻将就开战。吃饭也不讲究了,填饱肚子就算数,关键是要快。一手端碗一手摸牌,两不耽误,三条碰起,幺筒开杠,吃"杠"比吃饭还香。

四川人打麻将由来已久,可以说是源远流长、博大精深。如若不信,你可以去成都文殊坊白云寺一号看看,那里有全国首家麻将与茶文化博览馆。我去日本访问时,发现那里满街都是"麻雀馆"。麻雀就是麻将,以勤奋著称的日本人不但不反对,还乐此不疲,可见麻将的魅力是世界性的。

有一次,湖南朋友在成都办完事,晚上大家玩麻将,十二点我准备离去,他们说还要打一个钟头。我想，朋友要赶明天早上7点半的飞机，便对桌子上的其他人说："我从来不提倡熬夜，但今天有点特殊，你们能不能多玩一会，明天早上6点钟把客人送到机场？"没想到大家非常拥护，一个个表态"你放心回去，保证不误事。"我想，如果让他们通宵达旦地工作，可能有人会说家里有事，或是说自己身体不好，但只要是玩麻将，谁都不找借口。

麻将的魅力从何而来？我看主要是它的激励机制，和了多大牌，杠了多少根，是不是自摸，吹糠见米，立竿见影。和搞企业一样，激励机制是激发人们热情，提高工作效率最核心的制度。所以，建立一个公平实用的激励机制，才能有效地提升企业竞争力。

打麻将有句话，"凡是输的都是贪的"，贪的人打牌一根筋，有大牌绝不做小牌，哪怕别人走完了，自己还在欣赏。就像我们餐厅做生意一样，不想卖好小单子的人绝对卖不到大单子，凡是把小单生意做得好的，企业都很稳定，抗市场风险也更强。

棋类与赌博无关，打麻将就难说了，"卫生麻将"清汤寡水，加点油盐才够味，所以麻将被称为"天生的赌具"。有人说小赌和大赌是必然联系的，我看不见得。小赌怡情，大赌伤身。大多数麻友都是反对豪赌的，他们比较有自制力，能适可而止。当然，除了输赢以外，很多人喜欢打牌并不在赢钱，而在有趣。

我认识的很多棋坛业余高手，靠下棋已经很难养活自己了，他们与时俱进，"转型"成为"麻坛"高手。下棋是两军对垒，摆开阵势斗智斗勇，靠的是道行、悟性和功力，讲究的是"棋道"，棋高一着如泰山压顶，你想赢也赢不了；从来没有"棒棒手"（新手）一说，很少有人能进入"道"的境界。而麻将是靠丢骰子拿牌，有时抓到一副好牌，成坎成对，牌面整齐，容易取得先机，甚至做出大牌，但妙在有很多偶然性，牌好也不能保证会赢。所以说麻将虽然也需要技巧，但更多地取决于手气，吃、碰、和全凭机缘，水平也难界定，不会有什么麻将"九段"，也谈不上什么"麻道"。再强的麻将杀手，只要不做老千，都不足以让人害怕，经常是棒棒手把老麻将打得落花流水。

我的朋友"小胡子"熟悉很多娱乐方式，也是麻坛高手，不计较大小，什么场合都上。他常说，人生三大不幸是"敲敲（音kao，川牌的一种）没有伏，麻将不上张，扯旋遇钉子"；摸牌时他说"痛苦的三进张，幸福的一伙嗯（音：ang，和牌之意）"，此外还有很多精彩语录，如"打仗靠指挥，扯旋靠尾飞"、"牌打一张，色中一点"、"战场上人不是人，赌场上钱不是钱"，很有一套理论。他打麻将时爱捏牌，二万碰断了，手头吊个一万，不到最后关头绝不打，打出去怕开杠。过去的规则可以吃牌，他赢得多，要从他手上吃牌不容易，下家日子很难过；现在的规则只准碰不准吃，再加上打定张，出牌前先扣一门，打法更简单，运气更重要，吃技术饭的小胡子发挥不了优势，经常喊："怪，太怪了，牌要整我！"

小胡子是看重实战效果的人，他说："一百零八张牌，张张都是风险。"逗拢就割，点了就跑，"见雀雀就闷"，不要"张花事"。扯旋的时候他说："抽烟、喝茶，等对子"，有货就上，没货就甩。

有一段时间，小胡子的手气不好，他见一个叫"会长"的高人一路顺风，便向他请教。会长略懂易经，对他说："今天坐北朝南是财神方，该吃钱。"于是小胡子搞了个罗盘，打麻将之前先测方位，但捣鼓了几天也玩不转。会长解释说："财神的方位每天都在变，昨天是东西，今天是南北，神仙的行踪哪个摸得清楚哦！"小胡子满脸认真，问："如果自己觉得定庄的方位不巴适，那该咋办？"会长说："那要画道符去解。"小胡子一头雾水，眼睛瞪起灯儿圆。

有一次，会长对他说："看你娃这段时间霉得很，'桌下诸葛亮，桌上猪一样'，肯定是做了啥子坏事。要想转手气，过年时杀只鸡公，围到桌子转三圈。"小胡子忙问："往左转还是往右转？"会长说："天机不可泄露，只能给你娃说那么多了。"小胡子想了想，说："我先往左边转三圈，再往右边转三圈。"会长呵呵大笑："那等于没转！"旁边人加了一句："如果转反了，更霉！"弄得小胡子想转都不敢转。

有几天小胡子见会长手气差，就说："看你打得有好好，打起'摆子'来都是要抖的！"

千万不要认为自己的牌好

和棋类比起来，麻将更符合人生现实：精于算计，却看不到别人的底牌；满手好牌，却有黄雀在后；亦友亦敌，人事关系纠结；世事变幻，好运霉运莫测；兴衰起伏，天意不可捉摸，易学难精，从没有常胜将军。

如果硬要说世界上也有"麻道"，有一句话可以为你撑腰，即"牌品如人品"。有人给我说，生意人坐在一起打麻将，就知道和对方这笔买卖搞不搞得成；老丈人和未来的女婿打一场麻将，就晓得自己的女儿是不是看准了人。这话不无道理，麻将就像一面镜子，把人的性格、品德、秉性、涵养乃至于身体状况，都"照"得清清楚楚。

有位老板身家上亿，平时为朋友花钱手杆"打得伸"（出手大方），对手下也不抠，谦谦君子，落落大方。但只要一打牌，输几百元也要发火急眼。对他来讲，这不是输赢问题，更不是钱的问题，而是面子问题。当领导的永远正确，怎能输呢？

有一次我打乒乓球时碰到一位朋友，他说昨天熬夜还输钱，霉。我对他说："如果是牌打错了，你要反思；如果牌没打错，那是运气不好，就要认。这样去对待胜负，心情就会平静很多。"他把这话讲给其他朋友听，输了赢了的都觉得受用。打麻将的水平有高低，但决定麻将输赢的，却与性格、心态的关系更大。凡是易于冲动、脑瓜子容易被糊弄的人，往往输多赢少。

也有人对输赢非常淡定，面不改色心不跳，让人佩服。我的朋友老吴就是这样的人。他经常笑嘻嘻地说："我打牌时拿出去的钱，从来就没想到再拿回来。"他越是这么潇洒，反而手气还不坏。

在麻将桌上最受欢迎的人有三大特点：瘾大，牌臭，输得起。这种人，人缘最好，极受欢迎，走到哪里都有麻友围到，他一发话，立刻有人响应。万喜贵是包工头，以上条件都具备，他到哪个茶楼，跟他耍的人闻风而动，立即跟进；进门就有人给他搬椅子、上茶，正在打牌的人都给他让位。一次几个麻友激战正酣，突然有人跑进来喊："万喜贵来了！"一桌人当即散伙，跑过去把他围到，重新组合牌局。

有些外地人对成都人很不理解，说："你们天天守在麻将桌上，哪还有时间做事？总得挣钱过日子吧？"他们不知道，成都人做事的玄妙，就在于麻将、生意两不误，骰子在转，眼睛在转，脑壳也在转。许许多多大小生意，就是在稀里哗啦的麻将声中搞定的。边打麻将边做生意，是这里的历史传统。在旧社会，老板往茶馆一坐，喝茶谈生意，伙计挑起担子送货。现在很多老板谈业务也是在茶坊里。我也爱和一些朋友在茶坊喝茶谈事，不少人就在茶楼里处理公司的日常事务，甚至属下找头头签字，都不是在办公室，而要在茶坊才找得到。一边打麻将，一边接电话，用"双打"的方式处理日常事务。我的朋友杨老板是做酒生意的，经常见他操起"川普"，一边摸牌一边打手机谈生意。既喝了茶、打了牌，又不耽误正事，一天要接好几笔单。高档的办公室，反而成了"打台面"的道具。

有一个湖北的老板，和成都一家公司有点合同上的纠纷，人到成都后，提出只在茶楼里谈，不在办公室谈。可能茶坊比办公室更宽松，更随意，更中立，氛围也融洽，没有"客场"的压力。

和棋类比起来，麻将更符合人生现实：精于算计，却看不到别人的底牌；满手好牌，却有黄雀在后；亦友亦敌，人事关系纠结；世事变幻，好运霉运莫测；兴衰起伏，天意不可捉摸；易学难精，从没有常胜将军。从这个意义来说，麻将确实富含人生哲理，至少能告诉我们，干什么事都不能太自负。经常有高手被"弹麻将"（新手）整懵，看似打得弹，碰了卡张和卡张，一会还要自逮。高手碰到弹麻将，有时就是"八字"不对头，该输照样输。

　　说了这么多麻将，还是要从打麻将里头去领悟人生。打麻将，运气固然重要，但长期来看，真正赢得多的还是技术好的，因为每个人都有好运和背运的时候，两者大致相抵，剩下的就是技术，该拿的拿得下，该躲的躲得脱，这才是本事。我经常对员工说："千万不要认为自己的牌好。"就是告诉大家不要自满，不要自负，不要以为手里有副好牌就胜券在握。十多年来我们餐馆的生意一直不错，但我告诉店长：生意好不能代表我们的菜品好、服务好、管理好，挣钱是品牌、口岸、特色、管理综合原因在产生作用，不是哪一方面强就可以解决问题的，更不是哪一个人可以办到的。天外有天，人外有人，只是天堂的梯子太窄，不是每个人都上得去。假如你们认为生意好了，是自己的本事大，那就大错特错了。轻视对手，早晚是要吃亏的。

　　外地人都说，四川有"三多"：饭馆多、茶楼多、麻将馆多。实际上在成都，茶楼早已与麻将馆合二为一，没有麻将的茶楼，根本没法子经营。1999年我们开餐馆时，餐馆只是个吃饭的场所，现在不行了，餐厅必须配茶楼，茶楼里要有麻将包间，茶厅里也要有活动麻将桌，随时按客人要求摆起。没有这套家什，就留不住客人，更休想接到宴席。不管婚宴、寿宴还是其他宴席，谈完餐标就谈麻将。有的人请客是先安排喝茶打牌，打完牌到了吃饭时间自然要点餐。宴席就更不用说了，吃了饭就开战，晚上吃了再接着打，有些人打到晚上12点，还要加夜宵。城北店的胖哥告诉我，有一次，一个包间打麻将的客人坐了两天两夜还没走，也没有见他们点东西吃，他给手下说："赶快炒四碗蛋炒饭送过去，不要把人饿死在我们店里头！"

　　沙河店环境优美，进门的大厅可以接二三十桌的宴席，偏厅还能装下满月酒、乔迁宴之类的小宴席。但经常是大厅的婚寿宴就把茶坊包间定完了，偏厅的客人看见没有麻将房，就不乐意了。过去我们尽量帮偏厅的客人联系沙河店附近的茶坊，但客人觉得太麻烦，有很多客人选择放弃，另觅他处。后来，我们新装了一个多功能厅，里面放了活动机麻，用简单的屏风隔断成一个个相对独立的空间，撤了餐桌就摆麻将桌。这样一来，偏厅的小宴席也活跃起来了。

　　上座店开业前，我们以为高档酒楼摆麻将不太雅，就没有配茶坊。但事实证明，高端消费者也吃五谷杂粮，虽然打牌的人不像大众餐馆那么多，声音没那么大，但照样少不了这副"补药"。你不配套麻将，有人就不愿意来，更不要说接宴席了。我们立即在酒楼旁开辟了一个500平方米的茶坊。这下子气顺了，预订宴席的人渐渐多了起来。

麻将有时扮演了一种媒介的角色。现在连锁店多了，时间安排又紧，连锁中心的人下去待的时间就少了。于是出现这么一个情况：谈完事后，假若老板陪着打麻将，他们就愿意多住一天；如果老板不会打麻将，办完事就走人。他们开玩笑说："以后找加盟商，相等条件下，会打麻将的优先。"连锁店老板也慢慢找到了"铆窍"（门道），学着打麻将，陪到耍。昆明店的许总、厉总平时很少摸牌，水平也有点"弹"（差），只要成都来了人，他们就陪着玩。官南店的曹总以前从来不摸麻将，几年下来也参战了。重庆船上的大张，过去只斗地主，手艺"单边"，现在也入了门，手气还不错。

有段时间，紫荆店的管理人员最爱往彭州跑。后来才知道，办完事后投资人小徐会陪他们打麻将，把这帮人的毛毛梳理得巴巴适适，彭州的生意也出奇的好。一副麻将把一群人栓到一起，感情与"麻技"共同进步。

当然，连锁店的生意要好，不是光打打麻将就能办到的。麻将仅仅是充当沟通和联络的一种方式而已，体现了外地朋友对成都人投其所好的热情。

成功是为了让生命更自由

成功固然很难，但不成功会更难。不管你如何理解成功的涵义，有一点是不会改变的：经济是社会的基础。不发展经济，员工、企业、国家包包头就都没有钱，就都「硬肘」不起来。

20世纪60年代，我最爱到九孃家去耍。她家住在成都郊区府河边，农田肥沃，水渠纵横，捕鱼捞虾非常好玩。四五里外有一个地方叫"中和场"，每五天赶一次集，那是农村里的热闹日子。一大早，九孃她们就在提篮里装上自家鸭子生的蛋，拿到集上去换钱。隔壁幺爸把打来的鱼放进鱼篓里养着，赶集时也拿去换钱。有一次他打了一条三斤多重的鲤鱼，我围着鱼篓边看了很久，用手去摸摸泛黄的鱼背，特别兴奋。晚上，幺爸回来说，城里头的人硬是有钱，一对年轻夫妇来买鱼，根本不在乎一元四毛钱一斤的价格，想的只是那么大一条吃不吃得完。赶场时，九孃给了我两毛钱，表姐对我说："人有了钱，走到哪里都要硬肘些！"

逢场天，一分钱可以买一个地瓜，又脆又甜特别好吃，若没有钱就只有眼巴巴地看着别人吃，口水直往肚子里吞。

我家里姊妹比较多，经济不宽裕，包包头能装点零花钱是很奢侈的事。"脚上没双鞋，人都穷半截"，我想，长大了一定要多挣钱；挣了钱，先给我们几姊妹一人买一双渴望已久的塑料凉鞋。机关大院里干部子弟都穿得起的塑料凉鞋，我们兄弟姊妹也要穿。穿塑料凉鞋不用脱鞋就可以到河沟里玩水，也不怕下雨天。到时候，我们就把土布鞋脱下来甩了！这样的理想既简单又实际，或许是少年人理解的"成功"吧？

参军后我穿上大头皮鞋，对塑料凉鞋不屑一顾。复员到机关工作后穿皮鞋，热天还要买双真皮凉鞋穿上，儿时的梦想早就被超越了。后来下海创业，我才发现自己一下子又回到赤脚穿草鞋的原点，如果不拼命挣钱，恐怕连草鞋都没得穿，更不用说穿皮鞋了。

1999年创办大蓉和时，我带的16个职工，按股份要投40万。因公司亏损严重，实在拿不出这笔钱。不得已，我和刘宇把私人的住房产权证都拿了出来，在银行贷了20万，另外20万只能到处借。有一位老同学、老战友，家里有点存款，我向他借5万，他只同意借1万，还丢了一句话："还不还得起，鬼才晓得哟！"这还算给面子了。各种关系都找遍，好不容易才凑了十来万。一个老领导见我为难，带一个老板到装修工地考察，希望他借点钱支持一下。这位老板站了一会儿，看看周围尽是田坝，人影子都没有，借口接了一个电话，推脱了两句，一溜烟就不见了。有一位做生意的朋友答应借钱，但我三番五次联系，他都找理由搪塞，说资金没有周转过来。总之都不愿把钱借出来，真像李伯清调侃的那样，"朋友见面，除了借钱，啥都好说"。

有人会问："你回机关不行么？一杯茶，一支烟，一张报纸看半天，工资一分不少，干吗冒这个险，把自己逼成杨白劳？"

这要看怎么说。在机关混日子，实际上也混不了多久了。单位改制后人员都被赶到"大海"里，自己去捞食吃，机关也不安稳。更何况，十几个弟兄跟着我东征西战，辛辛苦苦这么些年，苦头吃了不少，却什么也没捞着，还把家底都倒腾空了。我自己爬上岸回到机关去悠闲，他们怎么办？即便是为了大家伙的未来，我也要做最后的挣扎。当时开这家店时就是抓住最后几根稻草，就像四川人说的"砂锅子捣蒜，就这一锤"。万一失败了，大家无话可说。散伙后还能做什么呢？那就难讲了。都是40多岁的人，养家糊口不容易，浑身伤痕累累，更何况还拖起一屁股两肋巴的烂账。刘欢唱的"只不过从头再来"再激昂，也只能唱唱罢了，唱完了还是"眼泪花泡饭"。很多时候，人生是不可能从头再来的。

所以说，成功固然很难，但不成功会更难。

如果说成功就是做成了一些事，解决了生存和温饱问题，对得起天地良心、父母妻儿，那么我们还算得上是成功。成功以后有什么感觉呢？最明显的感觉是：以前是"人追钱"，现在是"钱追人"。

现在我们建一个店，几百万拿不出手，少则一两千万，上点档次要三四千万，一年建两个店也有银行和朋友支持。问题是，你不需要借钱了，钱却自己找上门来。很多有钱人主动希望与我们合作，几个房地产老板多次表示，再建新店时让他们投点资，条件都好说。一位有合作关系、有实力的老总说："今后的发展，我是你们的坚强后盾。"建一品店时，商业银行和我们有一笔贷款业务，大家都很讲信誉，建立了很好的银企关系，后来听说我们又建新店，赵行长主动表示愿意放贷。我们各店的现金流较大，每天都要存银行，工商银行的分行领导多次到我办公室联络感情，希望扩大合作。国内国外的投资咨询公司更是主动和我们洽谈投资事宜。有一位和我关系很好、汽车生意做得非常不错的老总对我说："我经常到卓锦店消费，你们的生意做得太好了，有机会我们合作一把！"我问："你的汽车生意做得那么好，干吗还要干餐饮的活？"他说："我们在调整资产结构，餐饮市场很吸引人，也很有前途。"

企业生意做起来了，员工参加投资的热情也随之水涨船高。城北店两千万的投资，光靠员工就凑齐了。他们都敢把压箱底的血汗钱拿出来，可见品牌和业绩对资金的吸引力有多大。

成功的感觉当然不止于此。我觉得，从身边员工的变化中，最能找到成功的乐趣。公司的人多了，便每天都有新闻，谁恋爱了，谁结婚了，谁生了孩子，谁病治好出院了，谁给父母做寿了，谁买了新房，谁购了小车。这些消息都很寻常，但看到员工用辛勤的劳动建立起自己的生活，心里还是蛮安慰的。特别是收到喜糖、参加员工的婚宴时，看到新人喜滋滋的笑脸，我觉得当初的辛苦没有白费，他们也一定会满怀信心地去创造未来，过上有尊严的生活。

很多员工进入大蓉和以后，几年内便脱贫致富。比如说秦向东，他是大蓉和创业时的厨师，来自农村，特别能吃苦，当年到青石桥菜市场去看原材料，来回都坐公共汽车，回来晚了便在路边三轮车上买个盒饭吃。他老婆在大蓉和当服务员，为了节省房租，夫妻分别住在员工寝室。后来蒙他师傅照顾，在库房旁边腾了一间8平方米的清水房安下家来，他们都心满意足，感恩戴德。几年以后秦向东当上了厨师长，分到了企业给他的按揭房，从"边缘人"变为了城市人。2005年企业大发展以后，他当了店长，凭自己的聪明能干，把生意做得红红火火，收入也节节攀升。公司配的捷达车不想坐了，他自己掏腰包买了一台奥迪A6。原来的房子也嫌住起不安逸了，搬进了有地下室、带花园的新社区。当年他是穿解放鞋来成都的，不晓得衬衣还要熨烫，只晓得打了补丁的衣服更吸汗，现在却成了时尚达人，不是名牌还不穿，满身BOSS、阿玛尼，我都没有搞懂过。有一年冬天他和我一起出差，我看他穿得很单薄，怕他冷到了，再仔细一看，吙，衣服内胆竟是貂皮的，难怪那么单薄哦！有人告诉我，说他在火车站遇到过去打工时的一个小兄弟，小兄弟说以前借给他100元钱，至今没还。秦向东忙说对不起，随手从兜里摸出500元递过去，让小兄弟惊喜不已。

秦向东经常开奥迪车回老家内江。村上的人看见他回来了，都喊着他的小名"秦二娃"，跑过来把他"围着"。他把村里不少人带到成都来打工，让他们学到了手艺，生活有了改变，秦二娃在家乡也就成为一个劳动致富的榜样，村里人谈起他，都竖起大指拇，交口称赞。

秦二娃通过自己辛勤的劳动改变了人生，奥迪该他开，大宅该他住，名牌该他穿，银子该他花，劳动者最光荣。我祝贺他的成功。要是大蓉和的员工通过自己不懈的努力，一手一脚地做下去，人人都能开奥迪、住大宅、穿名牌，过上体面的日子，那才是我们最大的成功。

"有了钱，走到哪里都要硬肘些！"表姐的这句话我至今不忘。实际上，不管你如何理解成功的涵义，有一点是不会改变的：经济是社会的基础。不发展经济，员工、企业、国家包包头就没有钱，就都"硬肘"不起来。

有梦就去圆梦

自然界最伟大的力量是种子，人生中最伟大的力量是梦想。一个人，年轻时最好有点梦想，哪怕这个梦想很幼稚，很可笑，总比没有好。如果你实现了这个梦想，甚至超越了这个梦想，一定会特别满足。

驱车几千公里重返老挝，并不是一次单纯的旅游活动，而是一次实实在在的"圆梦行动"。这个梦，我做了40年。

1971年，我们几个成都娃儿去沈阳当兵，没多久便被派到老挝修路。我非常兴奋，因为年轻时充满了向往，特别喜欢打仗，穿起军装到处受尊重。再加上又是去国外，更增加了神秘色彩。大部队带了很多机械、施工器材、物资过去，当地人就像看外星人一样看我们。我们把日常用品，包括清凉油等小玩意送给当地老百姓，他们都喜欢得很。

我所在的部队是工程兵，另外有运输连和技术营等。我们连主要任务是给工程配模。雷锋连是汽车连，开的是"解放牌"，战友们都觉得开大卡车实在是太棒了，羡慕得不行。那时雷锋的形象特别高大，他在汽车边端着方向盘照的相，我们觉得是人生的一种境界。特务连管通讯之类的，也很威风。成都兵朱哥骑个摩托车，迎着风突突突地跑，帽沿都被吹得翻起，比电影明星还帅气。汽车兵更是牛气冲天，车上的事都是他说了算。一般情况下，班长排长可以坐驾驶室，但如果司机遇见自己的老乡，班长排长就得听从司机的指挥，乖乖地爬到车厢后面去。有时当兵的凑过去摸一下车，问司机这汽车怎么开，司机就更得意，怎么启动、怎么踩离合器、怎么加油、怎么刹车……头头是道，又轻松，又潇洒，又骄傲。有时，驾驶员在汽车边站成一排，把警灯开起，冲锋枪架起，看到战友时还故意按一下喇叭，大声喊一句话，生怕你没看到他。团长的驾驶员开北京吉普，大家叫他"老虎"，快套手枪别在腰上，趴在方向盘上抽烟，把烟一甩一甩的。哦哟，太拽了！

我每周到后勤去领几次物资，都是坐车去。战友特别照顾，让我坐驾驶室。坐好以后弹一弹身子，软软的沙发坐垫让人舒适。摸一摸汽车，每个角落都觉得神圣。团长的北京212吉普是1号车，他经常坐车来找我下棋。有一回我搭他的车去后勤，一路上所有人看到1号车，都投来尊敬的眼光。团长坐在前排，我坐在后排，真恨不得把脑袋伸出去，让他们也看到我。到后勤下了车，战友问："今天咋啦，坐1号车来？"我说团长在我们连视察，顺便搭的。很是得意！

战友张忠厚爱车爱到痴迷的程度，只要看到车停下来加水，就要赶过去帮忙，水箱的水都冒出来了，他还问，还加不加？不管车窗玻璃是不是脏了，他抓起毛巾就开擦，还帮着换轮胎、摇手柄，弄得满脸汗水油渍，其他人还以为他是司机，至少和司机是一伙的，他心里就更滋润，真把自己当驾驶员了。看着车开走了，很想跟着走，但是不行，自己毕竟不是司机，这又让他很失落，好像那车子把他的魂都载跑了。他做过一个梦，梦见自己和司机换了位置，他手握方向盘，坐在驾驶室里。梦醒以后自己也觉得很可笑，因为当驾驶员这个远大理想，这辈子太难实现。苏心刚也一样，自从修路以后就有一个梦想，哪一天可以开车在这条路上走上一遭，再把车开回家，把过去的同学伙伴都喊起来，给他们吹上一番，那可太长脸啦！

我也经常做这样的白日梦，想像着自己开着军车回到家，院里的小娃娃、小伙伴都围过来，问你怎么开车，你为他们讲解，让他们轮流摸摸车，那才叫得意。我们好不容易买个胶卷去照相，都想方设法找辆车，争先恐后地站到车旁留影，再把照片寄回家里。朋友、亲戚问，旁边是你的车啊？我说自己正在学开车。有一张照片，背景是一辆吉普车。别人很惊异，噫！你当兵的还可以坐小车嗉？我说是顺便搭的。其实我坐的是另一辆卡车。那种虚荣心，想甩都甩不掉。

一转眼，40年过去了。我们几个老兵一起创业，打造了自己的企业，这几年让年轻的职业人去冲锋陷阵，自己退居二线，时间比较充裕，于是想着回老挝一趟，去看看我们修的路。有人建议坐旅行社的大巴去，有人建议坐飞机去。我说，一定要自己开车去，在那条路上跑几圈，圆了当年的梦，否则宁愿不去。后来联系了自驾游，但张忠厚对那边的路况没底，担心小车开不过去。我说你们先去探探路嘛，反正必须开车去。2011年春节期间，张忠厚和苏心刚开车跑了一趟，来回耗了8天，回来后说没问题，以前的公路已变成了旅游通道。

4月，我们出发了。共7台车16个人，有5人是同在大蓉和共事的老战友，3人是原来运输连的驾驶员，其中一人开了自己的小车，另外两人搭我们的车。休息时，他们帮司机点烟、擦车、跑腿，勤快得很。张忠厚当年做的那个白日梦，还真应验了。最兴奋的自然还是他，一路上不停唠叨："狗日的，当年老子趁司机去树林解手（小便），偷偷把车开动了，司机提起裤儿跑出来喊'停车，停车！你想开车，也要让我在身边嘛！万一溜到山底下去了，你让我咋个交代嘛！'那时，我冒着生命危险也要玩一把。今天回来了，老子要慢慢开，慢慢领会开车的滋味，慢慢还愿！"他简直是在寻找自己的初恋情人，恨不得吻着路面爬完这一段。

大家都衣食无忧，不在乎几个小钱，宾馆选好的住，饭菜选好的点，国窖1573杯杯倒满，就图个痛快。旅行社的导游开一台比亚迪，平时加93号油，现在也跟着大奔加97号。他说："我这车平时吃粗粮，今天也沾光吃点细粮。"

跑了几千公里，都由张忠厚开车。到了老挝境内我们修的那一段路，我自己开，来回40公里，慢慢压路，觉得每一寸公路都是那么亲切。原来为抗美援老修的砂石路，现在已经铺上了柏油，成了一条旅游路线。当年不起眼的小兵，把开汽车看做人生终极理想的战士，现在终于在自己修的路上开着汽车回来了！这时，我觉得时空穿越，进入了梦想的境界。

我们一路上细心地寻找当年的痕迹，周围的环境变了，但纳堆大桥没有变，大家在桥上桥下合影、题诗。雅安兵张朝臣居然还找到了40年前他挖的机枪掩体，虽然长满了杂草，基本模样还非常清楚。当年的团部大礼堂已不见踪迹，但原址还在，长满了灌木。七连营地炊事班所在的地方，如今建起了小学，学生在操场上玩耍。我们去一家小餐馆吃饭，老板是云南人，听说我们是当年的修路战士，非常热情。她说："我在这里18年了，很多人都知道这座桥和这条路是当年雷锋团修建的。"这话让我们十分舒坦，几十年过去了，老百姓还没有忘记我们。我们去烈士陵园祭拜了长眠在这里的战友，尽管几十年阴阳相隔，他们的名字和年轻的容貌，我们还依稀记得，没齿难忘。

在桥上看着远处，我想，自然界最伟大的力量是种子，人生中最伟大的力量是梦想。一个人，年轻时最好有点梦想，哪怕这个梦想很幼稚，很可笑，总比没有好。如果你实现了这个梦想，甚至超越了这个梦想，一定会特别满足。当我们走在那条挥洒过青春血汗的路上时，一股成就感涌上心头，多少有点"衣锦还乡"的自豪，觉得这辈子很值，老天爷对我们不薄。

我不由得想起参军时的一段往事：在去沈阳的火车上，团政治部金主任看到我这个小兵，特地坐过来和我聊天。他说，你还小，第一次出家门，要有吃苦的准备，只有吃过苦才能懂得生活，不畏惧困难。他还送我一句话："花园里跑不出千里马，花盆里栽不出万年松。"到部队后，我确实吃过不少苦，但这辈子都感激那些艰苦的日子。

2013年1月，我和部分成都籍复转老兵应邀回到抚顺，参加部队举办的纪念毛主席"向雷锋同志学习"题词50周年纪念活动。在雷锋班举行座谈会时，我说，我今天回来，一是对部队的感情，二是与雷锋的情结，三是感恩。在部队受到的思想教育和作风对我形成正确的人生观和价值观起到了决定性的作用，感谢部队培养了我们，让我们懂得了艰苦奋斗的道理，懂得了做人的道理。

回成都后，一所大学请我为大学生讲一讲创业的问题。我谈到了当兵时的那些往事，告诉那些渴望创业的年轻人，当我16岁时，遇到了一位慈祥的长者，他当年送我一句话，我记了一辈子。今天我把这句话送给大家，希望你们也记住。

后 记

　　2009年底《开餐馆的滋味1》出版后，我收到很多读者反馈。不少人希望我更深入具体地介绍一些大家关心的问题，如菜品研发、股权激励、饮食文化等。2011年初，在朋友们的再三鼓励下，我开始考虑再写一本书。

　　新书怎么写？我们做了反复讨论，决定接着上本书的内容讲下去。如果说第一本偏重于讲"理念"，这一本则应偏重于讲"做法"，既是第一本的延续，又有自己的独立性，我自己也觉得有话可说，不至于放空炮。有些细节我一人说不清楚，身后还有众多员工可以帮忙补充，更增加了底气。

　　写一本书比建一个赚钱的店还难——这是我个人的体会。闻道有先后，术业有专攻，我的写作过程，实际上是一个总结、学习的"闻道"过程，也是一次试探自己能力和勇气的过程。写作中我广泛听取了大蓉和管理骨干、员工和股东的意见，汲取了餐饮界朋友的指点，从感性到理性加深了对经营管理的认识，以及对饮食文化的理解。虽然水平有限，但讲的都是真话、实话，没什么藏着掖着的，也算是对行业、对社会尽一份义务吧。

　　这本书仍由彭子诚老师统筹，并做最终统稿；丁大镛、程蓉伟老师补充把关。《大蓉和》内刊编辑部朱皎月、刘宇、赵炎、陈静花费了大量精力；季风先生精彩的漫画为本书增色不少；李自康、李玢、刘学治、肖见明、黄信陵、戴树铮、李丹梅、谢祖瑞、王建春、杨英虎等给予了很大帮助。对这些热忱支持我的朋友，在此表达衷心的感谢！

动笔之前，有些人曾担心，这本书能否超越第一本。我觉得这不是最重要的。最重要的是这本书能否给读者，特别是同行们提供一点有益的经验。我很清楚，每一家餐饮企业都有自己的成功法宝，我说的这些不一定适合其他企业，但如果其中有一些闪光点，让你觉得有所收获，我也会很满足。如果您有什么不同看法，也希望多多交流，让我获得宝贵的意见，以求得进步。

2013年3月

开餐馆的滋味 2 我的套路和打法